匡亚明 主编 中国思想家评传丛书

傅玄评传

附 杨泉评传

魏明安 赵以武 著

南京大学中国思想家研究中心

南京大学出版社

中国思想家评传丛书

《中国思想家评传丛书》序

匡亚明

伟大的中华民族在长达五千年连绵不断的曲折发展过程中，像滚滚东流的长江那样，以磅礴之势，冲破了重重险阻，奔腾向前，现在更以崭新面貌，雄姿英发，屹立于世界民族之林。这是人类历史上的一个奇迹。产生这一奇迹有诸多原因，其中十分重要的一点，就是我们勤劳、勇敢、智慧的各族人民，在长期的生产活动、社会活动、思维活动和对外交往以及抗击外来侵略过程中，逐渐创造、积累、发展了具有以生生不息的内在思想活力为核心的优秀传统思想文化。这是一种伟大、坚强的精神支柱，是我们民族凝聚力和生命力之所在，是历史留给我们所有海内外炎黄子孙引以自豪的无价之宝。

当然，和各国各种不同传统思想文化一样，在中华民族的思想文化传统中，也是既有精华，又有糟粕，因而全盘肯定或全盘否定，不对；一知半解、信口开河或裹足不前、漠然置之，也不对。郑重而严肃的态度应该是对它进行实事求是的科学的研究和分析，取其精华，弃其糟粕，继承和弘扬这份瑰宝，振兴中华，造福人类。人类历史发展的连续性，就是在不断去粗取精、继往开来和改革创新过程中实现的。继往是为了开来，开来不能离开继往。民族虚无主义和复古主义，都是违背历史发展的辩证规律的。

现在我们国家正处在一个新的继往开来迈向四化的关键时刻。继往就是继民族优秀传统之往，开来就是开社会主义现代化建设之来。对中国传统思想文化从广度和深度上进行系统研究，实现去粗取精的要求，正是继往开来必须完成的紧迫任务。我认为这是中国各族人民，首先是文化界、学术界、理论界义不容辞的光荣职责。但面对这一时间上长达五千年，内容上涉及人文科学、自然科学等各个领域的传统思想文化，将从何着手呢？毛泽东同志早在1938年就说过："从孔夫子到孙中山，我们应当给以总结，承继这一份珍贵的遗产。"① 这是很有远见而又切合实际的英明建议。从孔子到孙中山这两千余年是中国历史上思想文化最丰富的时期，如果总结了这段历史，也就基本上总结了五千年传统思想文化的主要内容。当然，基本上不等于全部。孔子以前和孙中山以后的情况，可以另行研究。因此，我认为首先最好是在时间上从孔子开始到孙中山为止，方法上采取《中国思想家评传丛书》的形式作为

① 毛泽东《中国共产党在民族战争中的地位》，《毛泽东选集》第2卷，人民出版社1952年版，第522页。

实现这一任务的开端。这就是从这段历史的各个时期、各个领域和各个学科（包括文、史、哲、经、教、农、工、医、政治等等）有杰出成就的人物中，遴选二百余人作为传主（一般为一人一传，少数为二人或二人以上合传），通过对每个传主的评述，从各个侧面展现那些在不同时期、不同领域中有代表性人物的思想活力和业绩，从而以微见著、由具体到一般地勾勒出这段历史中中国传统思想文化的总体面貌，揭示其积极因素和消极因素的主要内涵，以利于开门见山、引人入胜地批判继承、古为今用，也为进一步全面系统地总结中国传统思想文化打下基础。自从毛泽东同志提出上引建议后，半个世纪以来，不少专家学者已从各个方面做了许多工作，但对全面完成这个任务来说还远远不够，还要在深度和广度上继续努力。作为“抛砖引玉”，本《丛书》只是这个继续努力所应完成的工作的一部分。《丛书》凡二百部，约四千万言，自 1990 年开始陆续出版，争取十到十五年全部出齐。

《丛书》所以用“中国思想家评传”命名，主要是考虑到中国传统思想文化中的核心是生生不息的内在思想活力，而历史事实也反复证明，凡是在各个不同时代不同领域和学科中取得成就者，大多是那些在当时历史条件下自觉或不自觉地认识和掌握了该领域事物发展规律的具有敏锐思想的人。他们取得成就的大小，取决于思想上认识和反映这些规律的程度如何。思想并非先验之物，它所以能反映和掌握这些规律，主要是通过社会实践和对前人思想成果的借鉴和继承。思想一旦形成，反过来在一定程度上又对实践起决定性指导作用。韩愈说的“行成于思，毁于随”[①]，列宁说的“没有革命的理论就不会有革命的运动”[②]，这些话，虽所处时代和所持立场不同，所要解决的问题的性质也不同，但就认识论中思与行、理论（思想的高度概括）与实践的关系而言，确有相通之处，即都强调思想对实践的指导意义和作用。因此我们以“中国思想家评传”命名，就是力图抓住问题的核心，高屋建瓴地从思想角度去评述历史人物，以便对每个传主在他所处时代的具体情况下，如何在他所从事的领域中，克服困难，施展才华，取得成功，做出贡献，从思想深处洞察其底蕴。历史上各个时代富有思想因而能在有关方面取得成就的人，直接阐述自己思想观点的论著虽亦不少，但大量的则是其思想既来自实践（包括对前人、他人实践经验的吸取）、又渗透在自己创造性实践之中，集中凝聚在他自己的业绩和事功上，而没有留下论著。另一些人却只留下著作而无其他功绩，对这些人来说，他那些有价值的著作就理所当然地是他的伟大业绩和事功。如果论述一个人的思想而不联系他的业绩（包括著作），必将流于空洞的抽象；同样，如果只讲一个人的具体业绩而不结合他的思想活动，又必将成为现象的罗列。评价思想和评价业绩，两者不应偏废。而不断在实践中丰富和深化的思想活力则是经常起主导作用的因素，强调这个因素，引起人们的正视和反思，正是

① 韩愈《进学解》，中华书局《四部备要》东雅堂本《韩昌黎全集》卷十二，第3页。

② 列宁《怎么办》，《列宁选集》第1卷，人民出版社1976年版，第241页。

我们的主旨和目的。当然，思想和思想家，思想家和实践家，都是既有区别又有联系的不同概念，忽视这一点是不对的。《丛书》的重点则是放在两者的联系和结合上。至于如何使两者很好联系和结合而又着意于剖析其思想活力，各占多少篇幅或以何种方式表达，则自当由作者根据传主的具体情况创造性地作出妥善安排。

自从人类历史上产生了马克思主义，不仅全人类解放和发展有了划时代的明确方向，学术研究也有了更严密的科学方法，即辩证唯物主义和历史唯物主义的世界观和方法论。根据这一科学方法，在研究和总结中国传统思想文化，特别是联系到《丛书》的撰著时，我认为下列几点应特别引起重视。

一、坚持实事求是的原则。实事求是是贯串在马克思实际活动和理论研究中的主线，离开了它也就离开了马克思主义。只有切实掌握了客观情况，才能得出正确的认识和判断。前者为“实事”，后者为“求是”，二者相结合，就叫实事求是。事不实则非夸即诬。为了弄清情况，就必须对情况的本质与现象、整体与局部、真与伪、精与粗，作出区别、梳理和取舍，这样才能掌握情况的实质，达到“实事”的要求；然后进一步加以分析研究，找出事物本身固有的真相而非主观臆测的假象，并验证其是否符合人民利益和人类历史前进方向，是否反映科学、技术、文化、艺术的发展规律，这样才能得出正确的认识和判断，达到“求是”的要求。实事求是是治学的基本功夫，是对每个传主的功、过、是、非作出公正评价的必要前提。不论古今中外，对历史人物过高或过低的不公正评价，大都由于未能认真坚持实事求是原则的缘故。

二、坚持批判继承的原则。马克思主义学说就是批判的学说，而批判是为了继承、发展和创新。这就需要我们在实事求是的基础上，既要继承发扬传主业绩和思想中的积极因素，又要批判清除其消极因素。凡传主业绩和思想中体现了诸如爱国主义、民主意识、科学见解、艺术创造和艰苦奋斗、克己奉公、追求真理的精神，即在符合历史前进要求的"立德"、"立功"、"立言"诸方面有显著成就等积极因素者，必须满腔热情地加以继承和弘扬，并紧密结合当前社会主义建设实际，使之深入人心，蔚然成风；凡反映有诸如封建迷信、专制独裁、愚昧落后、丧失民族尊严和违背科学进步等消极因素者，必须以历史唯物主义的观点加以批判，清除其一定程度上至今尚起作用的消极影响，而消极因素经过彻底批判后可转化为有益的教训；凡积极因素和消极因素相混者，更当加以认真清理和扬弃，既发扬其积极因素又摒弃其消极因素。我们力求一点一滴、切实认真地探索各个传主思想和业绩中珍贵的积极因素，使之成为全国各族人民正在从事的继往开来伟大历史工程的组成部分。

三、坚持"百花齐放"、"百家争鸣"的原则。"百花齐放"和"百家争鸣"，是发扬学术民主、促进学术繁荣的正确原则和巨大动力。前者强调一个"齐"字，后者强调一个"争"字，是表示学术上平等、民主和自由的两种不同状态；前者突出的是统一与和谐，后者突出的是区别与争论；两种状态又统一于不断地相互促进和相互补充、转化的持续发展提高过程之中。"百花齐放"、"百家争鸣"的原则体现在撰著评传时，应从"齐放"和"争鸣"出发，综合中外各个时期对有关传主的不同评价，吸取符合客观存在的对的东西，摒弃其违反客观存在的不实的东西，然后创造性地提出经过自己独立思考的、赶前人或超前人的一家之言。同时，对整个《丛书》而言，也有个共性、个性又统一又区别的问题。这就是一方面作者应把“实事求是”、“批判继承”和“百花齐放”、“百家争鸣”这几点作为大家的共性（统一与共识）；另一方面，对每部评传的立意、结构和行文（文体、文风和文采等），则主要是作者的创造性思维劳动和雅俗共赏的文字表达艺术的成果，是彼此的个性（区别），不宜也不应强求一律。评传作者都有充分自由去发扬这一个性，力求在对每一传主的评述中探索和展示其积极因素，使之和正在变革中国面貌的伟大社会主义建设实践融为一体，丰富其内容，促进其发展，而不是仅仅停留在对传主思想业绩的一般性诠释上。

我认为，以上三点大体上可以表达《丛书》所遵循的主要指导思想，但也不排除用其他思想和方法得出的有价值的研究成果。

感谢所有关心和支持《丛书》工作的单位和个人，特别感谢《丛书》的名誉顾问和学术顾问。他们的热情关心、支持和指教，使《丛书》工作得以顺利进行。更要感谢所有承担评传撰著任务的老中青学者，他们都以严谨的治学态度，作出了或正在作出对学术、对民族、对历史负责的研究成果。没有他们的积极合作，《丛书》工作的开展是不可能的。《丛书》副主编和中国思想家研究中心、南京大学出版社，在制定《丛书》规划，约请和联系国内外学者，审定书稿以及筹划编辑出版等方面，克服重重困难，做了大量工作，他们的辛勤劳动是《丛书》能按预定计划出版的必要前提。

现在《丛书》开始出版了，我作为年逾八旬的老人，看到自己迫于使命感而酝酿已久的设想终于在大家支持合作下实现，心情怡然感奋，好像回到了青年时代一样，体会到“不知老之将至”的愉悦，并以这种愉悦心情等待着《丛书》最后一部的问世；特别盼望看到它在继承中华民族传统思想文化的珍贵遗产方面，在激励人心、提高民族自尊心和爱国主义思想方面，在促进当前建设有中国特色的继往开来的社会主义现代化物质文明和精神文明的历史性伟大事业中，能起到应有的作用。我以一颗耄耋童心，默默地祝愿这一由一批老中青优秀学者经长年累月紧张思维劳动而作出的集体性学术成果能发出无私的熠熠之光，紧紧伴照着全民族、全人类排除前进道路上的各种障碍，走向和平、发展、繁荣、幸福的明天！

热诚欢迎国内外同仁和各界人士不吝赐教，以匡不逮。是为序。

1990 年 10 月 7 日

目　次

杨泉评传

A CRITICAL BIOGRAPHY OF FU XUAN

CONTENTS

Annex: A Critical Biography of Yang Quan

九 画

十 画

十一画

十二画

第一章　家世背景

傅玄（217—278）字休奕，"北地泥阳人"。他出生于汉魏之交，一生是在魏晋时期度过的。郡望之地在西北边地，自东汉末年遭羌胡骚扰，郡治属境发生了多次变迁。笼而统之地将傅玄当成西晋士人，而不大注意他在曹魏时期的重要经历；简简单单地把傅玄算作"北地"人看待，而忽略他的实际处境，都容易造成误解。而且，还应指出，魏晋时士人的社会地位，既跟他的郡望、族姓有关，又更注重父、祖生前官爵。[1] 因此，了解傅玄其人，必须首先弄清他的家世背景，包括北地郡的迁徙情形、傅氏的郡望属籍所在，特别是他的父、祖的生平经历。

---

① 详参唐长孺《士族的形成和升降》一文，《魏晋南北朝史论拾遗》论文集，中华书局 1983 年版。

一、北地傅氏的来龙去脉

（一）北地郡治的迁徙情形

北地郡始设于秦昭王三十五年（公元前 272 年），为后来秦统一天下所置 36 郡之一，郡治在义渠（今甘肃宁县西北）。西汉武帝开疆拓境，分天下为 13 州，将原属雍州的北地郡划归新置的朔方刺史部[①]，郡治很可能北迁至马领（今甘肃庆阳县西北）。西汉末，改雍州为凉州。到了东汉，光武帝建武十一年（公元 35 年），“省朔方（郡）入并州”（《晋书·地理志上》），北地郡归入凉州所辖，郡治为富平；汉末献帝建安十八年（213 年），“省凉州刺史，以并雍州部”[②]，北地郡又成了合并雍、凉二州为雍州后的 22 郡之一。魏晋二代，雍州虽先后分割出凉州、秦州[③]，但北地郡一直属雍州不变，[④] 郡治改在泥阳。

北地郡治于东汉、魏晋时期先后设在富平、泥阳，今地

① 顾颉刚《两汉州制考》（载前历史语言研究所《蔡元培先生六十五岁庆祝论文集》）有详考。谭其骧主编《中国历史地图集》第二册西汉分幅图采用了顾氏结论。

② 《后汉书·百官志五》注引《献帝起居注》。

③ 魏文帝登基（220 年）后，雍、凉分治。西晋武帝泰始五年（269 年），雍、凉二州之间新置秦州。

④ 《三国志·傅嘏传》裴注引《傅子》曰：“李丰与（傅）嘏同州。”李丰是冯翊人，居三辅之地，属雍州；北地郡内徙冯翊境，就由凉州改属雍州了，故二人可称“同州”。

该注何处，必须联系当时羌胡内侵的态势加以确定，不留意很容易弄错。西汉时北地郡治由义渠北迁马领，应与北地郡领地向西北拓境至今宁夏灵武以远有关。《汉书·地理志》根据平帝元始二年（公元2年）即西汉末年天下户口领地情形，记载北地郡领县十九。其中西北方向辖有富平、灵州，在今宁夏灵武县南北；东南方向有泥阳、义渠道，在今甘肃宁县东西，与今陕西省交错毗接。

西汉王朝拓境守边，疆域安宁，毋庸赘言。但是，经过王莽之乱，东汉王朝建立后，北境的羌胡叛乱内侵却愈演愈烈，始终困扰着东汉政权。东汉初，北地郡属陇右军阀隗嚣的势力范围，羌胡盘踞，士民内徙。光武帝建武二十六年（公元50年），北地等边郡“郡民归于本土”，“城郭丘墟，扫地更为”（《通鉴》卷四四）。安帝永初五年（111年），北地郡内徙池阳（今陕西三原县北）；顺帝永建四年（129年），还治旧土；永和六年（141年），又徙居冯翊郡境。此后直到傅玄死，100多年间，北地郡再没有恢复旧土失地，始终寄寓在原冯翊西部，夹在冯翊、扶风二郡之间。东汉一朝，北地郡三次内徙，即便还治旧土，城郭已遭战乱破坏，“丘墟”而“更为”，显然再不能据西汉地名所在按图索骥了，变动是毫无疑义的。

首先，东汉时北地郡所领的富平、灵州二县治，绝不可能仍归故地。《后汉书·郡国志五》出北地郡有六城，户3100多，口18000余，领县不到西汉时的1/3，人口与西汉相比（户64000，口21万有余），竟不够1/10。“六城”中就有富平（郡治所在）、泥阳、灵州。《郡国志》是根据永和五年（公元140年）的领地作统计的，此前此后，北地郡均曾内徙。

统计情形说明，北地郡采用的是内徙冯翊后的实际簿籍状况。因为《郡国志》还记载了各郡距离京都洛阳的里程。北地郡在“雒阳西千一百里”，京兆在“雒阳西九百五十里”，安定郡在“雒阳西千七百里”。这说明，北地郡治富平距京兆长安很近，当在长安西北的冯翊境内，而距安定郡治临泾（今甘肃泾川县北）尚有600里之遥。富平、灵州二县，西汉东汉的北地郡属地均有其名，具体的地点却因时制宜，不能因袭而用。

其次，东汉初年北地郡第一次内徙又复治旧土后的“灵州”，已不在西汉时的灵州旧地，而新置于西汉时郡治马领一带。《通鉴》卷五〇记载，安帝元初三年（116年），邓遵击先零羌于灵州。李贤注“灵州”曰：“故城在今庆州马领县西北。”即现在的甘肃省庆阳县西北。[①] 直到曹魏嘉平五年（253年）司马昭率军平“新平羌”（新平治今陕西省彬县），“耀兵灵州”（《晋书·文帝纪》），也能说明东汉以后所称“灵州”，已不在今宁夏灵武附近，而在“新平”以北的西汉时马领一带。金城塞北原西汉灵州、富平之地，东汉时长期为先零羌据有，丁奚城是羌人的重要据点。永和六年（141年）东、西羌合势时，当时的北地太守贾福曾率郡兵挺进射姑山（今甘肃省庆阳县西北）抗击羌人而败归，更可证明北地郡早已退缩至今甘肃省庆阳县以南。所以《通鉴》中胡注东汉北地郡常以唐代宁州（今甘肃省宁县一带）指称，可视作郡境所辖之地。

---

① 唐杜佑《通典》卷一七三“州郡三”记“庆州·马岭县”条亦出：“汉灵州县故城在（马）岭北，有山在西北。”这与胡注相合。

最后，魏晋时北地郡内徙冯翊，郡治泥阳县也不再是两汉时故地。泥阳县故址在今甘肃宁县东南，因处泥水之阳得名。东汉永和六年（141年）北地郡失守后，内徙冯翊，魏晋时长期未变。《晋书·地理志上》载：北地郡“统县二，户二千六百”。所统二县为泥阳、富平，泥阳为郡治所在，即今陕西耀县东南；富平即今陕西富平县。泥阳、富平均属以旧名称新地。至于北地郡的户口，显然比东汉时又见减少。而且，据西晋时江统《徙戎论》一文追述来看，汉末北地郡的居民中有一半是羌胡，“与华人杂处”。史书中所见“北地羌”、“北地胡”，根据唐长孺先生意见，所指为种族名，而并不是说居于其时的北地郡。① “北地羌”于魏晋时以马兰山为聚集地，南与冯翊、北地二郡连接；“北地胡”是指流动于两汉时北地境内的卢水胡、鲜卑族等。一旦反叛侵扰，“北地羌”、“北地胡”就会混成一体，并引起北地郡内杂居的羌胡响应，共同起事作乱。汉末、魏晋时所称“北地羌”、“北地胡”，与当时的北地郡有关系，但不是一回事。

我们花费上述笔墨并非多余，而是与傅玄家世息息相关的。傅玄的祖父傅燮的郡籍在《后汉书》本传里称“北地灵州”，与傅玄的“北地泥阳”就不同，如果孤立看待而不联系北地郡变迁的历史背景，恐怕是很难说清楚的。东汉时的灵州东移至西汉时的马领附近（东汉北地郡无马领），仍以西汉灵州标注②就不合适了。北地傅氏起先由义渠北迁马领，是

① 参《魏晋杂胡考》，《魏晋南北朝史论丛》，三联书店1955年版。

② 谭其骧主编《中国历史地图集》第二册东汉分幅图，北地郡之灵州、富平所在地仍以西汉故地标出；人们又据以注今地。

随郡治变化的结果；东汉废马领而徙置灵州，又成灵州人。汉末，北地原境不属中原王朝统辖后，内徙北地郡治又成随徙之新泥阳，傅氏只好称泥阳人。《宋书·傅弘之传》曰：

> 傅氏旧属灵州，汉末郡境为虏所侵，失土寄冯翊，置泥阳、富平二县，灵州废不立，故傅氏悉属泥阳。

弄清北地郡徙治背景，这段话就很好理解了。只是"旧属灵州"一语，当与东汉时灵州所在而论才是。

（二）北地傅氏的郡望问题

北地傅氏自西汉名将傅介子始。汉初关中少民，北部边境屡遭匈奴骚扰，三辅并不安宁。于是高祖刘邦采纳刘敬"强本弱末之术"，大量徙民充实关中；接着，文帝听取了晁错"徙民实边"的建议，募民屯戍北境塞下，以防御匈奴。傅介子或其父辈大概就是在汉初徙居北地的。[①]《汉书》本传讲，他于汉昭帝时两次出使西域，很受赏识。特别是后一次以平乐监身份持节，元凤四年（前77年）率少数随从，刺杀了匈奴所立的楼兰王，确保楼兰国归附汉王朝。这使傅介子名声大振，因功受封义阳乡（今河南桐柏县东）侯；北地傅氏后代也因以为荣，追溯先祖必以"傅介子之后"（《三国志·傅

---

① 《汉书》本传只言傅介子是"北地人"。颜师古注据《赵充国传》赞语"义渠公孙贺、傅介子"一语，推断傅介子当为北地义渠人。

嘏传》）相称。

为了便于叙说，下面据《新唐书·宰相世系表》说明、宋汪藻《世说新语·叙录》（上海古籍出版社1982年有影印版）中的人物谱系、邓名世《古今姓氏书辨证》中《十遇·傅》所出，兹将北地傅氏的世系简示如下：

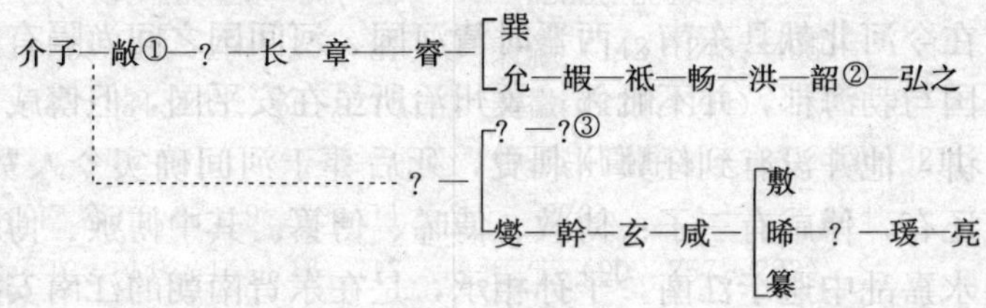

前面我们已据北地郡于汉魏晋徙迁背景，说明了傅燮所称"北地灵州"在今甘肃庆阳县西北，傅嘏、傅玄所称"北地泥阳"在今陕西耀县东南的基本事实。此外，关于北地傅氏的郡望问题，还需补充以下几点内容。

1. 关于清河傅氏

前举三种唐宋人著述均称，自傅燮始，这一支北地傅氏后裔被称为"清河傅氏"。《新唐书》在紧承傅咸之后，讲道："子孙自北地徙清河。"《古今姓氏书辨证》在傅咸名下明言

---

① 《汉书·傅介子传》："子敞有罪不得嗣（爵），国除。"此傅敞于他处不载。

② 《宋书，傅弘之传》作"韶"。《南史·傅弘之传》却作"歆"，《晋书·桓石绥传》又作"歆之"。

③ 《太平御览》卷五一二引《傅子》："傅燮，字南容，奉寡嫂甚谨，食孤侄如赤子。"可知傅燮有一兄早死，与傅睿无干。

“始自北地徙清河”。两处记载虽稍有出入，但肯定与傅咸有关系。清末吴士鉴、刘承幹的《晋书斠注》在傅咸卒年正文后出注曰：“《寰宇记》六十六曰：‘河间县傅咸冢：晋之文士，葬于此。’案，咸为北地泥阳人，其官终于司隶校尉，不知何以葬于河间？或以其曾为冀州刺史欤？”清河在今山东临清县附近，紧傍今山东、河北二省交界的大运河；河间在今河北献县东南。西晋时清河国、河间国之间尚隔有安平国与勃海郡，并不毗邻；冀州治所虽在安平国，但傅咸本传讲，他并没有到任冀州刺史，死后葬于河间确实令人费解。还有，傅咸有三子：傅敷、傅晞、傅纂。其中傅敷、傅晞于永嘉乱中避于江南，子孙相承，是在东晋南朝的江南安身立命的；至于傅纂其人，史书未出他的存活去向，也不见有关他的后人踪迹。① 因此，所谓“清河傅氏”从傅咸及其后辈身上无法找到答案，那么为什么又冒出“清河”支属，而且从傅燮算起呢？是否与傅燮有关涉？这个问题暂且不论，留待后面讨论傅燮时再说。

2. 关于太康改籍

《宋书·傅弘之传》曰：“晋武帝太康三年复立灵州县，傅氏悉属灵州。弘之高祖祗，晋司徒，后封灵州公，不欲封本

① 新、旧《唐书·酷吏传》有传的傅游艺，武后时为相，但本传又记为“卫州汲人”（今河南汲县西南）。傅游艺虽为傅玄、傅咸之后裔，但并不能肯定他就是傅纂之后，且注籍与前代又异，还有南北统一的因素需要考虑，因此很难确定。另外，南朝宋、齐、梁三代与北魏及分裂后的东魏，在青齐地区争夺时，有清河人傅永、东清河人傅竖眼（其先祖傅伷亦为清河人，后南迁磐阳，即今山东临淄市南），《魏书》有传。但是，傅伷是否即为傅咸之后，这支清河傅氏是否为“裔孙仕后魏”（《新唐书·宰相世系表》）的情形，仍不能上溯而定。

县，故祗一门还属泥阳。”太康三年（282年），西晋又恢复了北地郡灵州县建制，这时傅玄刚去世不久。傅嘏子、傅玄族侄傅祗却不愿仍归旧属灵州，坚持以徙置泥阳为籍，以致这两门北地傅氏后裔在日后侨居江南称自己的郡望地时出现了分歧。傅祗之后的傅弘之称“北地泥阳”，傅咸之后的傅亮称“北地灵州”，均见《宋书》本传。这说明傅玄下一代的两支同宗同望傅氏已经不同门了。问题是，傅玄与其同辈年长的傅嘏（209—255）是一种什么关系？史书称傅嘏是傅玄的“从兄”，傅祗是傅咸的“从叔”，似乎血缘很近。但是，据后来颜之推反映北方人士的亲族关系，“虽三二十世，犹呼为‘从伯’、‘从叔’”（《颜氏家训·风操篇》），与南方严格的称谓有异。这虽讲的是南北朝的风俗，应该说追溯至魏晋时期也是适用的。也就是说，傅嘏、傅玄二人间是否属真正意义上的从兄弟关系，很难认定。从前列世系表及页注中，我们也可发现，傅玄之祖傅燮与傅嘏之祖傅睿就不是亲兄弟，二人各有父辈，其父辈是否为亲兄弟，由于史籍失载，也不能断定。因此，即使傅嘏、傅玄仍可以从兄弟相称谓，而两支傅氏的血亲关系也越来越疏远了，太康年间的改籍只不过是意味着亲疏关系的公开分支、各有所属罢了。

3. 关于汉魏及其后的郡望问题

西汉士人称籍，或因袭祖居地，或用新徙居地，或改为封爵地，情况比较灵活。但是，后来的情形表明，郡望之地只是士人出处标榜的胸前徽章而已，很难说那个地方就是一个人出生成长或赋闲居住的所在。这在东晋南北朝时期尤为突出，几代人一直居住、作官在江南的士子，却仍沿袭着远祖的郡籍，必称自己是北方某地的人士。这当然是门阀制度造成讲究门第、郡望、族姓的后果。但追究起来，仍与汉魏制度有关。比如，两汉时规定边人不得内徙，汉末的品评人物乃至魏初开始制定的“九品官人法”，以及魏晋时实行虚封不就其封地的变化等，就使得士人的属籍，特别是边郡士民之籍，很难随便更改。① 汉魏之际，天下大乱，“衣冠士族，多离于本土”（《通典》卷一四），沿至西晋，土断不行，士人只好仍称旧籍；加之选举中注重门第族姓，旧籍虽与实际居住地毫无关系，却决定出处居职，是士人社会地位贵贱的标识，因而大姓世族十分重视。这样，旧属籍只不过成了识别人地的郡望所属的渊源了，实际上是不必认真计较的。就以傅玄而言，由于“汉魏以来，羌胡、鲜卑降者，多处之塞内诸郡”，“西北诸郡，皆为戎居”（《通鉴》卷八一），像傅氏这样的名门望族，还会继续居留在北地郡吗？显然不会。不但傅玄没在北地郡呆过，而且他的前辈父祖、后代子孙也与北地郡很少有关系乃至毫无关系。② 我们前面认真讨论北地灵州、泥阳的实际所在，只是为了辨明傅氏郡望本末，而不是要坐实他们不同时期的居留地。

二、祖傅燮的仕履与性格

傅玄之祖傅燮（143？—187），字南容，《后汉书》有传。

---

① 更改属籍的例外情形有：朝廷特准，如东汉张奂由敦煌迁至弘农；乘着时世纷乱，冒称某郡大姓，如汉魏之际管宁著《氏姓论》就鉴于“衰乱之时，世多妄变氏族者”（《三国志·管宁传》注引《傅子》）。

② 汉末以降，维系士人与郡望的纽带，一是强烈的乡土感情，二是初仕要经本郡官吏或中正察举提名。

他一生最后几年入仕居官期间，干了两件轰动一时、名扬后世的大事：一件是参加镇压黄巾起义，转战南北，功绩卓著，成了“英雄”；另一件是出任汉阳太守，面对羌胡叛军，孤城难守，以身殉职，成了义士。他的性格特点，也通过这两桩事功本末，表现得鲜明突出。本传对此有详细记载，《通鉴》里亦大量采录。

（一）入仕前的大致情况

本传言及傅燮入仕前的文字甚少，他处亦无可补阙，只知他“少师事太尉刘宽”一事而已。

刘宽（120—185）于《后汉书》有传。他任太尉是在灵帝熹平五年（176 年）以后，当时傅燮之子傅幹已出生，对傅燮而言，已不可再称“少”时。傅燮师事刘宽肯定应在此前无疑，“太尉”是以显职尊称。

本传紧承师事刘宽语后曰：“再举孝廉。闻所举郡将丧，乃弃官行服[①]。”结合上下文，从这两句话里，我们略可推知傅燮入仕前的一些大致情况。

第一，生年约在顺帝汉安二年（143 年）前后。东汉时，郡国举孝廉在岁末。傅燮这次“再举孝廉”入仕是在灵帝光和六年（183 年）底。顺帝阳嘉元年（132 年），东汉政府据当时尚书令左雄建议，颁诏：“郡国举孝廉，限年四十以上。”（《通鉴》卷四三）从此对士子实行严格的限年入仕之制，直到魏文帝黄初三年（222 年），这一规定才正式被取缔，不再

① 其时服丧以日代月，三十六日即期满除丧，不行三年之制。

遵守。[1] 其间虽有早仕之例[2]，当与顺帝阳嘉诏书里特加“不拘年齿”有关，而且很少见，本人传记里是要说明或提供线索的。傅燮被举孝廉，应该在他40岁以后。

第二，师事刘宽当在入洛阳太学后。东汉质帝本初元年（146年）以后，京城洛阳“游学转盛”，太学“至三万余生”；当时诸生互相标榜，清议激扬，太学生之间亦行拜师相从的风尚。[3] 按惯例，士家子弟入太学的年龄是在15岁。傅燮初入太学当在桓帝永寿三年（157年）前后，其时刘宽38岁，尚未入仕，亦在太学，其后不久居官，仍在京师。[4] 其间，傅燮慕其名而师事之，有五六年（157—162年）之久。

刘宽其人，本传注引谢承《后汉书》讲，“少学欧阳《尚书》、京氏《易》，尤明《韩诗外传》”，被人们“称为通儒”。显然，他是固守经学传统的儒者。汉末“党锢之祸”以后，士族知识分子迭遭外戚、宦官的排斥打击，“儒者之风盖衰矣”（《后汉书·儒林传》），官学随之颓废，浮竞之风颇兴。但是，传统经学作为士族的精神寄托和思想武器，是不会完全衰落的，私学传授在士人中就会受到青睐。刘宽日后与诸生“执

① 《三国志·魏文帝纪》黄初三年诏：“今之计（吏）、孝（廉）……其令郡国所选，勿拘老幼……到皆试用。”

② 《后汉书·范滂传》记，范滂（137—169）举孝廉入仕的时间颇早。《三国志·魏武帝纪》讲，曹操（155—220）“年二十，举孝廉为郎”。

③ 参《通鉴》卷五三正文与胡注。

④ 《后汉书·刘宽传》记，延熹八年（165年）之前，刘宽仕历情况是：“桓帝时，大将军辟，五迁司徒长史。时京师地震，特见询问。再迁，出为东海相。”大将军梁冀受诛在延熹二年（159年）八月，“京师地震”在延熹五年（162年）五月。刘宽入仕当在延熹二年（159年）诛梁冀前，他40岁时；出东海相在延熹五年（162年）地震之后。

经对讲”（本传语），说明私学是有市场的。傅燮师从刘宽，接受传统经学的熏陶，这对他的思想性格具有很大的影响。

第三，“再举”之郡非本郡北地。既为“再举”，则有“初举”①。当时士子被“初举”，一般不就，多是“再举”或征辟后才入仕，而且相隔时间不会很久。“初举”多为本郡。傅燮曾为北地郡“初举”。本传曰：“初，（北地）郡将范津明知人，举（傅）燮孝廉。”范津其人后来做了汉阳太守，傅燮接替了他；此前他曾在北地郡担任边将，举过傅燮。

那么，“再举”之郡是否还是本郡呢？不是的。原因是，北地郡于傅燮被“再举”入仕后，即光和七年（184 年）初，并没有发生“将丧”或已丧的事变；即便“再举”仍是北地郡，本传不当称“所举郡”。因此，“再举”之“所举郡”当为他郡，或与傅燮曾侨居该郡有关②。史料不足，无法确定。不过，傅燮光和六年（183 年）被“所举郡再举”后，次年（184 年）二月，张角领导的黄巾起义在冀州“反叛”，“安平、甘陵人各执其王以应之”（《后汉书·灵帝纪》）。甘陵国是桓帝建和二年（148 年）由“清河国”改称的（《后汉书·桓帝纪》）。傅燮一支又称“清河傅氏”，或与傅燮少时曾侨居其地有关。甘陵国于桓帝延熹九年（166 年）前后，形成南北部朋党，是汉末党人之议的发祥地。这些跟傅燮有无联系呢？值得考虑。

① 据和帝永元十三年（101 年）诏，缘边郡口“五万以下，三岁举（孝廉）一人”。见《通鉴》卷四八。北地郡人口当时（183 年前后）不足 5 万。

② 《晋书·李含传》记，李含是陇西狄道人，侨居关中始平，西晋时两郡并举其孝廉，说明侨居之郡是能够举荐的。

(二) 讨黄巾，功多不封

据《通鉴》卷五八记载，中平元年（184 年）三月初，北地太守皇甫嵩、交阯刺史朱儁被匆忙调至京城，各统一军，合计四万余人，共同讨击颍川郡（治阳翟，今河南禹县）内的黄巾军。初仕居官的傅燮受任护军司马之职，领兵作战，先在朱儁部下。四月间，傅燮所在朱儁军为黄巾军波才打败，皇甫嵩军据守长社（今河南长葛县东），又被波才包围，官军兵少受困，军中惊恐。五月，从洛阳率兵增援的骑都尉曹操所部会同朱儁赶至长社，三军里应外合，大破围城的黄巾军。六月，皇甫嵩、朱儁二军合势攻夺了颍川郡治阳翟，乘胜向东南挺进，讨击邻近的陈国（治陈县，今河南淮阳县）、汝南郡（治平舆，今河南平舆县北）的黄巾军，又连连取胜。

在南线战场接连平息颍川、陈国、汝南三郡（国）的黄巾势力，官军声威大振的同时，北线战场却遇到了麻烦。卢植所部与黄巾起义的领袖人物张角在巨鹿郡的广宗（今河北威县东）固垒息军，暂呈胶着态势；朝廷撤换了卢植，派去了董卓督战，也无建树。于是，朝廷诏命朱儁军继续南下，讨击南阳；皇甫嵩回师北上，进攻东郡（治濮阳，今河南濮阳县南）。这时，傅燮统领之部转归皇甫嵩指挥，随之北进。傅燮的战功主要是在北上后赢得的。八月，皇甫嵩军在东郡苍亭（今山东阳谷县北）与黄巾军交战，傅燮所部捉获并处斩了这支黄巾军的首领卜巳；接着，皇甫嵩军受诏继续北上讨张角。十月，破广宗；十一月，陷下曲阳（巨鹿郡之北境，今河北晋县西）。至此，燃遍神州南北的黄巾起义烈火被暂时扑

之语，确是空谷足音，令赵忠之流感到威慑，既恨其直，又惮其名，欲害无由，且不敢冒然为之。傅燮触犯宦官权贵的一道上疏、一番理论所显示出的一身正气，远比他南北征战中的斩获之“功”更见光彩！他功多不封，令时人抱不平；他不畏权势、不为利诱，更令后人敬仰！

（三）朝议弃守凉州，一语惊人

东汉一朝，凉州境内诸羌反叛声势浩大，持续不断，使得朝廷疲于应付，靡费用兵，耗竭国本。宋代司马光认为，“御之失道”、“郡县侵冤”，正是导致诸羌“离叛侵扰”的原因所在；“若视之如草木禽兽”，“悉艾杀之”，“虽克捷有功，君子所不与也”（《通鉴》卷五六）。其实，在东汉平羌战事中，也不乏有识之士，他们主张以恩信招抚羌众，不赞成一味讨剿屠灭，但朝廷不但不采纳，还要举劾追究，下狱治罪。灵帝初年，在段颎统领下，大军压境，转战山谷，穷追不舍，以残暴的手段镇压了羌人的反抗，一时“陇右清静”，郡县荒残。

当黄巾军于中原八州“一时俱起”之时，陇右凉州羌人又在边章、韩遂的带领下，举起了反抗大旗，烧杀州郡，寇扰三辅。

中平元年（184 年）十二月，傅燮由冀州返至京城，讨黄巾功多不封。据本传讲，朝廷改派他出任安定都尉，“以疾免”，仍留京师，“后拜议郎”，约在中平二年（185 年）初。三月间，廷尉崔烈入钱 500 万，买通宦官，升为司徒。作为鼎鼎名士，竟致买官求荣，阿附奸佞，已置声誉于不顾。他上台后第一桩出奇建议就是提议放弃凉州，理由是“凉州兵乱不止，征发天下役赋无已”（《通鉴》卷五八），振振有词，似乎满有道理。这一提议事关重大，朝臣不可能均表赞成，反对者中就以傅燮为代表。本传记曰：

> 司徒崔烈以为宜弃凉州。诏会公卿百官，烈坚执先议。燮厉言曰：“斩司徒，天下乃安！”尚书郎杨赞奏燮廷辱大臣。

尽管崔烈其人因买官而“声誉顿衰”，人格卑污，但是在廷议场合，傅燮如此出语惊人，忤慢宰相，实属罕见！根据袁宏《后汉纪》的记录，接着灵帝“有诏问本意”[①]，傅燮上书作答，其大意是：凉州之地作为“天下之冲要，国家之藩卫”，弃之则“三辅危”、“京师薄”；作为宰相崔烈“不念为国”筹谋安缉之策，反而要割弃先王列祖拓置的“万里之土”，不是“极蔽”，就是“不忠”。傅燮上书从社稷安危的大局出发，无懈可击，灵帝“善而从之”（《通鉴》语）；傅燮的立场亦为“众议所归”（本传语）。还有，傅燮属籍西土，强烈的乡土感情，也促使他对放弃凉州之议持激烈的反对立场。在他之先，安定王符也曾坚决批评安帝时大将军邓骘等放弃凉州的主张；《潜夫论》里《救边》、《劝将》、《边议》三篇，专门针对这个问题有议。

---

① 《通鉴》卷五八据《后汉书·傅燮传》，紧承上引廷议文字后，出“帝以问燮，对曰”云云，容易使人产生误解，似乎当廷问答。看来，袁宏的记录是有道理的。

(四) 出任汉阳太守，以身殉职

中平三年（公元186年）初，宦官头目赵忠想拉拢傅燮，遭到拒绝后，就借机将傅燮外放，出为汉阳太守①。当时凉州治所在陇县（今甘肃张家川回族自治县)②，汉阳郡治在冀县（今甘肃甘谷县)。

中平四年（公元187年）三月，西羌首领韩遂拥兵10余万，由金城郡（治允吾，今甘肃、青海交界处，湟水之滨）向东南进围陇西郡治狄道（今甘肃临洮县)，夺而据之。凉州刺史耿鄙决定率兵前往征讨，傅燮写信谏阻，以为：

> 使君统政日浅，人未知教。……今率不习之人，越大陇之阻，将十举十危。而贼闻大军将至，必万人一心。边兵多勇，其锋难当；而新合之众，上下未和，万一内变，虽悔无及。不若息军养德，明赏必罚，……然后率已教之人，讨已离之贼，其功可坐而待也。(《全后汉文》卷八一)

---

① 傅燮为北地人，时属雍州。灵帝熹平四年（175年)，明制“三互法”，禁忌任官，本州人士不允许监临本州。因此，皇甫嵩作为凉州安定人，可以出任北地太守；傅燮则先出为安定都尉（未上任)，继而为汉阳太守，就因为他已成雍州人的缘故。到后来曹操自为魏公（213年）以后，本州人亦可监临本州，如张既（《三国志》有传）就是例子。

② 一说，凉州与汉阳郡同治冀县。《通鉴》卷五八胡注：“冀县，属汉阳郡，郡及凉州刺史治焉。”

傅燮已有作战经历，是员悍将。他现在主张“息军养德”，就鉴于双方力量悬殊太大，条件尚不成熟，而且对“万一内变”，祸生肘腋的危机应有警惕。但是耿鄙不听，一意孤行。四月间，匆忙招募的讨伐军在耿鄙统领下进至狄道，与韩遂叛羌兵未及交锋，内部发生叛变，耿鄙的州别驾应贼杀主，军司马马腾拥兵倒戈。讨伐军顷刻瓦解，与叛羌合为一体，无所顾忌地推进至汉阳。这一急遽祸变并不出傅燮所料，但汉阳已是孤城一座，坚守或求援均无可能，傅燮无回天之力，汉阳失守已成必然。

据《通鉴》卷五八所记，汉阳城被叛军围困后，傅燮镇定自若地拒绝了来自三个方面的劝解。一是北地胡骑兵“随贼攻郡，皆夙怀燮恩，共于城外叩头，求送燮归乡里”①；二是其子傅幹从旁赞成“羌胡之请还乡里”；三是投降叛羌的原酒泉太守黄衍前来游说。傅燮对儿子所留遗言里，表明他宁死不失节的选择，也流露出“吾行何之”的不能选择的悲凉。于是，傅燮“遂麾左右进兵，临陈战殁”，以身殉职。他死后没几年，京师洛阳惨遭董卓烧掠，成为一片废墟，从此东汉王朝名存实亡，大乱开始了。傅燮是东汉末年难得的义士忠臣，却“不容于朝”；他死得壮烈感人，却守不住汉阳城，救

---

① “北地胡”据点，正在原北地郡灵州境，故以“乡里”相称。但北地郡于傅燮出生之前，就已寄治冯翊，此言“夙怀燮恩”，殊不可解。妄测之，城外“北地胡”中混杂有寄治冯翊之北地郡之内徙胡人，而傅燮入仕前曾居于北地郡，因有“怀恩”之意。这是一种可能。另一种可能是，傅燮未居北地郡，而讨黄巾时，皇甫嵩由北地太守任赴征，部属中有从北地郡随行胡人，因与傅燮相处，才有“怀恩”之谓。第三种可能是，北地傅氏先世对羌胡有恩，本传里其子傅幹讲，“乡里羌胡，先被恩德”云云，似可注意。

不了洛阳城。这是一曲时代的悲歌。

三、父傅幹的经历

傅玄之父傅幹（175—219?），字彦材（一曰“彦林”）①，小字别成。史书无传。他的事迹散见于《后汉书·傅燮传》及《三国志》裴注中。下面分项叙说。

（一）汉阳失守前劝父权归北地

《后汉书·傅燮传》曰：

> 子幹年十三，从在官舍。知燮性刚，有高义，恐不能屈志以免，进谏曰：“国家昏乱，遂令大人不容于朝。今天下已叛，而兵不足自守，乡里羌胡先被恩德，欲令弃（汉阳）郡而归，愿必许之。徐至乡里，率厉义徒，见有道而辅之，以济天下……”言未终，燮慨然而叹，呼幹小字曰：“别成，……汝有才智，勉之勉之。主簿杨会，吾之程婴也。”幹哽咽不能复言，左右皆泣下。

中平四年（187年）汉阳失守、傅燮战殁时，傅幹13岁，生年在熹平四年（175年）。这个年龄虽未成人，却晓世事。傅

---

① 《三国志·魏武帝纪》引《九州春秋》曰：“幹字彦材。”《后汉书·傅燮传》李贤注：“《（傅）幹集》曰：‘幹字彦林。’”

幹随父至汉阳，眼见守城不足以抵御羌胡叛军的围攻，纵言天下时势，分析其父于朝于郡进退之难，赞同北地胡之请，主张权归北地郡故土，借羌胡拥戴之力，相机图谋天下。这番议论头头是道，难怪其父要奖以“汝有才智”之语。这番设想又出奇大胆，这跟其时皇权旁落，“乘时之士”[①]蠢蠢欲动的世风心态有关。皇甫嵩刚平冀州黄巾，威震天下，就有人劝他“因机以发”，代汉而立；皇甫嵩“夙夜在公，心不忘忠”，干脆想都不敢想非分之举（见本传）。傅燮、皇甫嵩守的是旧传统，傅幹接受的是新思潮。新思潮不满旧传统，旧传统担心新思潮。所以傅燮要叮咛儿子“勉之勉之”，并付托主簿杨会。

（二）袁、曹争雄中劝马腾依附曹操

傅燮死后，傅幹去向不明。被傅燮誉为“程婴”的杨会何所归依，史籍无载。董卓乱中，汉献帝被挟持迁长安。兴平二年（195年），关中遭天灾人祸，皇室落难东逃，士民南下荆州存身，韩遂、马腾拥兵陇右。从其后有关傅幹的资料来看，他仍留陇右依马腾的可能性较大。

《通鉴》卷六四记，曹操于官渡之战（200年）打败袁绍。建安七年（202年）五月，袁绍气病而死；九月，曹操与袁绍之子争夺河东，想争取屯兵关中槐里（今陕西兴平县）、偏向袁氏势力的马腾军的倒戈相助，于是派出司隶校尉钟繇西向

---

① 近人刘师培指出：“献帝之初，诸方棋峙，乘时之士，颇慕纵横，骋词之风，肇端于此。”《中国中古文学史》第三课，人民文学出版社1959年版。

图谋其事。接着记道：

> 繇使新丰令冯翊、张既说马腾，为言利害。腾疑未决。傅幹说腾曰："古人有言：'顺德者昌，逆德者亡。'曹公奉天子，诛暴乱，法明政治，上下用命，可谓顺道矣。袁氏恃其强大，背弃王命，驱胡虏以陵中国，可谓逆德矣。今将军既事有道，阴怀两端，欲以坐观成败；吾恐成败既定，奉辞责罪，将军先为诛首矣！"于是腾惧。幹因曰："智者转祸为福。……将军诚能引兵讨（河东郭）援，内外击之，其势必举。是将军一举，断袁氏之臂，解一方之急，曹公必重德将军，将军功名无与比矣。"腾乃遣子超将兵万余人与（钟）繇会。①

这番纵横议论，先言利害，后出方略，令拥兵一方的马腾先惧后从，足见傅幹娴于辞令的特点，更可见他洞察天下形势的谋虑。② 这时的傅幹 28 岁。他苦口进言，对曹操有利，出发点却是为马腾着想，所以马腾听从了他的劝告。

张既游说马腾，是曹操派来的说客，故马腾疑而未决；傅幹一分析，马腾打消疑虑，完全依从。这应该与傅幹的身份

---

① 《通鉴》这段记事，采自《三国志·魏书·钟繇传》注引司马彪《战略》，文字稍异。《三国志》注引中尚见：马腾听了傅幹一番分析后曰"敬从教"；马超领兵中还有韩遂部众，东向与郭援交兵，"大破之"。

② 当时有识之士都清醒地认识到"政在曹氏，天子恭己"的政局特点。荀悦著《申鉴》，仲长统著《昌言》，分析治乱，亟言"为政之术"，《通鉴》卷六四、六五有记载。这一背景正是傅幹说马腾的立足点。

有关。史书未明傅幹说马腾时的职事，他不像是曹操或钟繇、张既派出的游说之士，倒像是马腾手下的幕僚。关于马腾的情况，《三国志·蜀书·马超传》有记载，他时在陇右领兵，时在关中驻屯，时与韩遂合作相亲如兄弟，时又反目相侵成仇敌；他与袁氏结盟，也存首鼠之心；袁绍一死，曹操逐鹿中原，更使他依阿无方。按理说，傅幹不当跟从马腾，因为马腾当年倒戈，而与韩遂合兵，遂使汉阳失守，傅燮殉职。作为傅幹来讲，目睹身历这场悲剧，于韩、马有杀父之仇，焉能俯身事寇仇！但是，联系他劝父依北地胡的一番议论，他归依马腾，又不无可能。他的节义观念很淡漠，因此对忠孝的讲究也必然采取无所谓的态度，依马腾求存身，说马腾以乘时，就不是难以理解的事了。①

（三）扶风太守，丞相府参军、仓曹属

《后汉书·傅燮传》曰："（傅）幹知名，位至扶风太守。"《三国志·魏武帝纪》引《九州春秋》曰："（傅幹）终于丞相仓曹属。"这是有关傅幹劝马腾以后任职的两条基本材料。扶风太守在前，丞相仓曹属在后。据此，并参据其他记载，兹将傅幹这一段仕历分述于下。

1. 建安十三年至十八年（208—213 年）为扶风太守

建安十三年（208 年）六月，"曹操自为丞相"（《后汉书·

---

① 还有一种可能也不能完全排除，即傅幹作为曹操一方的说客，系由钟繇所派。由于晓之以理，陈之以利害，终于为马腾接受。我们倾向于傅幹是作为马腾之幕僚身份，只是一种猜测，史书无明载。

献帝纪》），建府邺城（今河北磁县南）；同时，将马腾连同其家属徙迁至邺，委马腾以卫尉之职，唯留其子马超仍居关中，统领部曲，驻屯槐里。槐里即为扶风郡治所在，而扶风作为三辅（京兆、扶风、冯翊）之一，归当时的司隶校尉部统管，司隶校尉为钟繇。看来傅幹没有随马腾入邺，而与马超留在了关中，做了扶风太守。他原先是马腾的幕僚，在关键时刻又劝说马腾归附曹操，现在马腾内徙而马超留驻，由傅幹出任扶风太守，是再合适不过的了。这一安排恐与钟繇的建议甚有关系。

2. 建安十八年至二十四年（213—219 年）入邺，先后任丞相府参军、仓曹属之职

建安十七年（212 年）五月，曹操诛马腾，夷三族（《通鉴》卷六六）。这跟前一年（211 年）马超在关中起事反叛有关。曹操出兵征讨汉中张鲁，取道关中，引起马超、韩遂诸将犯疑，在潼关屯兵阻击；马超失败后，移屯蓝田（今陕西蓝田县西），不久流窜陇右，继续与曹操对抗。

建安十八年（213 年）五月，"曹操自立为魏公，加九锡"（《后汉书·献帝纪》）；七月，"魏始建社稷、宗庙"，十一月，初置百官（《通鉴》卷六六）。魏国始建，钟繇调离司隶校尉，入邺为大理；张既调离京兆尹，入邺为尚书，《三国志》本传有记。傅幹很可能也同时调离扶风太守任，入邺为丞相府参军。因为次年（214 年）七月，曹操由邺城南下征讨孙权之前，傅幹作为参军，曾谏阻曹操。《三国志·魏武帝纪》裴注引《九州春秋》曰：

> 参军傅幹谏曰："……愚以为可且按甲寝兵，息

> 军养士，分土定封，论功行赏，若此则内外之心固，有功者劝，而天下知制矣。然后渐兴学校，以导其善性而长其节义。……今举十万之众，顿之长江之滨，若贼负固深藏，则士马不能逞其能，奇变无所用其权，则大威有屈而敌心未能服矣。唯明公……全威养德，以道制胜。”公不从，军遂无功。

《三国志·魏武帝纪》正文、《通鉴》卷六七记事，均未载此次曹操出兵征孙权的胜败结果，看来确是“无功”而返。傅幹的分析不无道理，他的建议也颇富远见，但是曹操是不会采纳的。为什么呢？曹操志在统一天下，傅幹却提出“分土”而治的方案；曹操急于征伐以成大功，傅幹却摆出了当务之急在于兴学教民的纲领。当时曹操哪里听得进这些话，即使没打胜仗，他也会继续用兵的。

傅幹身在曹操手下任参军，清醒地认识到天下三分的总格局业已形成，统一天下需要有个过程。他在谏阻曹操前夕，对刘备在蜀盘踞的潜力，也作了精辟的分析。

> 征士傅幹曰：“刘备宽仁有度，能得人死力。诸葛亮达治知变，正而有谋，而为之相；张飞、关羽，勇而有义，皆万人之敌，而为之将：此三人者，皆人杰也。以备之略，三杰佐之，何为不济也!”

这段文字见于《三国志·蜀书·先主备传》裴注所引《傅子》，是傅玄记录其父反驳丞相掾赵戬低估刘备时的一段话。

刘备入蜀在建安十六年（211 年），当时的汉宗室、益州牧刘璋眼光短浅，没有考虑后果，如盼来了救星一样欢迎刘备，他想不到刘备有野心；建安十九年（214 年）刘备引军围攻成都城，逼刘璋投降，“袭蜀”成功，达到取而代之的目的。刘备袭蜀前夕，邺城丞相府议及此事，赵戬以为，刘备“拙于用兵”，“袭蜀”必将“不济”，上引《傅子》一段话前亦载他的言论。显然，赵戬只是书生之见，傅幹具有战略眼光。至于文中称傅幹为“征士”，恐怕不合实际。刘备袭蜀与曹操南征是同年的事，袭蜀在五月，南征在七月，中间相隔仅两月，何来“征士”、“参军”之异？傅玄或有忌讳，不能肯定。

傅幹由参军转任丞相仓曹属的起止时间约为建安二十一年（216 年）五月至二十四年（219 年）九月。前一时间是裴潜由丞相仓曹属而为代郡太守的调迁之机（见《通鉴》卷六七），后一时间又是刘伟受任仓曹属的初始之时（见《三国志·刘廙传》裴注）；其间当为傅幹在任丞相仓曹属的合理时间。关于这一推测，需补充说明几点。

其一是，建安二十年（215 年）底，扶风太守赵俨受命“为关中护军，尽统诸军”（《三国志》本传，时间据《通鉴》），主持关中军事，似仍守本职扶风太守之任，不当以调离迁任视之。他离开关中南下助曹仁守樊城（今湖北襄樊市）是在建安二十四年（219 年）。这期间如果插入傅幹接任扶风太守而暂时离开丞相府，很快又调回任仓曹属，不能说完全不可能，但不合理，故不取。

其二是，邺城有两套班底：一是丞相府，名义上是汉室所属，建安十三年（208 年）六月“曹操自为丞相”（《后汉书·献帝纪》），直到他死（220 年），接着曹丕又做了几个月的汉丞相，禅代以后，曹魏政权有大将军而无丞相；二是相国府，这是曹操为魏公后另设的私属机构，建安二十一年（216 年）八月，“以大理钟繇为相国”（《三国志·魏武帝纪》），入魏后，相国改为司徒。傅幹的职任在丞相府，不在相国府，他“终于丞相仓曹属”，说明他没有活到汉魏禅代以后。

其三是，建安二十四年（219 年）九月，魏讽乘曹操西征汉中之机，于邺都谋反，被留守的太子曹丕诛杀，“连坐死者数千人，钟繇坐免官”（《通鉴》卷六八）①。恰巧，这时刘伟又被任为丞相仓曹属。那么，傅幹之死是否与魏讽谋反一案有株连呢？史无明文，不能认定，聊备参照。不过，他肯定在此之后不可能继续担任丞相仓曹属的职事，即使未遭诛杀，恐怕也与钟繇一样“坐免官”了。

（四）著述文章小议

《隋书》、新旧《唐书》的《经籍志》（或《艺文志》）均无傅幹文集载录。但是，前出唐代李贤注却提到《（傅）幹集》，说明傅幹曾有文集存世。现存他的作品，无诗，有文五篇：《肉刑议》，《与张叔威书》（佚文），《谏曹公南征》，《王命叙》，《皇后箴》。严可均《全后汉文》卷一一有辑录。其中《肉刑议》较为重要，其意是：礼乐使君子有所忌，刑罚使小人有所畏；“肉刑之法，不当除也”，其理可从“五验”而知。至于哪“五验”，只见提到“智所暗”一验，其他四验没有下

① 《三国志·魏武帝纪》裴注引《世语》：“诛（魏）讽，坐死者数十人。”这个数字似乎合理一点，《通鉴》所记“数千人”或误。

文，估计是原引书《艺文类聚》节录造成的。

关于要不要恢复久废不行的肉刑，曹操挟献帝都许之初，曾议过一次，由于孔融反对作罢。直到建安十八年（213年）底，据《通鉴》卷六六所记，“魏公操欲复肉刑”，御史中丞陈群为文极表赞成，“当时议者，唯钟繇与（陈）群议同，余皆以为未可行”。其实傅幹也是站在赞同派一边的，不唯钟繇一人而已。所以，曹操有意，陈群倡议，新任职的大理钟繇、参军傅幹复议可行。由于拥护的人太少，曹操只好“顾众议而止”。

四、几点说明

前面花了不少笔墨，钩稽、订正傅玄的家世背景，这与傅玄的生平思想有什么要紧的关系呢？

第一，魏晋其始，九品论人，讲究阀阅，士人的郡望、族姓日益受到重视，直接影响到一个人的声名与出处。北地傅氏自两汉以来，就是北方一门望族。但是，汉末羌胡侵掠，旧地失土，郡治内徙，傅氏族人侨居他乡。这情形颇似东晋南朝流寓江南的北方士族后代的处境。标榜时，尚觉自豪；细一想，心理上不免压抑。而傅玄在世期间，像北地郡这样内徙寄治的情况，在整个北方还很少见，与西晋以后北中国为五胡所乱的局面不能同日而语。很显然，北地傅氏的声望要受到影响，朋党相援中，傅氏成员自会有势单力孤的感受。这与傅玄的处境有关。

第二，傅燮刚直而忠义，重在事功；傅幹机敏而乘时，偏于权谋。父子两代，性格有别，言行迥异。这是时势造成的，跟所处环境、所受教育及个人经历都有关系。汉末黄巾起义之后，士人的心态变化很大。清人赵翼以为“东汉重名节”(《廿二史札记》卷五)。此议用于黄巾起义之前，确为的论；统而论之不见得完全成立，汉末多有相反的例子。至于魏晋二代，汉末遗风仍相当浓重，士人无论处世也好，争议也好，复古守旧与乘时趋新始终相依并存，相辅而行。在傅玄身上，既可以看到其祖的影响，又能发现其父的影子，随着社会政治气候的变化，傅玄的思想倾向不可能是凝固不变的。知人论世，自应顾及父、祖的生活道路及其思想性格。

第三，魏晋二代，士人的仕宦升迁颇重父、祖生前官爵地位。傅燮、傅幹父子生前显职均不过一郡太守，以魏晋品第论，才是五品而已，离高门贵族的二品资荫，尚有几品之隔。当然，傅燮功多当封而不得封，又以身报国，英名传扬；傅幹于曹操得关中不费刀兵、收河东轻而易举的霸业中，也有所建树。这些先辈资荫，对傅玄有利。傅玄仕履中居职地位，有时得考虑其父、祖的因素。

最后，简单说说傅嘏一支族人与傅玄的关系。傅嘏与傅玄是从兄弟，但亲族关系渐疏，前已道及。以傅玄之父傅幹的身世而言，亦可证实。傅幹 13 岁丧父，留居关中，3 年后，傅嘏之伯傅巽、父傅允随献帝西迁长安；关中大乱时，他们合家南奔荆州，依附刘表。其间傅幹没有投靠族亲，没有随行南下荆州，而很可能西奔加入马腾一方。如果族亲很近，傅幹失父后，傅巽等理该照应才是。当然，曹操平刘表后，傅巽一支北上邺城；傅幹后来也从关中到达邺城，两支傅氏族人聚在一起，日后虽是荣损相关，但他们彼此间的背景仍有不小的区别，不能同“支”看待。

傅嘏之伯傅巽，汉魏禅代之际，已是散骑常侍（以魏品论，居三品），参与禅代劝进①；魏文帝黄初中，又进侍中②（三品中最尊显之职），已近从公之位。而与傅巽同辈的傅幹，入魏前的职秩卑微。这一差别就在入魏入晋后的后辈子孙身上显示出来了。傅嘏去世（255 年）前，职为尚书仆射，居三品，爵为阳乡侯；死后追赠太常，为九卿之首，晋入二品，为这一支傅氏奠定了高门尊显的基础。然而这一年（255 年），傅玄也由参军（八品）转温县令，他虽比傅嘏小 8 岁，居职间的品秩之差别，却正是两支同辈傅氏的地位悬殊的反映。至于下一辈，傅嘏子傅祗为雍州大中正③，傅玄之子、比傅祗年长的傅咸却是北地郡中正，尊卑有别。居官任职如此有悬隔，联姻攀亲的情况也差不多相似，这后面还要讲到。魏晋时期，门第高下，要从婚、宦两方面考察，唐长孺先生论之甚详④，未至二品，不能算高门士族。北地傅氏虽系同族，却有二支尊卑之分。傅玄生前死后，未至高门。这跟资荫有关，也与为官波折有关。这里只是提前打个招呼而已，下面讲到傅玄生平时再详论曲折。

---

① 参《三国志·魏文帝纪》裴注《献帝传》载禅代之事。

② 参《三国志·苏则传》及裴注《魏略》。又《三国志·傅嘏传》："伯父巽，黄初中为侍中尚书。"

③ 参《晋书·李含传》记载。

④ 参阅《士族的形成和升降》，《魏晋南北朝史论拾遗》，中华书局 1983 年版。

第二章　生平事业

依据《晋书》本传记载，参考其他有关线索，兹对傅玄生平事业作如下叙述。

一、高平陵事变之前（217—249年）

（一）三岁丧父，避难河内

本传曰："献皇后崩于弘训宫，……寻卒于家，时年六十二。"《晋书·武帝纪》载，咸宁四年（278年）六月，"弘训皇后羊氏崩"。由此相推可知，傅玄生于汉末献帝建安二十二年（217年）。这一年，其父傅幹43岁，居邺城丞相府仓曹属之职。傅玄生于邺城。

大约建安二十四年（219年）前后，傅幹去世，活了约45

岁（175—219?）。傅幹死时，傅玄年仅 3 岁，故本传言“玄少孤贫”，说明他因幼年丧父，处境维艰。

建安二十五年（220 年）正月，曹操病逝洛阳；三月汉室改元延康；十月曹丕禅汉建魏，又改元黄初。据《通鉴》记，这年年底，魏文帝曹丕建都洛阳后，“欲徙冀州士卒家十万户实河南。时天旱、蝗，民饥，群司以为不可，而帝意甚盛”，“乃徙其半”，即内徙冀州民五万户。而据《三国志·魏文帝纪》注引《魏略》，黄初二年（221 年）春，“令天下听内徙。复五年，后又增其复”。这也就是说，为了营建洛阳，充实京畿，魏初曾大规模徙民；而冀州因旱蝗民饥，黄初元年、二年之际，南下避难迁徙的士民为数最多。傅玄本传提到的“玄少时避难于河内”（河内郡属司州），可能与此有关。当时，他年仅四五岁。

（二）专心诵学并入太学

本传承避难河内后讲，傅玄“专心诵学”。至于如何诵学，不得而知。不过，比傅玄晚生数年的钟会，诵学情形可参照。钟会生于黄初六年（225 年），太和四年（230 年）其父钟繇去世，他年仅 6 岁，也是幼年失父。据《三国志·钟会传》裴注，钟会自幼是在母亲严格训诲下诵学的：

> 年四岁授《孝经》，七岁诵《论语》，八岁诵《诗》，十岁诵《尚书》，十一诵《易》，十二诵《春秋左氏传》、《国语》，十三诵《周礼》、《礼记》，十四诵成侯《易记》，十五使入太学，问四方奇文

异训。

这些诵学课目及其次序，无疑是当时书香世家教授子弟的一种普遍选择。汉末董卓之乱后，太学不立，私学驳杂，因而“学道废坠”，“经学废绝”；至曹魏代汉，已持续30多年。扭转这种局面，既是皇权政治的迫切需要，也是私家门户的一致愿望。所以文帝登基伊始，就下诏尊孔，黄初五年（224年）恢复太学；明帝继位后，更以儒学为本，大力提倡。皇室兴学的同时，私家期在兴宗，把希望寄托在下一代身上；咿呀学语，就被捧成“神童”、“麒麟”，小小年纪，就常听着“必兴吾宗”、“已复有人”的念叨。史书所记魏晋时早熟俊才①，大半是应运而生的聪明孩子，带有渲染色彩，伴有宣传效果，不可完全当真。他们诵学很刻苦，也是事实，但那是逼出来的，是兴学兴宗的世风发生影响的结果。作为名门衰宗之后的傅玄，正是在这种社会环境中成长起来的，他应该而且必须“专心诵学”，否则日后难以自立。

这样，傅玄避居河内10年，通过自学，奠定了深造的基础。循例，大约明帝太和五年（231年）他15岁时进入洛阳太学。自魏文帝黄初五年（224年）恢复太学后，“置博士，依汉制设‘五经’课试之法”（《通鉴》卷七〇）；明帝太和四年（230年）即傅玄入太学前一年，又下诏重经学，要求“学

① 侯外庐等著《中国思想通史》第三卷（人民出版社1957年版）第64页、第65页，表列汉末、魏晋时期近30位早熟夙悟的代表人物，有的四五岁就知名。这些记载说明，这一历史时期世家名门对后代的教育很重视，从儿童时期就抓得很紧。

通一经”，重申“博士课试”（《通鉴》卷七一）。所谓“五经”，是指《诗》、《尚书》、《仪礼》、《易》、《春秋》。不过，东汉以来，这些儒家经典迭经一尊烦琐与权变谶纬的变迁，又遭汉末浮竞之风和私学家法的渗透，士人们在理解上分歧很大。如今太学新兴，博士刚置，求学专攻恰似选择专业，日后方向、志趣很难一致。比如，《尚书》分今文、古文，《诗》有毛氏，《春秋》有左氏，等等。同在太学课读的士子，“学通一经”就既涉“五经”之别，又涉投门师法之异。魏晋玄学兴起，精英就是这班就读的太学生中人，他们的专业教师就是汉末私学造就的杂牌学者。请注意，傅玄入太学的前一年，太学师生中就分成两派：一派是“贵尚敦朴忠信之士”，一派是“虚伪不真之人”。前者“以学问为本”，埋头经典；后者“以交游为业”，“不务道本”。太和四年（230年）董昭的上疏和魏明帝的诏文指的就是这种状况，事见《通鉴》卷七一所载。① 而且，还需注意到这一分野的社会基础。高门士族子弟多是“合党连群”、“互相褒叹”（董昭语）的浮华之徒，而孤贫士子则只能是“清修为首”（董昭语），“后生进趣”（明帝诏）。傅玄属于后一阵营，他虽入太学，却未染“当今年少”的恶习，孜孜以求，终于成为一位儒学后进之秀。魏晋玄学巨子皆出自权门势家，而且以目空一切的年轻人居多。这跟汉末废太学与魏初兴太学均有关系，废了出现空白，师法传授不成章法；兴了出现浮华，趋势游利很难根除。傅玄

① 唐长孺先生指出：“这件事据《董昭传》在太和六年（232年），《通鉴》记在四年，恐有误。”见《魏晋南北朝史论丛》（三联书店1955年版）中《九品中正制度试释》一文。

一生经历了玄学由兴而盛的全过程，呼吸着玄学的空气，接触着玄学名流，目睹其放形夸张之派头，耳闻其喋喋不休之争议，奇怪的是他竟熟视无睹、置若罔闻，而且深恶痛绝，不屑评骘。原因何在？这就需要联系他的身世背景和入太学后的求学环境加以解答。太学就读，这是傅玄世界观、人生观形成的重要阶段。史传对此虽无明确记载，但考察他的人生经历，研究他的思想特点，却不能忽略这段求学生涯。下一题内，我们还要补充说明这段求学生涯是无疑存在的事实。

（三）初仕为中书著作，“撰集《魏书》”

本传曰：“郡上计吏，再举孝廉，太尉辟，皆不就。州举秀才，除郎中，与东海缪施俱以时誉选入著作，撰集《魏书》。”

关于傅玄初仕与撰集《魏书》的时间，陆侃如先生的意见是：“缪施”当为缪袭之误，缪袭卒于正始六年（245 年），享年 60 岁，而傅玄时年 29 岁，相差 30 余年，“似无同撰之理”，“疑玄为著作乃袭所推荐”，时间“不能晚于本年（245 年）”，因而将傅玄为著作、撰《魏书》的时间系于缪袭卒年；由此逆推，傅玄举秀才、除郎中，“假定在撰《魏书》之前五年左右”，因系于正始元年（240 年）即傅玄 24 岁时。[①]

陆先生不可能细考，采取极谨慎的方法，以假定的措辞系年，并不敢遽定。因此，我们想对陆先生的系年重新审视，作出如下判断。

---

① 参考《中古文学系年·下》，人民文学出版社 1985 年版。

第一，“缪施”不是缪袭。[①] 缪袭于《三国志·刘劭传》后，有简略介绍，裴注引文又有补充，知其“历事魏四世”，“官至尚书、光禄勋”。《宋书·乐志一》、《世说新语·言语》均记载，缪袭于魏明帝景初年间（237—239年）职为侍中。他参加撰写《魏史》，据《史通·古今正史》讲，是在魏黄初、太和中（220—232年），“草创纪传，累载不成”。缪袭入仕颇早，撰《魏史》时，傅玄最大不超过16岁，二人不可能同时撰集。与傅玄同时入选撰集《魏书》的缪施，虽史传里再找不到他的踪影，但他是另一人，亦属初仕，与傅玄一样，也赢得“时誉”，是位年轻人。

第二，傅玄“举秀才，除郎中”与“选入著作，撰集《魏书》”不能分割而论，均属同时先后职衔有别，应视作初仕程序。对此，后面再作计较。

第三，曹魏一代撰修《魏书（史）》，官方组织过三次：第一次是在黄初、太和年间，参加者是卫觊、缪袭、韦诞等；第二次是在正始年间，参加者有韦诞、应璩、傅玄等；第三次是在魏末，参加者有王沈、阮籍、孙该等。这从史传里不难查实。其中有的参撰者曾前后留用，如韦诞、孙该，但缪袭没参加正始间撰集，傅玄未参加前一次与后一次活动。刘知几《史通·古今正史》对第一次撰史的时间和参加者讲得很具体，而对后两次撰集合在一起叙述，容易使人产生误会，所出傅玄似成后期与王沈同撰，就不符合实际了。

---

① 《史通·古今正史》有清人浦起龙释文曰：“按，缪施或即《魏志》之缪袭否？俟考。”（《史通通释》，上海古籍出版社1978年版）浦氏并未肯定，不能作为依据。

我们认为，傅玄初仕与参加撰集《魏书》在明帝死后、齐王曹芳即位的景初三年（239 年）初。

首先，傅玄本传所出“州举秀才”，只是取得入仕资格，不是职任；“除郎中”① 则说明他参加了太学组织的课试，获得甲科的优异成绩，授官将予重任；实质性的职任就是“以时誉选入著作，撰集《魏书》”。因此，这说的是一回事，“举秀才”就得策试，试而高第“除郎中”，以甲科郎中的“时誉”被“选入著作”，担任了史官。

其次，黄初、太和间的修史“累载不成”，处于半停顿状态，接着又组织人力纂修时，主事者有应璩，身份是侍中。《三国志·王粲传》注引《文章叙录》讲，应璩于“齐王即位，稍迁侍中”，这在景初三年（239 年）初。应璩迁侍中，跟他参与主持其后的修史有关。

最后，傅玄今存文中有一篇《马钧传》，对傅玄入太学、初仕问题都有重要的文献参考意义。马钧“与常侍高堂隆、骁骑将军秦朗”争论指南车，是在太和六年（232 年）前后；造出指南车、水车、水转百戏，与明帝大治洛阳宫殿有关，《通鉴》系于青龙三年（235 年）八月为受诏始造之时；接着修造并迄于成功。其间，傅玄与裴秀辩论过，与曹羲谈及过，曹羲又汇报给了曹爽。裴秀（224—271）入太学约在景初二年（238 年），傅玄以“裴子”相称；曹爽是“武安侯”，曹羲是

① 魏黄初五年（224 年）立太学后，实行“五经”课试之法。博士课试之法，是通过策试，擢其高第，分甲、乙之科；其中甲科若干人为郎中，乙科若干人为太子舍人。汉末顺帝时，甲、乙科各取十人；曹魏时甲、乙科取员多少不清，估计不会多于十人，或有减少。

“安乡侯”，这是景初三年（239 年）齐王即位后改封之爵。

从上述记载可知，傅玄耳闻马钧与高堂隆等争论，眼见青龙、景初年间修造宫殿与马钧制作指南车等，与马钧、裴秀、曹羲诸人均有过接触，还竭力替马钧辩护活动过。无疑，太和末他已在洛阳太学，写《马钧传》时，曹爽已改封为“武安侯”，傅玄也有言事交涉的便利，说明已入仕有了身份。

这篇《马钧传》很可能就是傅玄“除郎中”接着“选入著作”时的交卷之作。因为“晋制：佐著作郎始到职，必撰名臣传一人”（《通典·职官八·秘书监》），而晋制应承魏制，《晋书·职官志》就是合记的：

> 魏明帝太和中，诏置著作郎，于此始有其官，隶中书省。……著作郎一人，谓之大著作郎，专掌史任，又置佐著作郎八人。

傅玄初仕之职中书著作，魏官制在八品，具体职任是参与修撰《魏书》，修史地点在东汉以来收藏图籍的东观。这样，关于傅玄的初仕时间，我们的结论是在景初三年（239 年），与陆侃如先生的推测意见（240 年）很接近，但立论的角度有差别，对初仕职的看法也不一致。至于傅玄初仕前有三次辟举“皆不就”的问题，无法推究，或因就学太学，或有其他原因，似不可深究。

（四）正始年间（240—248 年）处境险恶

齐王曹芳即位后第二年改元正始，直到正始十年（249

年）正月“高平陵之变”，傅玄在东观呆了10年之久，其间不但职事没有变化，职位没有迁升，而且处境险恶，差点遭受不测。他的命运无形中被卷入曹魏政权内部的争斗漩涡里，时势逼他要作出选择。这段经历对傅玄很重要，要说清楚，就得先讲讲政坛风云。

曹魏政权建立后，规定太后不得干预朝政，对诸王实行严密禁锢，这对防止外戚、宗室觊觎皇权当然是有效的，尽管有点矫枉过正。但是，皇权孤立、士族掌权，又会派生出朋党相争的祸端，这个漏洞是很难堵塞的。魏明帝作为守成之主，虽然后期大营宫殿造成政权的危机，但危机的征兆主要来自经济方面，不在政治阴谋方面。史载，他“沉毅好断”，“任心而行”，“优礼大臣”，“政自己出”（《三国志·明帝纪》），皇权的有效行使是没有疑问的。可惜他掌权12年，仅34岁就驾崩了。他一死，曹魏政权的悲剧随之开演。究其原因，皇权旁落，朋党又兴，士族内部的争夺就不可避免。危机已经潜伏，摊牌只在迟早。从皇权的角度看，明帝无子，曹芳只是养子，这是公开的秘密；曹芳继位年仅8岁，外戚、皇宗室仍不得参政，辅政的曹爽、司马懿实际上代表皇权。曹爽又不是曹氏族亲，其父曹真被曹操收养而改冒曹姓，实际是新发迹的破落户子弟；司马懿是河内望族名门，南征北战，于曹魏政权有汗马功劳。曹爽与司马懿之间的争权，先发制人者是曹爽，后发制人者是司马懿。后世人习惯上将明帝以后的政争称为曹魏与司马氏之间维护皇权与阴谋夺权的斗争，其实很不确切。因为除了魏末高贵乡公曹髦是以皇帝身份与司马氏较量了一阵外，在这以前的反叛作乱其实是士族内部的厮杀，这在任何朝代都难以避免，特别是正始年间的斗争，恐怕很难说是司马氏蓄谋已久的阴谋政变。司马懿事先并不预知辅政授权，也没有想到“辅政”未行，即被夺去重权；而曹爽却是一旦大权在手，必欲独断专行，将司马懿置诸高阁仍不放心，时时提防，处处对着干，绝不是在维护皇权。曹爽一伙多行不义，后来被一网打尽，下场很悲惨，可以说是咎由自取，一点都不值得同情。假定曹爽心再狠点，手再硬点，先下手诛尽司马氏一党，曹魏政权就会皇道荡荡吗？就能平蜀灭吴，统一全国吗？答案只能是否定的。

从朋党的角度论，首先结党的是曹爽。太和四年（230年），明帝下诏黜浮华，罢了诸葛诞、邓飏一伙的官。后来曹爽一有辅政大权，“骤加引擢，以为腹心”（《通鉴》卷七四），形成朋党小圈子，胡作非为。这些内容，史书载之甚详，无需费笔，只是得对正始年间的玄学顺便说几句。汉末清议是正直党人对所受压制的抗争，斗争的锋芒指向腐朽的宦官集团，是要维护皇权的。正始清谈却是一班掌权的年轻士人利用舆论工具制造混乱、排除异己的手段，它固然显示出思辨色彩，在思想史上具有打破沉闷的经学束缚的进步意义，但在当时，玄学是政治斗争的武器，是曹爽一伙为自己的既得权益鸣锣开道的，本意不在维护皇权。清议与玄学间虽有形式上的相似之处，但出发点、归宿点却不啻是南辕北辙，无法相提并论。

正始年间傅玄的处境，在《晋书·列女传·杜有道妻严氏》中有披露：

> 杜有道妻严氏，字宪，……女（杜）韡并孤藐，……韡亦有淑德，傅玄求为继室，（严）宪便许之。时

玄与何晏、邓飏不穆，晏等每欲害之，时人莫肯共婚。及宪许玄，内外以为忧惧。或曰："何、邓执权，必为玄害，亦由排山压卵，以汤沃雪耳，奈何与之为亲?"宪曰："尔知其一，不知其他。晏等骄侈，必当自败，司马太傅兽睡耳，吾恐卵破雪销，行自有在。"遂与玄为婚。……玄前妻子咸年六岁，尝随其继母省宪。

傅玄之子傅咸，《晋书》有传。他生于景初三年（239年），值其父初仕之时，其生母情形不详；他6岁时，即在正始五年（244年），其父傅玄续娶杜有道[1]女杜韡（？—291年）。这段记载至少告诉我们这样的事实：在正始五年之前，曹爽集团中的主要成员何晏、邓飏等，与傅玄的关系已十分紧张，傅玄随时有可能受害，周围士族之家担心他会遭不测。那么，原因何在？史书未详明究竟。据有关记载，我们以为有下述三种因素不能忽略：

其一是傅玄"性刚劲亮直，不能容人之短"（本传语），出言冒犯了这帮新贵。《傅子》中记载了刘晔之子刘陶这位"善论纵横"（《三国志·刘晔传》裴注）、投靠曹爽的得意之徒，以"智者图国"的现实政治为反衬，道出"仲尼不圣"的命题；另一位曹爽阵营中的得志少年王黎，煦然自乐，却要推

① 杜有道为京兆人，是名门。但杜有道于史书无传，父、祖不详，其子、女虽称杜预为"从兄"，其情形与傅玄称傅嘏为"从兄"差不多，恐早先已分支，成次门士族。因为杜有道妻为严宪，估计是冯翊东部的单家严氏之女，严氏是在西晋末年才成为大姓的，曹魏时还不能算冠族。杜有道与严氏联姻，傅玄又与杜有道女成婚，这一联姻又可证傅玄这一支傅氏不是高门。

断“圣人无乐”。对于当时玄学论坛上挂羊头卖狗肉的奇谈怪论，傅玄或“不复详难”，或反唇相讥，一点不留情面。至于何晏等人举止中的标新立异，管辂称之为“鬼躁”、“鬼幽”（《三国志·管辂传》裴注），而傅玄则将何晏“好服妇人之服”[①] 说成是“此服妖也”（《晋书·五行志上》），表示了极为厌恶的态度。可以想见，傅玄如此不容何晏辈的言行，出言不逊，那么，被时人呼为“三狗”的何晏、邓飏、丁谧一伙，也就绝不会轻易放过他。正始五年（244 年）前夕，何晏已是吏部尚书，主持选举，掌握用人大权，对傲慢无礼的傅玄岂能容忍！当时人感受到的“排山压卵”的紧张气氛，由此可以得到合理的解释。

其二是傅嘏已遭免官，“何晏等欲害”他，“（荀）颤营救得免”（《晋书·荀颤传》）。这对傅玄会发生相应的影响。正始初，傅嘏已官至黄门侍郎[②]，职在五品上，要比傅玄显贵得多；但是傅嘏就由于反对何晏一伙，称他们是“败德”之辈，既无才又无诚，“好辩”玄言，是在“利口覆邦国”，“远之犹恐祸及”，表示绝不与他们来往亲近，因此被何晏“因微事”免官。傅嘏、傅玄毕竟是同族相亲的从兄弟，对曹爽集团中的新贵骨干人物均深恶痛绝，坚不合作，尽管他俩在门

① 何晏还有敷粉、顾步自影等习惯。这是当时追求女性美的一种风尚。史载，魏明帝也有此类举止。

② 傅嘏迁黄门侍郎的时间，本传只曰“正始初”。陆侃如《中古文学系年》推测：迁黄门侍郎在正始五年（244 年），遭免官在七年（246 年）。看来，这一推测应加修正，时间需往前提。因为这两年可谓正始中、正始末，不能称“正始初”。与傅玄联系起来考虑，傅嘏迁、免，均应在正始五年（244 年）之前。《通鉴》将傅嘏迁黄门侍郎、免官系于景初三年（239 年）初，与本传也不合。

户上尊卑有别，但是在朋党斗争中，他们又会被犯疑是亲如一家的同伙，即便傅玄保持缄默，也会受到株连，何况他诋毁何晏等辈的言论同样很激烈！傅嘏免官后，下一步傅嘏、傅玄将会遭到何晏等人的加害，时人“忧惧”、“莫肯共婚”，已经有这种预感。

其三是傅玄站到了司马懿一边的选择。正始之初，曹爽一伙树亲信、排异己，结党营私，抢班夺权，貌似紧锣密鼓，先声夺人，其实色厉内荏，总不免虚张声势。为什么呢？年长、资深、功高、位尊的司马懿还健在，他只要不死，曹爽就不踏实，心理上就处于守势。而司马懿其人也绝非等闲之辈，他可以被高置一旁，他的建议、劝告可以不采纳不听从，他“兽睡”时可以“假寐”，但这是韬晦之计，他老谋深算，疆场上尚且制胜千里，政坛上还会把一伙乌合士人放在眼里吗？这是当时彼此心照不宣的事，其中委曲，史书里记载甚多。正始年间政坛上的明争暗斗，实际上是曹爽一伙将小集团以外的士人逼到了司马懿的怀抱，司马懿不动声色地争取并网罗了一大批受到冷落的士子前来投靠；最后的结局只能是明争者鱼死网破，暗斗者渔人得利。傅嘏为荀颉营救，被司马懿“请为从事中郎”（本传），受到了保护；傅玄所以能免于被害，也跟他或明或暗受到司马懿势力的关照分不开。傅玄的岳母严宪在选择傅玄时，就道出了其中的关节，她对女儿未来的命运十分放心，对女婿的前程充满乐观的情绪。这位妇人很有眼力，她没有说错。

以上就是我们对傅玄于正始年间险恶处境的基本看法。史书中对此一笔带过，只涉及他“撰集《魏书》”一端而已，使得人们会误以为傅玄在静心治史，仿佛钻在东观故纸堆里不闻世事似的。实际上不是那么回事。傅玄治史活动，留待下一章讨论。这里强调指出的是，傅玄平生著述，多完成于入晋之前，是跟正始年间及其后的政治斗争息息相关的；他的思想形成于正始，服务于政治，有鲜明的倾向性与极强的功利目的。在魏晋玄学的时代，傅玄这个人及其著述自有其特殊意义和地位。

二、两次升迁，三任新职（249—264 年）

本传曰："后参安东、卫军军事，转温令，再迁弘农太守，领典农校尉。所居称职，数上书陈便宜，多所匡正。"这几句话概括了傅玄于高平陵事变后至魏晋禅代前夕的一段经历。

（一）初迁：入司马昭军府任参军

正始十年（249 年）正月甲午（初六）日，18 岁的皇帝曹芳在曹爽及其亲信党羽的簇拥下，往京师洛阳以南 90 里的高平陵祭拜先皇、养父明帝之灵。这次外出之前，独揽朝中大权的曹爽，对司马懿已彻底放心，"不复设备"。因为他派李胜到司马太傅府上拜访打探过，得到的情报是："司马公尸居余气，形神已离"，病衰得"令人怆然"，"不足虑矣"（《通鉴》卷七五）。他们万万没有想到司马懿是在演戏！"兽睡"10 年后的司马懿当机立断，抖擞精神，指挥若定，以迅雷不及掩耳之势，一举发动政变，夺回了皇宫的控制权，接来了皇帝，囚禁并处死了曹爽及其党羽。从此，曹魏政权实际上已转入司马氏手中。其后曹爽余党的反叛只发生在外出拥兵的方镇方面，但他们已远不是司马氏的对手，终于被各个击破了。因此，高平陵事变标志着有晋一代的肇始，日后的禅代之举不过是走个形式而已。这情形与曹操当年“挟天子以令诸侯”相仿佛。曹魏肇自建安，有晋始于嘉平。高平陵事变之后，直到西晋惠帝继位，这期间的魏晋人士大都认为，嘉平改元就意味着司马氏政权的建立。我们今天以魏、晋正式禅代后晋武帝泰始改元作为改朝换代的界限，其实不符合当时实际。① 说明这一点，对了解傅玄生平、思想是有意义的。

傅玄在东观修史，担任中书著作 10 年后，因为高平陵事变，才获得了第一次迁职晋升的机会。这时，他已 33 岁，儿子傅咸 11 岁。本传出他“参安东、卫军军事”，是指他进入了司马懿次子司马昭的军府，作了幕僚。对这段经历，以时间为序，排列说明如下：

嘉平元年（249）秋，司马昭由散骑常侍（三品）进位安西将军、持节（二品），屯关中。② 傅玄以参军身份随军前往，职品由此前的八品升为七品。高平陵事变后，司马懿立即将曹爽死党之一、驻屯关中的征西将军夏侯玄调回京城，改由原雍州刺史郭淮出任征西将军，又派去陈泰接任雍州刺史，共

① 《晋书·贾谧传》反映，武帝时，“朝廷议立晋书限断，中书监荀勖谓宜以魏正始起年，著作郎王瓒欲引嘉平已下朝臣尽入晋史，于是依违未有所决。惠帝立，更使议之。谧上议，请从泰始为断”。也就是说，傅玄在世时，还没有泰始为断的主张。

② 司马昭前往关中事，《三国志》帝纪，郭淮、陈泰的传记均未记，《通鉴》亦未采录，只见于《晋书·文帝纪》。

同防蜀。由于蜀将姜维率军寇陇右，司马昭也赶去“为诸军节度”（《晋书·文帝纪》）。傅玄今存文《〈矫情赋〉序》，《叙行赋》（佚句）告诉我们：傅玄到了关中，这在为安东将军参军之前。《〈矫情赋〉序》曰：

> 我太宗文皇帝命臣作《西征赋》，又命陈、徐作箴。皆含玉吐金，烂然成章。①

司马昭的庙号、帝号，是他死后才追加的：“武帝受禅，追尊号曰文皇帝，庙称太祖②。”（本纪）傅玄《矫情赋》写于司马炎禅魏之后，赋文已佚，《序》文是追述西入关中时的文事。傅玄曾作之《西征赋》，疑即《叙行赋》。③“陈、徐”当指新任雍州刺史陈泰及其统领的讨蜀护军徐质，看来他二人也是随司马昭同行入关中的。此次司马昭持节屯关中，是协调郭淮、陈泰这两人所部，以打退蜀将姜维在雍州界西南麹山（今甘肃岷县东南）一带的寇扰。郭淮、陈泰合作，打了胜仗。《通鉴》卷七五记载了这次战役的经过。

嘉平二年（250年）五月，“以征西将军郭淮为车骑将

---

① 这段文字引自严可均《全晋文》卷四七，未注明原始出处。但是，近人叶德辉《傅玄集》三卷本（光绪二十八年观古堂刊）中，据原本《北堂书钞》卷一〇〇，所辑与这段引文有相异之处：一是“太宗”为“高祖”，二是“陈、徐”后又增“王、阮”。

② 严可均辑文“太宗”，叶德辉辑文“高祖”，均与司马昭庙号不符。疑有误。

③ 《初学记》卷五“终南山”下，有两句佚文，题作《叙行赋》。严可均辑本于题下增添一“序”字，叶德辉辑本又擅改题为《述行赋》，似均无道理。

军”[①]（《三国志·三少帝纪》），关中军事由郭淮主持。同时或此前，司马昭“转安东将军、持节，镇许昌”（《晋书·文帝纪》）。傅玄随至许昌。[②] 这次调动的原因是，淮南出现了重臣反叛作乱的阴谋。屯兵寿春的王凌，以“三公”身份（先为司空，又拜太尉），密谋拥立曹操之子楚王曹彪（据《三国志·朱建平传》可知，彪时年 56 岁），以替代“暗弱”的齐王曹芳；移都许昌，以对抗“强臣”司马氏父子。这是诛曹爽集团后第一次方镇叛变，而且此次阴谋来头不小，司马懿绝不能掉以轻心。司马昭离开关中、坐镇许昌，是司马懿先走的一步棋。

嘉平三年（251 年）四月，王凌发兵由平阿（今安徽怀远县西南）西进[③]，不意司马懿率大军扑来，于丘头（今河南沈丘县）擒获王凌。此时司马昭由许昌率部东下陈兵于项（今河南项城县），与大军会合，讨伐已获成功。八月，司马懿病死洛阳，其长子司马师主政。

嘉平四年（252 年）十一月，王昶、胡遵、毌丘俭三军分道击吴；十二月，司马昭作为都督，统胡遵、诸葛诞二将所部东军，于东关（今安徽巢县东南）大败，导致王昶、毌丘俭二军亦全线崩退。

---

① 嘉平改元后，官品应按晋职官对待。曹魏旧制，征西、车骑同在二品；晋制，征西在三品，车骑在二品。

② 陆侃如《中古文学系年》系于正元元年（254 年）。理由是，《三国志·齐王纪》嘉平六年裴注引《世语》及《魏氏春秋》：“此秋，姜维寇陇右。时安东将军司马文王镇许昌。”陆先生以为，司马昭于本年方由安西转安东。其实，《晋书·文帝纪》已明，讨王凌（251 年）之前，司马昭已是安东将军，坐镇许昌了。

③ 王凌的军事意图，似在占据许昌。

嘉平五年（253 年）正月，司马昭受削侯（新城乡侯）爵的象征性处罚，仍为安东将军；四月，蜀将姜维西扰陇右狄道（今甘肃临洮县），司马昭“行征西将军，次长安”（《晋书·文帝纪》）；因姜维已逃遁，“会新平羌胡叛，帝击破之，遂耀兵灵州，北虏震詟，叛者悉降”（《晋书·文帝纪》），司马昭挺进至长安西北的新平（今陕西彬县），“北临沙漠”（《晋书·文帝纪》记司空郑冲劝进文语）。傅玄随行，这是他一生中对祖上故土的唯一一次巡礼，来去匆匆，满目苍凉，不知他作何感想。接着，司马昭班师，“以功复封新城乡侯”（本纪），返镇许昌。

嘉平六年（254 年）九月，司马昭受诏领兵自许昌入洛阳。这时，自登基以来毫无主见的齐王芳，竟“以李丰之死，意殊不平”①，甚至动了杀司马昭的念头（见《通鉴》卷七六记载）。于是，司马师、司马昭兄弟又废了齐王曹芳，改立高贵乡公曹髦为帝。傅玄目睹了这场宫廷之变。

正元二年（255 年）正月，毌丘俭、文钦于寿春起兵讨司马师。这是第二次方镇作乱，反叛地点仍在淮南。司马师不顾新割目瘤之创痛，率军征讨，平叛后于闰正月辛亥（二十八）日病死许昌。司马师出征，司马昭留镇洛阳，以防不测；司马师病逝，司马昭始以卫将军号南下许昌；二月丁巳（初五）日，急返洛阳，进位大将军。司马昭受号卫将军，前后仅七天时间。傅玄随司马昭由洛阳往许昌，又由许昌赶回了

---

① 中书令李丰是本年二月被司马师诛杀的。同时受诛者，还有夏侯玄、张缉。他们都是曹爽余党，又与帝室有姻亲关系。这是司马氏在京城第二次屠杀异己，株连到皇后张氏（张缉女），遭到废黜，故齐王芳表示不满。

洛阳。他十分清楚正在发生的一切。

通过以上排列说明，傅玄自高平陵之变后，至司马昭任大将军前夕，七年间身处司马昭麾下，经历了“天下多故”的急风暴雨。他两入关中，三下许昌，两进京城；随军往西北抵新平、灵州，东向至项城，南下达东关；目睹了司马懿、司马师父子病死军中的变故，感受到发生在京城的两次清除异党和在淮南的两次平息叛变的力量对比，更明白了司马氏代魏已不可逆转。他的这段经历，要比他呆坐东观 10 年，从故纸记载中学到的东西多得多！如果说正始初年他不得不依附司马氏，是出于个人命运考虑的话，那么他于嘉平以后投身效力于司马昭手下，无形中介入了巩固司马氏权力的搏击，着眼点自会转向关心国家政权前途的方面来。本传讲，他“所居称职”，这是毫无疑问的。

（二）调任温县令，再迁弘农太守

正元二年（255 年）二月初，司马昭“至洛阳，进位大将军，加侍中，都督中外诸军，录尚书事，辅政”（本纪），开始独揽朝政。从此以后，傅玄“转温令，再迁弘农太守，领典农校尉”，外出任职；直到咸熙元年（264 年）五月回朝，其间有 10 年之久。关于这段经历，史传中缺少更多的记载，傅玄今存诗文里亦无相关资料，我们所知有限。兹补充以下几点内容。

1. 关于傅玄由温县令迁弘农太守的时间，陆侃如先生系于景元元年（260 年），“假定在迁温令后五年左右”（《中古文学系年》）。这一系年只是“假定”，大体是能够说通的。如系于景元二年（261年）初，则更为合理。原因是：魏晋之际实行考课之法，“皆经六周”（《通典》卷一八《选举六》）。司马懿诛曹爽后，王昶建议“居官者久于其职”（《三国志·王昶传》）；直到晋初，杜元凯、傅玄上疏言事，仍强调“六载”、“六年”之限，对考核官员优劣、“竞为一切之政”（均见本传），都是行之有效的。

2. 傅玄出任温县（今河南温县西）令，职品并没有晋升，仍居七品[①]，所以本传曰“转”；六年后，即景元二年（261年）初，傅玄获得第二次迁升机会，调任弘农（今河南灵宝县北）太守，兼领典农校尉[②]，官秩升至五品，这与他在温县令任期出色的成绩有关系。温县属河内郡，河内、弘农二郡均为司州所辖，是京畿要地；司马氏的故里又在河内温县，这里是帝乡。傅玄出任这两处职任，说明他受到了司马氏的信任。

3. 本传所讲傅玄“数上书陈便宜，多所匡正”，应指他外任县令、郡太守期间对政治、经济等国计民生的重大问题提出有益的建议。这些建议尽管是以“数上书”的形式写成的，而“数上书”又不可复见，无法认真计较，但是基本内容应与本传提到的《傅子》内篇相一致。《傅子》内篇里的不少篇章，我们今天能够看到，下一章还要专门讨论这个问题。这里只说明，今存《傅子》中完整而有价值的文章写于代魏之

① 魏晋之制，县令分三等：秩千石者为六品，六百石者为七品，小县令、长为八品。见《通典·职官秩品》记载。

② 典农校尉是屯田官，同在弘农附设。咸熙元年（264年），罢屯田官，“诸典农皆为太守”（《三国志·魏元帝纪》）。

前，跟傅玄出居外任有关。

三、魏晋禅代前后（265—266 年）

魏晋禅代的原定计划，是要在废齐王曹芳后不久就实现的。因为甘露二年（257 年）五月间司马昭派出心腹贾充往淮南观察诸葛诞虚实时，贾充就以禅代事作为话题进行试探，这说明“司马昭之心”在废曹芳后两年，就已经为“洛中诸贤”与“四征”方镇所知。但是，禅代遇到了阻力。首先是皇室不甘就范。司马昭废曹芳后，在挑选继位人的问题上，永宁郭太后（明帝之皇后）执意要以明帝弟曹霖之子曹髦为嗣，不肯让步；司马昭只好接受，不再坚持原议。① 曹髦当时仅 14 岁，继位后表现出振作有为的姿态，入太学讲经论义，召集一班文士写诗作赋，自命为少康中兴之君，以“潜龙”②自嘲，最后发展到不自量力，率领一班仆童攻打司马昭相府的荒唐地步，终于被刺身亡，时在甘露五年（260 年）五月。其次是淮南发生了诸葛诞第三次举兵反叛的事变。司马昭只得出征，为防止京城再生枝节，只好“奉帝（曹髦）及（郭）太后”（《通鉴》卷七七）一起南征。这次讨伐诸葛诞，从甘露二年（257 年）六月起，至甘露三年（258 年）五月止，费时近一年，才算平息。其间吴军出兵助诸葛诞，蜀军又乘虚出骆谷

① 司马昭原议由曹操之子曹据继位。按辈份，曹据是郭太后的叔公，所以郭太后一反常态，坚决不答应。

② 曹髦曾写过一首《潜龙诗》（佚）。甘露四年（259 年）前后，各地纷纷谎称井中见龙，意在以五行之异，制造司马氏应当代魏的舆论。因此曹髦之诗为“司马昭见而恶之”（《通鉴》卷七七）。

向关中侵扰。这场危机总算度过了，禅代议程也只好往后推延，暂且不便贸然而行了。

傅玄于正元二年（255年）初离京外任时，应该说对司马昭即将代魏的形势有所预知，但是没想到又等了整整九年，禅代才顺利进行，开始投入前期准备。咸熙元年（264年）三月，司马昭由晋公进爵为王，便立即命荀顗定礼仪，贾充正法律，裴秀议官制。七月[①]，“（裴）秀议五等之爵，自骑督已上六百余人皆封”（《晋书·裴秀传》）。“骑督”于晋官制在五品下。这次封爵，是将当时任官五品及五品以上的官员共计600余人，分为公、侯、伯、子、男五等爵位，依品定爵的。傅玄时职为郡太守，兼领屯田校尉，在五品，“封鹑觚男”（本传）。按照规定，“次国男地方二十五里，邑二百户”[②]，以雍州新平郡鹑觚（今甘肃灵台县北）为男国。[③] 傅玄虽跻身于有晋新朝将要依赖的官员行列，但品、爵甚低，尚不预显贵地位。与裴秀相比，裴秀年龄比傅玄小七岁，入仕亦稍迟，但封爵前已迁尚书仆射（三品），以侯爵为“地方六十里，邑千四百户”（本传），二人间的差距很大。这是因为裴秀门第清高，又“豫参谋略”，所以要比傅玄荣显得多。

---

① 《晋书·文帝纪》，咸熙元年七月，“始建五等爵”。《通鉴》卷七八记载，系其事于本年五月，奏事、封爵不分先后。参以《晋书》，五月奏其事，七月始封爵。

② 《晋书·地理志上》原文为：“男邑四百户，地方四十里。”此据中华书局点校本所出校文。鹑觚应以次男国视之。

③ 入晋前，鹑觚属新平郡，不属安定郡。当时行虚封，封爵只显示地位之别，不具实际意义。

（一）参与制礼作乐，擢升散骑常侍

五等爵封罢第二年，咸熙二年（265年）八月辛卯（初九）日，司马昭病死，太子司马炎嗣晋王位。禅代在抓紧进行。何曾、王沈、裴秀奔走于帝室与晋王府之间，羊祜、荀勖、贾充参与咨谋。大礼仪式中乐舞演奏，需要另铸新辞，这就得物色合适人选。傅玄被挑中了。

本传曰："武帝为晋王，以玄为散骑常侍。"散骑常侍，晋制三品上，为显职，常在帝王左右。傅玄由五品下转眼间擢升至三品上，是因为制礼作乐关系重大，而傅玄"博学善属文，解钟律"（本传语），当时急需他。负责定礼仪的是荀颉，掌管乐事的是荀颉从侄荀勖，傅玄协助荀颉、荀勖。晋武帝司马炎登基及其后奏唱的郊庙乐府歌诗，绝大多数出于傅玄之手，《宋书·乐志》、《南齐书·乐志》、《晋书·乐志》都有记载。有关这部分内容，下一章还要详细说明。

这年十二月丙寅（十七）日，司马炎代魏而立，改元泰始，举行了祀天、朝会、祭庙等活动。由于礼乐之事在禅代仪式中具有十分重要的地位，傅玄出色地撰定了大量乐辞，因此，"及（武帝）受禅，进爵为子，加驸马都尉"（本传），即爵位由鹑觚男上升一等，为子爵[①]；官职又追加驸马都尉（六品），得以奉朝会请召。

---

① 《晋书·地理志上》："次国子邑六百户，地方四十五里。"

（二）掌谏职，迁侍中

本传曰："帝初即位，广纳直言，开不讳之路，玄及散骑常侍皇甫陶共掌谏职。"① 这件事在《晋书·武帝纪》中有记载：

> （泰始）二年（266 年）……九月乙未（二十日），散骑常侍皇甫陶、傅玄领谏官，上书谏诤，有司奏请寝之。

傅玄初掌谏职的时间应在泰始二年（266 年）九月或稍前。《武帝纪》载，泰始元年（265 年）十二月乙亥（二十六）日，即登基后数天，武帝下诏"开直言之路，置谏官以掌之"；二年（266 年）二月庚午（初十）日又诏，以侍中、散骑常侍"兼此选""谏诤"，"择其能正色弼违匡救不逮者"。傅玄、皇甫陶②始兼其职必在其后。《晋书》本传所载两篇上疏，就是他兼掌谏职期间前后奏事的内容，是了解傅玄当时以及一生思想的重要作品。前疏集中讲用人任官，提出"举清远有礼之臣"的问题；后疏则详议"尊儒尚学，贵农贱商"为当务之急，并对置官分职、选用课考等具体制度作了阐明。这

---

① 《通鉴》卷七九记载，傅玄为谏官并上疏，均系于泰始元年（265 年）内。这是不妥当的。

② 泰始二年正月初，皇甫陶随侯史光离京往外地"循省风俗"。《晋书·武帝纪》、侯史光本传有载。

两篇疏文所议，都有批评时弊的性质，不过前疏用语多涉曹魏，而后疏则明言当前，批评“冗散无事”、“拜赐不在职”的现象十分严重，这就使“有司”感到为难，想“寝之”了事。但是，晋武帝下过“直言”之诏，所以对傅玄疏文中批评人主的激烈言论不但不计较，还特加诏语肯定。本传移录诏文，与《武帝纪》中前引文字后所出诏文，内容一致，文字稍异，说明晋武帝下诏的时间在九月，是针对皇甫陶的上疏[①]和傅玄后一篇疏文而言的。傅玄的前后二疏，大概是在本年八九月间先后呈上的。

傅玄直言无忌，上疏言事，为武帝作为自己“虚心听纳”的例子，下诏特加褒赏，因而“俄迁侍中”（本传），应在同年九月二十日后不久。西晋之制，侍中为宫中设立的门下三省[②]的尊显之职，晋初的任务偏重于谋议、谏诤有关王朝统治大业，是皇帝身边的智囊之臣，“备切问近对，拾遗补阙’”“管门下众事”（《晋书·职官志·侍中》）。散骑常侍是随从陪侍之职，侍中却有言事谏诤之权。二职俱居三品，而侍中居首，近乎从公，又得近臣之便，是很快即可迁升至二品高官的。同时，只有获得二品，傅玄才能算是为家门争取到世族尊显的社会地位。可是，这个门槛在傅玄脚下仅需一步就可以跨过去的时候，他出事了；从此以后，傅玄再没有靠近这一门槛，他至死没有为自己和子孙赢得高门的荣誉。侍

---

① 皇甫陶疏文不存。从傅玄之疏可知，皇甫陶建议内容有二：一是散官要亲耕，二是居官要实行六年以上的考绩办法。

② “三省”指门下省、散骑省、侍中省。但有关史料不见西晋时有侍中省的明文记载，而门下省却有侍中之职。

中是他一生的最高职务。

四、两遭免官，三易其职（267—278年）

（一）朝廷争言坐免官

傅玄本传曰："初，玄进皇甫陶，及入而抵，玄以事与陶争言喧哗，为有司所奏，二人竟坐免官。"此事发生在傅玄迁任侍中之后，确切时间不能考定，只知泰始三年（267年）他没有职事。

关于皇甫陶，《晋书》无传，但有零星记载。傅玄引举皇甫陶，晋初二人同为散骑常侍，这很可能与傅玄出任过弘农太守有关。① 但是，二人同有直言不讳、刚烈不屈的特点，不论对谁，也不顾时间与地点，事有曲折，必争其理。傅玄赏识他，有鉴于气类与己相似；"及入而抵"，有鉴于互不相让。比如，《晋书·武帝纪》还记载了皇甫陶于泰始八年（272年）二月竟有与晋武帝论事争言的罕见之例。皇甫陶既敢不顾晋武帝的龙颜，当然也不会曲就傅玄而违心。然而，朝廷议事以至"争言喧哗"，这是于禁有违、于纪不允的行径，二人因此被免官受处分。

① 魏文帝黄初中，听天下人内徙京畿。弘农郡之宜阳、新安一带就有安定皇甫氏家族居留。这从《晋书·皇甫谧传》约略可知。

（二）起用为御史中丞，迁任太仆

本传曰：

> 泰始四年，以为御史中丞。时颇有水旱之灾，玄复上疏曰：……五年，迁太仆。时比年不登，羌胡扰边，诏公卿会议。玄应对所问，陈事切直，虽不尽施行，而常见优容。

对傅玄的这段经历，我们的意见是：泰始四年（268年）七月，傅玄被起用为御史中丞；《水旱上便宜五事疏》是在次年（269年）二月呈奏的；迁太仆后，任职时间较长，约自泰始五年（269年）二月以后，至咸宁元年（275年）六月。下面分别说明理由。

傅玄免职的起始时间不能确定，终止时间略可知悉。泰始四年（268年）四月，太保王祥卒。[①] 据《晋书·侯史光传》、《王祥传》及《武帝纪》可知，王祥死前，侯史光作为御史中丞参奏过他；七月间，侯史光又被遣使循行天下。[②] 因此，傅玄出任御史中丞必在侯史光离职外出之后，顶替这个空缺。御史中丞，晋制四品，比侍中品位要低，但职任很重要。侯史光也是从侍中位上直接派任作御史中丞的，为此武

① 王祥卒年，本传记为五年，误。中华书局点校本《晋书》校勘记有说明，《晋书·武帝纪》有记载。此从帝纪。

② 从本传可知，侯史光其后做了太常，“循行天下”后没有再任御史中丞。

帝特下诏书说明："虽屈其列校之位，亦所以伸其司直之才。"（本传）傅玄的情形与侯史光有点相似，只不过傅玄属免职又起用，离开了门下要地，降品而用，新职属特选之任。

《水旱上便宜五事疏》是在泰始五年（269年）二月任命胡烈为秦州刺史之后写的。[①]《晋书·武帝纪》载，泰始四年（268年）九月，"青、徐、兖、豫四州大水，伊洛溢，合于河，开仓以振之"；次年（269年）二月始置秦州，"青、徐、兖三州水，遣使振恤之"。胡烈出任秦州刺史前，为荆州刺史。而傅玄上疏五事中，第五件事就是说胡烈往秦州事的；他事所涉务农之宜，亦不单纯是讲救灾的，而是建议从政策、措施上保证晋初实行的课田制能够收到成效，改善"佃兵"的处境，使农业生产从根本上走出困境。以后章节里我们还要讨论这方面的问题，此处主要强调上疏应在五年（269年），不在四年（268年）。

傅玄"迁太仆"的时间，约在泰始五年秋末，故有"比年不登"之议。以太仆身份参加公卿会议，并"应对""陈事"，属本年内；此后则"常见优容"。从《宋书·乐志》可知，泰始五年（269年）、九年（273年），傅玄以太仆身份在荀勖主持下，创作过宫廷乐章。太仆为九卿之一，主管典农等宫外事务，负责为皇室挑选并饲养御马，秩品在三品，名义上是从御史中丞迁升了，但职任确属"优容"而授。傅玄居此职有六七年之久，直至咸宁元年（275年）。这从下接新职可知。

---

① 陆侃如《中古文学系年》将此疏写作时间系于四年（268年）。不当。

（三）任司隶校尉时骂座而再遭免官，病卒

本传载，傅玄“迁太仆”后，“转司隶校尉”。司隶校尉的秩品也在三品，故曰“转”。始任时间当在咸宁元年[①]（275 年）六月。《晋书·李胤传》曰：“咸宁初，皇太子出居东宫，帝以司隶事任峻重，而少傅有旦夕辅导之务，胤素羸，不宜久劳之，转拜侍中，加特进。”《武帝纪》载，咸宁元年（275 年）六月，“置太子詹事官”。太子司马衷时年 17 岁。在此之前，李胤为太子少傅，领司隶校尉，身兼二职。晋武帝考虑到李胤的身体状况，免其二职，另予侍中加特进之授。傅玄转任司隶校尉，就是补李胤的空缺。他任职三年后，司马师的遗孀羊徽瑜病逝，时在咸宁四年（278 年）六月。在羊皇后的灵柩前，傅玄因位次安排大骂灵堂，事后又被免官。此事本末，本传记之甚详：

> 献皇后崩于弘训宫，设丧位。旧制，司隶于端门外坐，在诸卿上，绝席。其入殿，按本品秩在诸卿下，以次坐，不绝席。而谒者以弘训宫为殿内，制玄位在卿下。玄恚怒，厉声色而责谒者。谒者妄称尚书所处，玄对百僚而骂尚书以下。御史中丞庾纯奏玄不敬，玄又自表不以实，坐免官。

这段文字涉及当时官制中两项规定。其一是，诸卿与司

① 陆侃如《中古文学系年》据万斯同《晋将相大臣年表》，亦系于是年。

隶同在三品，诸卿之秩比司隶要优厚点，居三品中的次序是：诸卿在前，司隶在后。但是司隶校尉居京畿之职，诸卿属宫廷官员，端门内外就是宫廷内外，司隶在端门外是在他管辖范围，坐次、待遇，是要将司隶照顾到诸卿之上，在宫门之内，司隶就没有道理与诸卿争上下。但是，傅玄却要争，不满意对他的安排。

其二是，无论是专司外百僚的司隶校尉，还是专司内百僚的御史中丞，当时规定可以共纠皇太子以下（包括皇太子）官吏，唯不得纠尚书。[①] 但是，傅玄却敢"对百僚而骂尚书以下"，就是把不能骂的尚书也骂了。

因此，当时的御史中丞庾纯弹奏傅玄"不敬"。在弘训羊皇后的丧位前发火骂人不敬，骂尚书不敬，与诸卿在宫内争位也不敬。于是他再一次被免了官。[②] 尽管他上表为自己辩护，但细微处无关紧要，"不敬"是实，免官不可避免。

本传讲，傅玄免官后，"寻卒于家，时年六十二，谥曰刚"；"其后追封清泉侯"。他死于咸宁四年（278 年）内。死因可能跟免官有关，想不通而致病，病重而死。他死前，写了一首乐府题诗《龟鹤篇》，今不存；此事见于今存刘宋诗人鲍照的诗作《松柏篇》的序文里。鲍照曾"病剧"，当他打开《傅玄集》，读了其中的《龟鹤篇》一诗后，感到"于危病中见长逝词，恻然酸怀抱"。由此可知，傅玄的《龟鹤篇》诗既言病重，又及心悲，是死前写的"长逝词"，情调悲怆，读之

① 这一奇特规定直到晋惠帝初还在沿用。为此，傅玄之子傅咸曾上书亟言当改。事见《晋书·傅咸传》。

② 傅玄之后，刘毅"转司隶校尉"，"在职六年"（本传）。

令人“恻然”。

五、傅玄的性格、亲属及交游

（一）刚直火爆的性格

傅玄的性格十分鲜明，与他平生重要经历相伴随，得失毁誉俱相附依。这是了解傅玄其人不能忽略的一个侧面。

本传记载，傅玄“性刚劲亮直，不能容人之短”；“天性峻急，不能有所容；每有奏劾，或值日暮，捧白简，整簪带，竦踊不寐，坐而待旦。于是贵游慑伏，台阁生风”。他自己是如何认识自己的生性的呢？史传没有留下记录，他的诗文作品也没有直接涉及这个问题的文字。但是，他的言行却是最有说服力的证据，从中不难窥知他的性格特点。首先是嫉恶如仇。这主要表现在他早期与何晏一伙的对抗上。何晏等人狐假虎威，屡变制度，朋党浮华，标新立异。这一切傅玄不但视若寇仇，而且公然诋毁，并绝不向淫威低头屈服。直到入晋以后，他仍然耿耿于怀，在给武帝的上疏中旧事重提。另外，他的文论、上疏，对时弊（如用人制度、官场恶习、世风浮靡等）的谴责直截了当，体现出一种“心非其好，王公不能屈”（傅玄赞胡昭语，见《三国志·管宁传》裴注）的斗争精神。其次是对言行不一的揭露和贬斥。他专门为曹魏时几朝权贵刘晔作传（见《三国志·刘晔传》裴注引《傅子》），对此公才智有余，心计太盛，巧诈两端的嘴脸，给予细致入微的描绘和淋漓尽致的揭露，字里行间自见厌恶之情、鞭笞之意。还有，他对刘晔之子、“善论纵横”的刘陶，得意忘形的少年王黎，都没有好感，当面冷场。最后，特别应注意他不容异己的偏狭特点。这既是他的优点，也是他的缺点；既显其刚直风采，又露其火爆意气。这种性格的双重性，跟他入晋后随着地位的急剧改变有关，他更多注重个人的尊严，斤斤计较得失，结果因小失大。皇甫陶是他引荐的，皇宫内座次之序是有明确规定的，他大闹朝堂，争言骂座，两遭免官。争骂就因为冒犯了自己，而不是为了朝纲政纪。相反，晋武帝泰始年间风俗趣竞，浮华朋党，贪占官田，贿赂成风，社会的腐败情形比之曹魏中后期，有过之而无不及。这从史传里及当时人的文章里可以看得很清楚。但是，傅玄入晋后期几乎不置一词，见惯不怪，甚至在那里粉饰太平，歌功颂德，堕为弄臣。这实在是他的刚直性格的异化，令人可惜。他入晋前，积极有为，上疏陈事，为文立论，急于国计民生；入晋后，优容而处，忙于礼乐，争于名位，更多关心自身。还有，司马氏为了争夺天下，诛杀异己，制造恐怖，手段与行径令当世人发指，叫后代人非议，特别是司马师、司马昭兄弟二人，在曹魏后期所作所为，很不光彩。然而，傅玄冷眼旁观，看不出他有什么特别的表示，哪怕是只言片语的流露，几乎都找不到。这种党同伐异的朋党恶习，甚至在傅玄这样一位“刚劲亮直”的士人身上都不能苟免，足可见中国封建社会制度可怕的因袭传统，窒息人的力量是多么深厚强大！

当然，傅玄入晋后，也有过几次上疏言事的记录；至于奏劾贵游之事，虽无据可征，但他掌谏职，任御史中丞、司隶校尉，应该是有鉴于他正直敢言、不避权贵的性格特点，而且他大概也确有过“竦踊不寐，坐而待旦”的峻急不容的举措。对此，《晋书》本传后有史臣评赞认为：

> 傅玄体强直之姿，怀匪躬之操，抗辞正色，补阙弼违，谔谔当朝，不忝其职者矣。及乎位居三独，弹击是司，遂能使台阁生风，贵戚敛手。虽前代鲍、葛，何以加之！然而惟此褊心①，乏弘雅之度，骤闻竞爽，为物议所讥。惜哉！古人取戒于韦弦，良有以也。
>
> 赞曰：鹑觚贞谅，实惟朝望。志厉强直，性乖夷旷。

这些话既是对他一生事功的评判，也不失为对他性格得失的概括。

那么，傅玄这种性格是怎么来的呢？家族的影响可能有一点，但不是主要的。其祖傅燮宁折不屈、气壮山河的言行彪炳后世，其父傅幹权变乘时、识见卓荦的特点也自有可称道者。对傅玄来讲，父、祖的遗传，或者说是影响，不能说在他身上毫无继承，不见踪影，但是他出生时，其祖已亡30年，他三四岁不懂事时，其父也不在人世，耳提面命的督责、耳濡目染的影响不可能存在。他后来只能是通过耳闻目睹，间接受点启发而已，也许他少年时知点底细，任职东观又接触到具体的史料，这可能影响到性格的形成，并打上其家族的印记。但是，前面考察他的人生道路时，我们更着眼于他所

① 嵇康《幽愤诗》有句："惟此褊心，显明臧否。"言己心胸狭隘，于事物善恶要表明态度，加以议论。

受教育（包括家庭私读与太学师从）以及时代环境的深刻背景。这对他的性格形成，恐怕更为直接，更有不容忽略的影响力。

（二）亲属与族亲

傅玄之母，史书未出。傅玄前妻，姓氏不明，她大概于正始五年（244 年）之前去世。傅玄之子傅咸是前妻所出，傅咸 6 岁时，傅玄又续娶杜有道女杜韡。

傅玄死时，他的独子[①]傅咸（239—294）已经 40 岁了。傅咸入仕很迟。泰始九年（273 年）即 35 岁时，始举孝廉[②]，"以太子洗马兼司徒莅事"[③]。咸宁元年（275 年）正式拜太子洗马（七品）以后，傅咸职任先后有：侍御史[④]，尚书右丞，司徒左长史，车骑司马，尚书左丞（以上均在六品）；太子中庶子（五品），御史中丞（四品），议郎长兼司隶校尉（三

① 《晋书·傅咸传》："咸以身无兄弟……"

② 《文选》中傅咸诗《赠何劭王济》注引王隐《晋书》："举孝廉，拜太子洗马。"《晋书》本传未出"举孝廉"。

③ 见傅咸《喜雨赋·序》。此序中明言"泰始九年"。"兼"字，根据陆侃如《中古文学系年》："或是'佐'字之误。"关于傅咸为太子洗马的时间，本传记为"咸宁初"，傅咸本人在《申怀赋·序》里也讲是"自咸宁"才补职的。但清人吴士鉴《晋书斠注》、今人陆侃如先生均据傅咸所称"泰始九年"语，认为《晋书》本传有误。其实，本传不误。参《晋书·武帝纪》、《李胤传》可知，咸宁元年（275 年）六月，皇太子出居东宫，始置詹事官。所以，傅咸泰始九年所谓"以太子洗马"，不是正式职任。

④ 本传未载此职。傅咸《明意赋·序》（《全晋文》卷五一）："侍御史傅咸奉诏治狱……"

品）。咸宁初①，他袭父爵鹑觚子；其父死后“追封清泉侯”②，他嗣其爵。傅咸生性为人，颇肖其父。本传讲，他“风格峻整”，“疾恶如仇”，奏劾过荀恺、夏侯骏、夏侯承、王戎等高门士绅，今存其劾文（见《全晋文》卷五二）；在“朝廷宽弛，豪右放恣，交私请托，朝野溷淆”（本传语）的晋惠帝元康初，他在司隶校尉任职期间，“奏免河南尹澹、左将军倩、廷尉高光、兼河南尹何攀等，京都肃然，贵戚慑伏”（本传语）。他甚至敢于冒犯炙手可热的辅政权臣杨骏、汝南王司马亮等，乃至直指皇帝过失，并坦然自称“摩天子逆鳞”，“触猛兽之须”，公开表明：“咸之为人，不能面从而后有言。”（见本传载《谏汝南王亮》）因此，当时人顾荣就称道他“劾按惊人”，“偏亮可贵”（傅咸本传引）。从中不难看出其父傅玄的影子，本传后史臣笔下评为“风格凝峻，弗坠家声”，其实是青出于蓝而胜于蓝，其父入晋后何尝有这等胆量作为！不过傅咸上书晋惠帝，竟嘉美曹魏正始中掌选举的何晏，“内外之众职各得其所，粲然之美于斯可观”（本传引），这叫人困惑不解。何晏一伙朋党为奸，又曾谋虑害傅玄未遂，论道理论感情，傅咸不当偏举此公为例，蹊跷莫知其所出之名。

傅咸的继母杜韡，在傅玄死后又活了10多年，死于惠帝永平元年（291年）。傅咸对她很尊敬，表解冀州刺史是因继

---

① 本传记，傅咸袭父爵在咸宁初，当时其父尚在世。陆侃如《中古文学系年》则以为，袭爵应在其父卒后，即咸宁四年（278年）。不过，袭爵不一定非要等到父死后方可行，陆先生之见似未周备。

② “清泉”当即清渊。西晋时，阳平郡有清渊县。唐代修《晋书》，讳“渊”改“泉”，故《地理志上》改为“清泉”。则清泉侯为县侯爵，晋制三品；封邑当属“次国侯邑千四百户，地方六十五里”者。

母不愿随往，固辞司隶印绶是真心要守继母之丧。杜eight之母严氏，就是一位刚强不屈、识见不凡的女中英杰。傅玄与杜韡成亲，他（她）们身上刚毅的品德都会对傅咸产生直接的感染。傅咸在父亲死后“弗坠家声”，杜韡亦有力无疑。

至于与傅玄同族的傅嘏、傅祗父子，与杜韡同族的杜预，都是当时政治舞台上的显贵之辈。族、望虽同，门第、阀阅却异。傅嘏、傅玄间有过与何晏一伙作对的共同遭遇，在政见上比较贴近，但傅嘏死得很早（255 年）；杜韡之母严氏曾以书信劝勉过杜预，说明关系并不生疏，但杜预发迹较迟。因此，我们不应该把两门尊卑有别的族亲加姻亲的关系看得太简单，以为亲如一家不可分割似的，其实要复杂得多。比如傅玄与从兄傅嘏、从侄傅祗、从姻兄杜预之间，从现有史料看，很难发现更多值得珍视的往来相援的资料，倒是傅祗要分门独立的举措（即不与傅咸同属灵州），更耐人寻味。[1]

（三）稀少的交游

傅玄“不能容人之短”，势必妨碍他广泛交游，莫逆之友甚少，持久的友谊更稀。但是，有一点可以肯定，他倾心相交者，必有与己相颉颃之性格。被他引举的皇甫陶，前面已说过了，看来两人后来多半是分道扬镳了。除皇甫陶外，还

① 傅嘏、傅祗一门联姻高门、帝室。嘏妻（祗母）为泰山鲍氏，《御览》卷五五六有载；陈郡何氏、太原王氏，与傅嘏一门有姻亲，傅咸文《赠何劭王济诗序》讲到的“从内兄”、“从姑”称谓，正指傅嘏一门而言；傅祗之子与弘农公主成亲，本传有载。

有一人：崔洪。《通鉴》卷八〇特别指出：

> 玄与尚书左丞博陵崔洪善。洪亦清厉骨鲠，好面折人过，而退无后言，人以是重之。

这条资料不见二人本传，《通鉴》采录所据不清，但显然这是一条很重要的线索，我们不当疏忽。崔洪于《晋书》有传，他“口不言货财，手不执珠玉”，并“以正直称”，曾上奏晋武帝，直斥联姻帝室的冯恢“不敦儒业”，讨好冯恢的翟婴为“浮华之目”；武帝不得不免了翟婴散骑常侍之职。在这方面崔洪与傅玄同气，交好有基础。同时，崔洪有时亦见“乖其常性，故为诡说”的地方，这在傅玄身上也有体现。比如，魏晋之际，何曾以三公之尊，“奢豪”“华侈”很出名；荀觊亦为三公，“而无质直之操”，“以此获讥于世”（本传），但是，傅玄竟能肉麻地吹捧这两人“能行孝之道”，是“君子之宗”（见《晋书·何曾传》），著论为文，大肆张扬。入晋前夕，傅玄为司马氏的“以孝治天下”作宣传，选的却是两位品行不端的名公作典型，实在是“乖其常性，故为诡说”的表现。这也就难怪他能与崔洪相善了，两种截然相反的品德竟奇迹般地共存相安，这种知己同道轻易碰不到。无可讳言的是，古今历史长河中，刚直不阿的志士仁人，在逆境中不畏强权，谔谔当世，可以置身家性命于不顾，但是一旦地位变了，权势就能扭曲他，无形中使他出现违心、趋附之态。傅玄入晋前后的表现，既有一贯的地方，也有逆转的痕迹。这是时势使然：正直与乖诡浑然一体。

入晋前，傅玄与裴秀、王浑同在司马昭军府共过事，[①]向王沈呈递过自己的政论集《傅子》内篇；入晋后与荀顗、荀勖、张华等人制定礼乐，创作歌诗。但是，更深的交往却无从谈起。泰始二年（266 年）初，曹魏名臣程昱之孙程晓因官运不达，自比许、巢，向傅玄赠诗；傅玄答诗（二首）一方面盛美开国景象，一方面同情这位“嗟水滨”的孤独者。赠答诗今俱存可见。傅玄还与张载、索靖有过相交的记载（分见二人本传），赏识二人的才学，奖掖延誉。然而，我们所知也仅此而已。

① 裴秀做过“安东及卫将军司马”，王浑曾“参文帝安东军事”，均见《晋书》本传记载。

第三章　著述与创作

本传称，傅玄“后虽显贵，而著述不废。撰论经国九流及三史故事，评断得失，各为区例，名为《傅子》，为内、外、中篇，凡有四部、六录，合百四十首，数十万言，并文集百余卷行于世”。

傅玄是魏晋时期的一位思想家、文学家。约略而言，从《傅子》可见其作为思想家的风貌，从《傅玄集》可知他的文学成就。本章旨在对《傅子》、《傅玄集》的著录、流传、辑佚情形，分别加以说明；对现存作品的真伪、系年、写作背景等，尽可能作出合理的判断；对各种出处、版本的优劣得失，也顺便给予评说。

一、关于《傅子》

（一）著录情形

除了本传的记载外，《傅子》一书的著录尚见于：

1.《隋书·经籍志三·子部：杂家》：“《傅子》百二十卷。晋司隶校尉傅玄撰。”

2.《旧唐书·经籍志下·丙部子录：杂家》：“《傅子》一百二十卷。傅玄撰。”《新唐书·艺文志三·丙部子录：杂家》：“《傅子》一百二十卷。傅玄。”

3. 唐马总《意林》卷五：“《傅子》一百二十卷。”

4.《宋史·艺文志四·子类：杂家》：“《傅子》五卷。晋傅玄撰。”

按，《宋史·艺文志》载录，又是据下列官修书目而成：

① 北宋仁宗时，张观、王尧臣、欧阳修等编《崇文总目》载录：《傅子》5 卷，23 篇。

② 南宋孝宗时编《中兴馆阁书目》载录：《傅子》5 卷，23 篇。

5. 南宋郑樵《通志》卷六六：“《傅子》五卷。晋司隶校尉傅玄撰。旧有百二十卷。”

6. 南宋尤袤《遂初堂书目》有《傅子》著录，不载卷数。

7. 元马端临《文献通考》卷二一四“子部杂家类”：《傅子》5 卷，23 篇。并引《崇文总目》：“晋傅休奕撰，集经史治国之说，评断得失，各为区例，本传载内、外、中篇，凡四篇亡录（按，“四篇亡录”当为“四部六录”），合一百四十篇，今亡一百一十七。”

8. 清乾隆年间所编《四库全书总目》卷九一“子部·儒家类一”：“《傅子》一卷。晋傅玄。”据《永乐大典》所收，总为一卷；又据他书征引，辑得40余条，作为附录。

9.《书目答问补正》（清张之洞原撰，范希正补正）卷三“子部·儒家类：议论经济”：“《傅子》一卷。晋傅玄。聚珍本，杭本，福本。”[①] 范补：“指海续刻本[②]。又，严可均辑本四卷，刻《全晋文》内；又，湘潭叶德辉刻本三卷，订误一卷。”

10. 孙殿起《贩书偶记》、王重民《中国善本书提要》同有著录：清方濬师集校《傅鹑觚集》五卷，附校勘记一卷。其中前二卷为《傅子》。

另外，清代以来诸家辑佚而出的各种版本的《傅子》，有一卷、二卷、三卷、五卷等，均于《中国丛书综录》（上海图书馆编，中华书局1959、1961、1962年分三册先后出版）中“总目”、“子目·子部·儒家类”可查得，不再一一列出。这些形形色色的《傅子》辑本，在校勘方面，意义不大。

由上述著录可知：《傅子》原有140篇，分为120卷；[③] 宋代仅存23篇，另定为5卷；清代以前归类于杂家，由《四库

---

① “聚珍本”指清乾隆中排印的“武英殿聚珍版”。“杭本”又名“浙江本”，“福本”又名“福建本”，同属“武英殿”本系统。

② “指海续刻本”，指清道光中钱祚熙增补而成的三卷本。

③ 《四库全书·总目提要》：“《隋书·经籍志》、《唐书·艺文志》皆载《傅子》一百二十卷。”余嘉锡《四库提要辨证》第二册里指出：“《隋志》、旧新《唐志》及《意林》卷五均作《傅子》一百二十卷，则《提要》中一百四十卷，四字为二字之误。”余氏所用版本或有此误。

全书》起，多归类于儒家，只有叶德辉认为，唐、宋著录入杂家类，“最合流别”（《傅子·叙》）。

此外，《旧唐书·经籍志上·礼类》载有：“《周官论评》十二卷。陈邵驳。傅玄评。”《新唐书·艺文志一·礼类》亦载：“傅玄《周官论评》十二卷，陈邵驳。”这部《周官论评》，由傅玄作评。原书在《隋书·经籍志一》载为：“《周官礼异同评》十二卷。晋司空长史陈劭撰。”“陈劭”当即“陈邵”。但是，此书于唐以后不见著录，内容失传不存。今存《傅子》佚文中，是否尚有《周官论评》的点滴内容，这不能肯定，亦无从考究了。

（二）清代以前的辑录情形

清代以前，《傅子》中内容完整较完整的文字，主要见于：

1.《三国志》裴松之注引，计 58 条；

2. 唐魏徵《群书治要》[①]，计 27 段（无篇名）；

3. 唐赵蕤《长短经》[②]，计 5 篇（段）；

4. 唐杜佑《通典》卷九二、九四“礼”，计 2 篇；

5. 明《永乐大典》，计 24 篇（有篇名）。

还有零星片断，甚至仅为只言片语，在《北堂书钞》、《艺文类聚》、《初学记》、《太平御览》等类书里，较多地散见

① 《旧唐书·经籍志下·子部·杂家》：“《群书理要》五十卷。魏徵撰。”《新唐书·艺文志三·子部·杂家》：“魏徵《群书治要》五十卷。”“理”字乃避讳而改，应为“治”。

② 《新唐书·艺文志三·子部·杂家》：“赵蕤《长短要术》十卷。”《旧唐书》不录。

各卷；《意林》里集中摘录的单条文字也不少，共有95条之多。另外，在其他史籍（如《左传》、《史记》、《宋书》、《文选》、《史通》、《困学纪闻》等）中，偶见极少注引文字。

应该指出的是，从前代典籍里全面董理、认真辑佚，并汇总而成《傅子》全帙者，是在清末，由方濬师、严可均、叶德辉分头完成，各臻其美的。在他三人之前，清人所辑《傅子》，主要依靠《永乐大典》。《四库全书》所采，就是如此。

（三）《四库全书》收载得失

《四库全书总目·傅子》称收载情形是：

> 今检《永乐大典》中散见颇多，且所标篇目咸在。谨采掇裒次，得文义完具者十有二篇，又文义未全者十二篇，篇目视《崇文总目》较多其一。疑《问刑》、《法刑》本属一篇，《永乐大典》误分为二耳。谨依文编缀，总为一卷。其有《永乐大典》未载而见于他书征引者，复搜辑得四十余条，别为附录，系之于后。

辑入《四库全书》中的《傅子》，是乾隆三十九年（1774年）内阁中书徐步云经手而成的。程瑶田补充说明是："纂修官徐步云从《永乐大典》中搜出《傅子》有录目者二十四篇，然皆裴松之之所未引者；又有无录目者数条。及旁搜《太平御览》、《文选·注》中碎事凡四十条，亦间为裴注之所未及

引。”（《〈通艺录〉、〈修辞余钞〉、〈辑逸〉子书三种序》）[①]

有篇目的24篇《傅子》文，在《永乐大典》中的次序是：①《正心》；②《仁论》；⑧《义信》；④《通志》；⑤《举贤》；⑥《重爵禄》；⑦《礼乐》；⑧《贵教》；⑨《检商贾》；⑩《校工》；⑪《戒言》；⑫《假言》；⑬《问政》；⑭《治体》；⑮《授职》；⑯《官人》；⑰《曲制》；⑱《信直》；⑲《矫违》；⑳《问刑》；㉑《安民》；㉒《法刑》；㉓《平役赋》；㉔《镜总叙》。

附录共计48条。出自：《永乐大典》6条（1—6），明《诸子琼林》2条（7，8），《太平御览》33条（9—41），《文选·注》7条（42—48）。

根据上述基本情况，我们可知四库本《傅子》的指导思想，是从政论名理的角度辑选的，即纂修官徐步云认为《傅子》当归入儒家类。纪昀所撰《提要》又大加肯定，似乎这样一来，晋代子家著作传世者，“独玄此书，所论皆关切治道，开启儒风，精意名言，往往而在”，“是亦可为宝贵也”。这一指导思想作茧自缚，有意限制了已知《傅子》散见各处文字的集辑，实际上只能说是选辑本。从程瑶田的说明里反映出，《三国志》中裴注所引大量《傅子》文字，纂修官不是不知，而是不取，害怕一并选进去，就与儒家治道之论相悖。这不是一种认真严谨的态度。在采用书目上，同样表现出纂修者的疏漏，即仅限于《永乐大典》、《太平御览》、《文选》这几种，更多地依赖《永乐大典》。当然，比《永乐大典》所收早

① 程瑶田序文，又可见商务印书馆“丛书集成初编”《桓子新论》前。作序时间是清嘉庆四年（1799年）。

出，且更为完整的唐初《群书治要》，乾隆年间日刊本未引入国内，纂修者还漠然不知，无从比对，使得采集所得的主体部分就很不完善，漏洞不小。这且不说，即便《太平御览》、《文选·注》中散见文字，也多有未录者；其他如《北堂书钞》、《艺文类聚》、《初学记》等极有价值的类书，干脆不予理睬，不去翻检，则可见纂修者于匆忙中犯了常识性的错误。

余嘉锡先生既批评了纂修官徐步云“颇为疏略”之失，又引用文廷式的话，指责了总纂人纪昀：“是其学（按，指《傅子》）亦兼取诸家，真杂家者流耳。纪文达①人之儒家，非是。”（《四库提要辨证·傅子》）余氏的意见是非常正确的。

但是，四库本《傅子》毕竟是第一部集辑本，尽管存在着疏略不备、归类不当的缺点，还必须充分肯定它的开创之功。《傅子》最终辑佚渐趋完善，就是从四库本开其端的。

（四）方本、严本、叶本的比较

四库本《傅子》出现后，清代延至民国，各种初排、重刻、辑佚、订校本相继出现。一卷（“武英殿”、“汉魏丛书”、王仁俊“玉函山房”、张鹏一“关陇丛书”等）、二卷（钱保塘“清风室丛书”、方濬师五卷合收本）、三卷（钱熙祚补增“指海”本、叶德辉“观古堂”本）、四卷（严可均重辑）、五卷（傅以礼“傅氏家书”本、孙星华重辑本、民国“丛书集成”本），还有附录或单刻的订校增补者，均重复或错互面世。其中可取者，为方濬师、严可均、叶德辉的三种

① 纪昀，《清史稿》卷三二〇有传。“文达”是他的谥号。

辑本。

1. 方濬师本。光绪二年（1876 年），由方濬师搜辑而成，并由广州书局刊印的《傅鹑觚集》五卷本中，卷一、卷二为《傅子》。据方《序》称，他是以所得日本刊魏徵《群书治要》中的《傅子》文，与《永乐大典》、《四库全书》收载，"彼此互勘，正其讹字，顺其次序，计得篇目三十"①。这用的是"互补法"。接着，方氏又检辑《三国志》裴注，搜辑《初学记》、《意林》等所见佚文，另为一卷。

2. 严可均本。嘉庆庚午岁（1810 年），严氏即开始对《傅子》进行辑补。据严氏《按》(《全晋文》卷四七）语称，他"以唐魏徵《群书治要》所载二十四篇，校《大典》本，多出二千五百许字；又从《三国志·注》写出六千三百余字"，进而"遍搜各书，得佚文数百条，重加排比，以《治要》、《大典》等书所载整篇为二卷；以各书所载，依《意林》九十五事，次第类附而间厕之，为补遗二卷。凡四卷"。这四卷《傅子》，于《全上古三代秦汉三国六朝文》的《全晋文》卷四七至卷五〇有收，是人们利用最方便的资料。

3. 叶德辉本。光绪十七年（1891 年），叶氏辑成《傅子》三卷，并附《订讹》一卷。他在《叙》中交代了辑录经过，其方法与方氏、严氏大致相同，是以《群书治要》为主，参订《永乐大典》；博采群书，务求不漏，又仔细甄别，考订真伪，具有比方本、严本更谨严的学术价值与更可靠的使用

① 这 30 篇分别是："《四库》所收校之同者十三篇，补《大典》所缺者六篇，缺无可补者二篇，无篇名而补入者六篇；又《大典》有而《治要》无者二篇；又《治要》有而《大典》无者一篇。"详参后面表列。

价值。

有关这三种《傅子》辑本的取材情况详见下表。

三本收录 材料始出处	方濬师《傅鹑觚集》五卷中卷一、卷二《傅子》	严可均《全晋文》卷四七至五〇《傅子》	叶德辉《傅子》三卷，附“订讹”一卷
唐魏徵《群书治要》27段，无篇名。 明《永乐大典》未载有“※”号者，其他均有篇名，有的仅为节录。	卷一： 1.《治体》 2.《举贤》 3.《授职》 4.《校工》 5.《检商贾》 6.《□□》 7.《仁论》 8.《义信》 9.《礼乐》 10.《□□》 11.《法刑》 12.《重爵禄》 13.《平役赋》 14.《贵教》 15.《戒言》 16.《正心》 17.《通志》 18.《□□》 19.《曲制》 20.《安民》 ※21.《□□》 22.《问政》 23.《问刑》 24.《信直》 25.《□□》 26.《矫违》 ※27.《□□》 28.《假言》	卷一： 1.《治体》 2.《举贤》 3.《授职》 4.《校工》 5.《检商贾》 6.《仁论》 7.《义信》 8.《礼乐》 9.《法刑》 10.《重爵禄》 卷二： 11.《平役赋》 12.《贵教》 13.《戒言》 14.《正心》 15.《通志》 16.《曲制》 17.《安民》 ※18.《□□》 19.《问政》 20.《问刑》 21.《信直》 22.《矫违》 ※23.《□□》 24.《假言》	卷一： （篇名全同严本，但文字取舍有异。下面不再列篇名，异文另详。）

（续表）

三本收录 / 材料始出处	方濬师《傅鹑觚集》五卷中卷一、卷二《傅子》	严可均《全晋文》卷四七至五〇《傅子》	叶德辉《傅子》三卷，附“订讹”一卷
《永乐大典》增出	卷一： 29.《官人》 30.《镜总叙》	卷一： 25.《官人》 卷二： 26.《镜总叙》	卷一不取。“订讹”中有说明。
《艺文类聚》《水经注》		卷二： 27.《释法》 28.《大本》	卷一： 25.《释法》 26.《宫室》
《三国志》裴松之注引 58 条	卷二： 收入 55 条	卷三、卷四： 收入 57 条	卷二： 收入 57 条
马总《意林》73 条	卷二： 误收入 12 条《物理论》文	卷三、卷四： 收入 73 条	卷二、卷三： 收入 73 条
《文选》注 8 条	卷二： 收入 6 条	卷三、卷四： 收入 6 条	卷二、卷三： 收入 8 条
独见于《太平御览》31 条	卷二： 收入 17 条	卷三： 收入 31 条	卷二、卷三： 收入 31 条
其他处 43 条	卷二： 收入 4 条	卷三、卷四： 收入 30 条	卷二、卷三： 收入 43 条

比对三本，通过上表，我们可发现：第一，三本收录范围之广，辑佚内容（或条目）之博，是比较接近的，亦为《四库全书》所收远远不能企及；第二，三本同时注意到《群书治要》的重要地位，并以之与《永乐大典》所收互勘，使得文字有所增，篇名有所依，异文有所取，这一优势比之《四库全书》本，是显而易见的；第三，方氏、严氏、叶氏三人，在各自的辑录本里，对所取材料均作了技术上的处理，或加

注语，或用按语，说明了理由。总之，这三种《傅子》辑录本的先后出现，标志着今可见《傅子》中散见各处的文字汇集为全本，接近于网罗殆尽。

不过，相比之下，叶德辉辑本更显优势。叶本当然远胜方本，这很好辨识；即便是严本，也与叶本有较大差距。兹分述于下。

第一，叶本卷一互校去取，最为得当。叶氏《傅子·叙》称：

> 余读唐人《群书治要》所载《傅子》，考其篇次虽分二十七段，以文义相连缀，实只二十三篇。① 知宋以来所存二十三篇，并不能溢出《治要》以外也。以《大典》本校《治要》，《治要》少《官人》及《镜总叙》二篇。初疑明人所见之书，不应多于唐宋；及读《初学记·镜部·总叙》引《韩（非）子》文②，乃知《大典》误以《韩子》为《傅子》，并误以"总叙"为篇名。又读宋本《意林》引《官人》篇语③，知《大典》即从此钞撮而出……

叶氏对《崇文总目》所出《傅子》23篇之数，作出了判断；他

① 叶氏疑《安民》篇之后《□□》篇（"傅子曰：利天下者……"一段）为《安民》篇末段。他实际辑录《治要》所收为24篇。若《安民》、《□□》合一，则为23篇。

② 叶氏本附录"订讹"里注出，这段话（"古之人目短于自见……"）是《韩非子·观行》里的文字。

③ 叶自注："今本（《意林》）羼入《物理论》中。"

由此追索，又发现了《永乐大典》增出的《官人》、《镜总叙》不在23篇之内，而是各有所出。[①] 毫无疑问，叶氏判断远较方氏乱增篇目为优；其发现又纠正了方氏、严氏之失。这些当然更是《四库全书》本无可比拟的。

第二，叶本卷二、卷三所收佚文，选用原始版本，不仅辑佚有增，而且订讹有功。他所用原本《北堂书钞》、宋本《意林》，均显示出远较易见后刻版本的特殊意义来。这也是方本、严本相形见绌之所在。比如，他以原本《北堂书钞》辑佚，所得比方本要多得多，也比严本有较多增入。再比如，他以宋本《意林》为依据，就较好地解决了《傅子》文与杨泉《物理论》文的区分问题，而从后刻《意林》很难将二者判属得当。方氏没有做这项工作，故叶氏附录"订讹"列出的"武英殿"本《意林》中的12条《物理论》文，而误入《傅子》者，方本当成了《傅子》文辑入；严氏是用力校了《意林》的，[②] 虽结论与叶氏相近，12条应属《物理论》文亦不取，但他没见宋本，立论不如叶氏坚实。

第三，叶本各卷各篇（条）下，必详注诸出处，并卷次、异文。这在校勘方面，既优于方本，又长于严本。

---

① 叶氏考定，《官人》篇在《意林》，《镜总叙》非《傅子》文。故余嘉锡认为，严氏"无所考证。叶氏始知其谬，故其说较严氏为尤精"（《四库提要辨证·傅子》）。

② 严可均《傅子·按》曰："乙亥岁（1815年），余校《意林》……知《意林》所载《傅子》，乃杨泉《物理论》也；所载徐幹《中论》，仅前二条又半条是《中论》，其第三条之下半条，及第四条，乃《傅子》也；所载《物理论》，仅前四条是《物理论》，其第五条至第九十七条，乃《傅子》也；其第九十八条至末，乃《中论》也。"（《全晋文》卷四七）。

第四，叶本对《傅子》卷一收 24 篇取自《治要》之文，于正文内又加注按语，援引他处所见佚文，系于上下文的处理办法，似比严本另录他卷、再加按语的方式更为可取。

叶本的显著优点如上。因此，余嘉锡《四库提要辨证》肯定了叶本“持论较严氏更为精密”的成就。但是，他接着对叶氏提出两点责难。其文曰：

> 且有严氏已辑入而叶氏本失载者，如《晋书·何曾传》所引司隶校尉傅玄著论称（何）曾及荀颉是也，二本正可互相补苴；而叶氏《叙》中不及严辑本一字，纵因其书刻入《全晋文》，易于忽略，而《铁桥漫稿》不容不见，何以不加称引，此事之不可理解者也。

余氏责难叶氏的两个问题，未必符合实际。

关于叶本《傅子》失载《晋书·何曾传》引文问题。这是叶氏有意不辑，而非失检。他后来又撰辑成《傅玄集》三卷本（1902 年刊印），《晋书·何曾传》中所引傅玄之论，一字不漏移置于文集内。这比严氏置诸《全晋文》卷五〇之中作为《魏书》中内容，阑入《傅子》，显然要合理得多。仔细对比后，我们只发现，严本多于叶本者，唯《北堂书钞》卷一五八中一条（“（傅）说身隐胥余……”），其他不少；[①] 相反，叶本多出严本条目者，为数却不少，约有 16 条左右。

① 严辑《傅子》中，由一条从《艺文类聚》卷四四辑文（“筝者……”），叶本《傅子》不载，而于《傅玄集》三卷有录。

关于叶氏未提及严辑本问题。据严可均《傅子·按》，他订校成稿在1810—1815年间，然而他在世时（1762—1843），规模宏大的辑录稿亦没有写成清稿，点划涂批，堆放在那里。又据《全上古三代秦汉三国六朝文》中王毓藻序、方功惠跋透露，直到光绪丙戌（1886年）广雅书局设立后，仍"未遑及此"；后经勘定整理付刻，光绪癸巳（1893年）方刻竣问世。而叶本《傅子》却是光绪十七年（1891年）完成的，刻印推迟到《傅玄集》三卷亦成的光绪壬寅（1902年）。所以，叶氏集辑时，不可能见到未刊刻而成的严辑稿。不过，据王重民《中国善本书提要·傅鹑觚集五卷附校勘记一卷》提示，叶德辉是看到了方濬师辑本（1876年刊刻）的，因为王重民取录本上有叶氏两方印记，说明叶氏参考过方本，因增辑而成《傅子》、《傅玄集》各三卷。对此，叶氏序文中只字不提。尽管他所辑后来居上，方氏本远在其下，但连提也不提，总不大度。当然，叶氏或许如他所说："凡前人已辑已刻者，亦未及取校。我行我法，不羞雷同也。"① 这段表白聊可参考。

最后，略就叶本不尽如意处，提点看法。卷一最后两篇：《宫室》出于《水经注·渭水》，似应置诸他卷佚文处；《释法》出于《艺文类聚》卷五四"赋"文，似应置于《傅玄集》中。这两篇文字添于24篇之后，不但不妥，而且不类。(这个问题在严本中也有。)② 卷一《仁论》篇在《永乐大典》

① 这段文字是叶氏光绪丙午（1906年）冬致书筱翁太夫人中的话。引自《艺风堂友朋书札》（下），上海古籍出版社1981年"《中华文史论丛》增刊"版。

② 严辑本卷二，也收录了《释法》，另有《镜总叙》、《大本》两篇，共计三篇。其中《镜总叙》错收，《释法》亦当附入他卷；《大本》仅6字，署题不能成立，当去篇题，移文于附录卷。

引录时，文中有一大段荀悦《申鉴·杂言》文，《治要》中不载，叶氏于正文中删去，而于附录“订讹”中肯定是“误入”。其实，叶氏有点武断，不如严氏不删而指明这段文字所自的谨慎态度可取。因为《傅子》政论文里，常见引用前代诸子诸贤的论述，这就不能排除此处亦属引用情形。还有，叶本诸卷内，校记嫌少，不如严本对佚文所属、异文异字所出之详。叶本、严本在这方面确有“互相补苴”（余嘉锡语）的必要：尽列出处与详校异同，各见其长。

以叶本而言，我们对各卷的看法是：

卷一 26 篇。保留前 24 篇，将《宫室》移入卷二，将《释法》改置《傅玄集》；附入卷二中赵蕤《长短经》所出 4 篇《傅子》文，即《量才》、《知人》、《大体》、《定名》（?）。去二增四，合计 28 篇。

卷二 81 条。移入《宫室》条；删掉“乐广为河南尹”条①，撤去《长短经》文 4 条。增移 2 条，删撤 5 条，合计成 78 条。

卷三 131 条（内《自叙》4 条）。删《口铭》② 条，成 130 条。

附“订讹”17 条。其中《仁论》篇文中所引荀悦《申鉴·杂言》一段，略加按语说明，仍保留不去为好。

---

① 此条辑自《艺文类聚》卷六“郡部·河南郡”。严辑本、叶辑本均错收。《晋书》本传有乐广为河南尹及其掘墙得狸之轶事记载。据《通鉴》卷八二，乐广为河南尹在元康七年（297 年）前后，此时距傅玄去世时已有近 20 年，显然非傅玄所记。《类聚》有误。

② 《口铭》（又题《口诫》），应入《傅玄集》。

(五) 内、外、中篇的内容与写作时间

本传对《傅子》一书的介绍，因题失文佚情形太严重，史籍再难见更详细的记载，仅凭现存资料，很难说清端尾。严可均《铁桥漫稿》卷六臆测曰：

> 或问《傅子》为内、外、中篇，有四部六录，云何区别？曰：内篇撰论经国九流；外篇三史故事，评论得失；中篇《魏书》底本，而以《自叙》终焉。四部六录，莫考；《崇文总目》作“四篇亡录”，盖误。

他在《全晋文·傅子》按语里，还提出：“案，百四十首而百二十卷者，或元有缺篇，或数篇合卷，今莫能详。”即认为：本传所出“百四十首”，指的是篇数；宋以前著录“百二十卷”出的是卷数，二者不是一回事。

关于《傅子》内、外、中篇的大体划分，我们的意见是：内篇为“撰论经国”的内容；外篇、中篇为撰论“九流、三史故事”的内容，因遗文不多，已难强为区别；《魏书》底本肯定收入了《傅子》一书，或为中篇的组成部分。这一看法，略与严氏推测有异。

1. 内篇“撰论经国”之理

关于《傅子》内篇，本传还有一段重要文字，曰：

> (傅) 玄初作内篇成，子 (傅) 咸以示司空王沈。沈与玄书曰：“省足下所著书，言富理济，经纶政体，

存重儒教，足以塞杨（朱）、墨（翟）之流遁，齐孙（孙卿，即荀况）、孟（轲）于往代。每开卷，未尝不叹息也。‘不见贾生，自以过之，乃今不及’①，信矣！”

王沈（？—266），《晋书》有传。他在曹魏高贵乡公在位时（254—260年），以散骑常侍、侍中之职，“典著作”，并与荀𫖮、阮籍等“共撰《魏书》”，常与曹髦一起“讲宴属文”，被号为“文籍先生”。曹髦攻打相府前，他向司马昭告密。其后，他出居外任。司马炎即晋王位（265年），始回京重用。次年即泰始二年（266年）五月就去世了。泰始三年（267年），晋武帝才下诏追赠他为司空。

傅玄初成之《傅子》内篇，由其子傅咸送呈王沈的时间，必在王沈任侍中、“典著作”的几年中。其间，王沈文名甚盛，又心向司马氏。这是傅玄要让他过目的原因所在。至于傅玄本人，高贵乡公在位期间，他正在温县令任上，不在京城；其子傅咸，年龄在17—22岁间，或在太学就读。这就是为什么内篇要由傅咸去送的原因所在。至于司马昭即王位后，王沈、傅玄都被召回重用，二人间过从甚多，内篇无需由傅咸单独送达。

本传称，傅玄任职温令、弘农太守期间，“数上书陈便宜，多所匡正”。《傅子》内篇无疑包含有“上书”“匡正”的内容，

① 王沈引文，出自《史记·屈原贾生列传》。原文是：“吾久不见贾生，自以过之，今不及也！”引文与此稍异。这是汉文帝赞叹贾谊的话。贾谊刚从楚地被召回，回答鬼神之事后，汉文帝很佩服他的学识。

或者就是经整理补充后的结集；宗旨是既“陈便宜”，又在“匡正”，这是给司马氏献策献计的，而不是向高贵乡公进言的。

我们认为，今存《傅子》较完整的内容，即《群书治要》所存27段文、赵蕤《长短经》另录4段文，共计31段文字，正是内篇遗文。为什么这么说呢？理由有三。其一，王沈评语与《傅子》今存的这些残篇文字，内容是吻合的；其二，傅玄于温县任职时，接触到民情民生，了解到农业生产的实际，这在他的内篇中必然要有所反映，而上举篇段里涉及到了这类问题；其三，内篇写成前后，司马氏最终代魏还没有实现，反叛的事时有，局势怎么控制，政体如何确立，选人用人怎样才好，等等，司马氏急不急且不管，傅玄很急，所以他要陈述己见，以求采纳。王沈将傅玄比作怀才有识的贾谊，令他开卷受益，为之叹息，这说明二人心有相通，都是忠于司马氏的。有唐之初的谏臣魏徵所以要在《群书治要》里大量引录《傅子》文，这又可从后代初建国之际的借鉴角度，证明这些文字正是内篇遗文。所以说，内篇是“撰论经国”之理，为司马氏代魏谋求“南面术”的。

2. 中篇或为撰论包括《魏书》在内的“三史故事”

傅玄“撰集《魏书》”的时间，本传有大略说明，是他初入仕后的事。上一章我们指出，始于景初三年（239年）齐王曹芳即位之后，终于正始十年（249年）正月高平陵之变。大体而言，正始年间傅玄在参撰修史。

严可均认为，今存《傅子》遗文中“言三国事甚多”，则所谓“撰集《魏书》”，“此或即底本也”。因而严氏《全晋文》辑《傅子》四卷，有意将这些文字集中排列，自卷三末至卷四末，并附按语说明。卷三末有 4 条，即涉及荀彧荀攸、袁涣华歆、曹仁、诸葛亮者；卷四《自叙》前有 33 条（篇），有的原是分见成条而共涉一人事迹者，因连缀成篇，如管宁、郭嘉、刘晔、傅嘏等传记史料即是。这些汇集排列的史料，绝大部分来自《三国志》裴松之注，也有个别条目取自《北堂书钞》、《太平御览》、《意林》等处。

严氏的意见大体不差，基本可信。但他也有不当以《魏书》底本看待而收错入间其中的史料。这是我们要谈的一个问题。

首先，曹魏时几次组织人力修撰《魏书》，起限应自汉献帝建安改元算起，上续《东观（汉）记》的下限，即汉灵帝之末的记载。这也就是说，《傅子》中凡涉汉末桓、灵之世的文字，不当归之于《魏书》范畴。例如，严辑《傅子》卷四中关于灵帝时卖官事，《三国志》裴注引桓帝时梁冀事（《三少帝纪》），应属本传所指"三史故事"，不是《魏书》中文字。

其次，傅玄参与《魏书》撰写，下限应在嘉平元年（249年）高平陵之变。从《三国志》注引与他处摘引材料看，大量内容涉及曹操争雄创业的人和事，也有曹魏建基以后文帝、明帝时的内容，可知后期当事人的时间有：刘晔卒（234 年），管宁卒（241 年），胡昭卒（250 年）；曹爽败（249 年），傅嘏迁河南尹（249 年），李丰、夏侯玄被诛（254 年），诸葛诞被诛（258 年）。上述时间里，胡昭卒、李丰等被诛、诸葛诞反三处，记到高平陵事变后。这大概是傅玄后来又补进去的笔墨。况且，傅玄在世时，高平陵之变后，已视为司马氏政权之始，他本人也离开修史职任，因而他所撰《魏书》下限，不应该再往后。严辑《傅子》卷四将《何曾、荀顗传论》中 4 条引文（见《晋书·何曾传》）一并排列，无疑是不妥当的。因为事涉入晋之际，文为论赞，应入文集。

再者，严可均认为，傅玄《魏书》底本后有《自叙》。这个看法有道理。但他所辑《傅子》卷四之末，只列两条，容有遗漏。卷三傅说条（“说身隐胥余……”），卷四傅燮条（“傅燮字南容……”），亦应一并置于《自叙》后。

还有一个问题是，《魏书》底本当入何篇。从《三国志》裴松之注引的情形来看，傅玄“撰集《魏书》”的文字收入到了《傅子》中。按照严可均推测意见，这部分内容独立于中篇。我们则认为，《魏书》底本应为统称“三史故事”[①]中一部分，或为中篇同时收入。从现存文字看，《傅子》记三国事，以曹魏为主，兼及蜀、吴。曹操未及称帝，仍是汉献帝的丞相。傅玄《魏书》虽称曹操为“太祖”、“武皇帝”，亦偶然在曹操旧属（如刘晔）后事中道及“文帝”（曹丕）、“明皇帝”（曹叡），但主要是反映汉末这段历史的，承续的是《东观记》的记载，属于“三史”的补充内容。也就是说，《魏书》内容包括在“三史故事”之中，与其他评断前史记载的文字共成一篇，或为“中篇”，是撰论史事的合篇。

3. 外篇或为撰论“九流”的杂记

《傅子》存文中，除了政论色彩很明显的内篇没有疑问外，撰论史事的内容或为中篇，其余或为外篇。本传所称“九流”，泛指各家学说，包括对诸子学说的评议，前代史籍撰著的

---

① 魏晋人士所称“三史”，《史记》、《汉书》而外，不指当时私撰之《后汉书》、《后汉记》、《续汉书》等，当然更不可能指后世范晔的《后汉书》，而是指东汉时从班固至蔡邕等先后参加的官修《东观（汉）记》。

论断，以及各种典章制度方面的意见等等，似乎属于杂记性质。这些内容独立成篇，比较合理。

以上我们根据《晋书》本传记载及《傅了》今存文的实际，对内、外、中篇的内容作了大体的划分。这些意见虽与严可均的意见不大一致，但也属推测性质，只供参考。

至于《傅子》成书的时间，我们认为，主要内容是入晋以前完成的，少量文字是入晋以后补充而成的。《魏书》是正始年间傅玄担任史官时修撰的，内篇是高贵乡公在位、司马昭执政期间写成的，这从本传记载完全可以认定。除《魏书》外，其他撰论“三史故事”的文字，成于史官任上的可能性最大。因此，内篇、中篇完成于入晋以前，这大体可以成立。外篇有些内容，特别是议论礼乐方面的文字，很可能是入晋以后所作，这跟他的职任有很大关系；但其他方面的内容，则不能排除写于入晋以前的可能性，例如关于对前代撰述、学说的评断意见，与修史、政论的联系就很紧密，未必是入晋以后所写。外篇、中篇有可能修订补充于入晋以后，或有新增内容，但占的比重不会很大。

二、关于《傅玄集》

（一）著录情形

本传言“并文集百余卷行于世”。因为《傅子》未出卷数，这个“百余卷”是与《傅子》合计，还是仅文集就单独有百余卷，似乎还值得琢磨。史书著录文集如下。

1.《隋书·经籍志四》："晋司隶校尉《傅玄集》十五卷。(梁五十卷，录一卷，亡。)"

2.《旧唐书·经籍志》："《傅玄集》五十卷。"《新唐书·艺文志》："《傅玄集》五十卷。"①

3.《宋史·艺文志七》："《傅玄集》一卷。"

4. 其他：《隋书·经籍志四·总集》有"《相风赋》七卷，傅玄等撰……亡。"② 清人《补晋书艺文志》补出《七林》③、《华岳铭序》④、《焦先传》、《乘舆马赋注》。

5.《中国丛书总录·子目·集部·别集类》录有：① 明张溥《汉魏六朝百三名家集·〈傅鹑觚集〉一卷》；② 清吴汝纶评选《汉魏六朝百三家集选·〈傅鹑觚集选〉一卷》；③ 清傅以礼辑《傅氏家书·〈傅鹑觚集〉四卷》；④ 清叶德辉《观古堂所著书·晋司隶校尉〈傅玄集〉三卷》；⑤ 民国张鹏一《关陇丛书：北地傅氏家书·〈鹑觚集〉二卷》。

6. 王重民《中国善本书提要·集部·别集类》："《傅鹑觚集》五卷，附校勘记一卷。……方濬师校集。是集五卷，前二卷为《傅子》，后三卷为诗文集。"又，《贩书偶记》亦有方濬师五卷集著录。

---

① 叶德辉《傅玄集·叙》："新、旧唐志仍题五十卷者，殆不足信。"

② 今存傅玄作品，有《相风赋并序》(《全晋文》卷四五)。

③《艺文类聚》卷五七"杂文部·七体"，录有傅玄《七谟·序》(《全晋文》卷四六亦载)。挚虞《文章流别论》曰："……傅子集古今'七'而论品之，署曰《七林》。"《太平御览》卷五九〇"七辞"，也出有傅玄所撰《七林》之目。

④ 此序文，于《全晋文》卷四六可见。单独著录，似无道理。下面《焦先传》、《乘舆马赋注》亦然。

（二）作品入选、辑录情况

1. 齐梁时，沈约《宋书·乐志》辑录郊庙类乐府诗 60 首[①]（内有《晋鼙舞歌》5 首，《铎舞歌》1 首，《宋·志》未出作者，《乐府诗集》亦题为傅玄所造）；

2. 梁萧统《文选》卷二九：《杂诗》1 首；

3. 梁徐陵《玉台新咏》卷二：乐府诗 7 首，又《和班氏》（《秋胡行》）诗 1 首；卷九：《杂诗》5 首；

4. 唐欧阳询《艺文类聚》辑入：诗 34 首，文 47 篇；

5. 唐徐坚等《初学记》辑入：诗 21 首，文 40 篇；

6. 宋郭茂倩《乐府诗集》收载：乐府诗 85 首。

（三）存留作品的辑集情况

傅玄诗文作品，大都收录于前举诗文总集或类书里。明清两代学者搜辑成集，有影响的合集有：明张溥《傅鹑觚集》（不分卷。《汉魏六朝百三名家集》之一），清方濬师《傅鹑觚集》五卷（1876 年刊印。卷三、卷四、卷五为诗文作品），清叶德辉《晋司隶校尉傅玄集》三卷（1902 年刊印）；分类辑集有：清严可均二卷文（《全上古三代秦汉三国六朝文·全晋文》卷四五、卷四六），明冯惟讷《古诗纪》（分载卷二二、卷三九、卷四〇），近人丁福保《全汉三国晋南北朝诗·

① 梁萧子显《南齐书·乐志》，唐房玄龄等《晋书·乐志》，均有傅玄制作乐府诗章的记载，并录有作品。不再重出。

全晋诗》（分见卷一、卷二），今人逯钦立《先秦汉魏晋南北朝诗·晋诗》（分载卷一、卷一〇）。

上述辑集，以严可均辑本、逯钦立辑本为佳，又最易看到。因此下面讨论诗文时，分别以严辑本、逯辑本为依据。

（四）赋文类作品

1. 赋 58 篇（题）。其中有序有赋 6 篇，有序无赋 9 篇[①]，有赋无序 39 篇[②]；还有 4 篇拟楚辞、连珠和“七”的作品。比较完整、缺文较少的，约计 20 多篇。可以大体确定写作时间的，有下面 6 篇。

《正都赋》。赋中描述歌舞杂技的场面，龙舟星列，宫阙巍峨，天子吉服，钟鼓齐鸣。这情形应与魏明帝太和以后大规模修筑洛阳宫殿的史实有联系。青龙二年（233 年），魏明帝御龙舟亲征东吴，又大治洛阳宫。《三国志，明帝纪》有记载。赋中写了天子“戒水军”的阵势，也写了“朱宫”“绛阙”的气魄。这一年，傅玄 17 岁，正在太学就读，他目睹宫阙初成的气势与庆祝欢乐的情景，笔下夸张渲染，因成此赋。

《叙行赋》。仅二句。疑即《矫情赋·序》中提到的《西征赋》。上一章已道及，这是嘉平元年（249 年）傅玄随司马昭西入关中时的作品。

《元日朝会赋》（又题《元会赋》、《朝会赋》）。这是晋武

---

① 《猿猴赋》文似为序，姑计入此数内。

② 《叙行赋》题下，严辑有一“序”字，《初学记》无此字。佚文二句，应为赋文。

帝泰始元年（265年）底改元之初所写。《晋书·礼志下》提到了傅玄的这篇赋，属“晋氏受命”时的作品。

《辟雍乡饮酒赋》。据《晋书·武帝纪》载，泰始六年（270年）十一月，“幸辟雍，行乡饮酒之礼，赐太常博士、学生帛牛酒各有差”。赋文里所云“时皇帝亲枉万乘之尊兮，以幸乎辟雍”，“乃延卿士，乃命王公”，“知礼教之弘普也”，这些内容与武帝幸辟雍一事是相吻合的。其时，傅玄任太仆卿。

《相风赋》。严辑本有一段序文，一段赋文。而叶德辉《傅玄集》卷一里，除了严辑本的序文、赋文外，又据原本《北堂书钞》卷一三〇增加了两段文字：

> 太仆寺丞岱君，立一竿竹于前庭。其上颇有枢机，摇以鸡毛，占事知来，与彼无异。乃简易之至，殊于太史相风。
>
> 翟翟竹竿，在武之庭。厥用自然，既修且真。摇羽其首，丹漆弗形。经之营之，不日而成。

十分巧合的是，严辑本据《太平御览》所出，在傅咸名下也有《相风赋》并序，其序除开头几句、末尾一句外，中间的文字正是上引第一段，其赋全同上引第二段（两段彼此仍有异文①，但出入不大）。这就值得注意。从资料来源上，叶

① 重要处有：“岱君”，傅咸文中作“武君宾”；“真”，傅咸文中作“贞”。另外，傅咸序文里，提到“中书张令，以太史相风”，“张氏之赋”等，似与作赋一事有关。“中书张令”当指张华，他是泰始七年（271年）起担任中书令的（见万斯同《晋将相大臣年表》），而且他今存作品里就有《相风赋》。

氏所用原本《北堂书钞》，当然比后来的《御览》有权威性。因此，我们以为傅咸名下的《相风赋》并序文，仍属傅玄同题之作中的佚文。这样一来，傅玄所作《相风赋》，就是他担任太仆期间（269—275年）的作品。而且，据《隋书·经籍志》所录，当时写《相风赋》的人不少，同题作品较多，汇总在一起，傅玄有序记其事。如《全晋文》卷六七就载有杜万年《相风赋·序》曰："太仆傅侯命余赋之。"

《矫情赋》。只存序文。内称"我太宗（祖?）文皇帝"，似指司马昭。写于入晋后，确切时间不知。

《七谟》。序中有"大魏英贤"、"从父侍中"（傅巽）诸语，作于青龙至正始年间。

除了上举7篇赋作能大体确定写作时间外，他作大多数应是入晋前写成的。这方面的情形需要另外讨论，待以后讲到文学创作时再说。

2. 其他文章38篇。[①] 这些文章里，有22篇铭文，以及其他一些疏议论赞类杂文。大体可知写作时间的，有下述几篇。

《魏德颂》。仅存佚文。应是曹魏明帝时所写为是，与《正都赋》的写作时间相接近。

《华岳铭》。序文所称，当是傅玄随司马昭两入关中时，即高平陵之变后写的作品。

《何曾荀颉传论》。这个题目应改为《何曾荀颉孝赞》，或省称《何荀论》（叶德辉三卷集用此题），文字见于《晋书·何曾传》，是赞扬何曾、荀颉事亲行孝的突出表现的，提

① 这一数字内，包括严辑本置于《傅子》内的2篇：《释法》（卷二）；《何曾荀颉传论》（卷四）。而《古今画赞》八则、《席铭》四则，各以1篇计。

到何曾[1]的年龄在“六十”，则行孝应在魏甘露三年（258年）前后；而荀颢是在咸熙中“以母忧去职，毁几灭性，海内称之”（见《晋书》本传）的，当时司马昭还在世。考虑到荀颤的情况，傅玄此文的写作时间，应在咸熙二年（265年）司马昭未死之时。其时何、荀二人均已封侯，何尽孝在先，时年67岁；荀尽孝中有“毁性”盛名。魏晋要禅代，急需倡孝道，两位显贵先后事亲尽孝的行为正可作为表率，因此傅玄要著论称道。

《永宁太仆庞侯诔》。永宁郭太后卒于景元四年（263年）底。永宁宫太仆“庞侯”其人当卒于此前。嘉平六年（254年）废曹芳、立曹髦时，“永宁太仆”是张阁（参《三国志·三少帝纪》注引《魏书》），有位清商丞庞熙或有可能于其后出任“永宁太仆”一职。

《正朔服色议》。严辑本于题下注曰：“太始元年。”误。应为泰始二年（266年）。《通典》卷五五明记“太始二年”。《晋书·武帝纪》亦记，在泰始二年九月奏可正朔服色事。

《五祀议》。泰始二年（266年）作。《晋书·武帝纪》记，这年十一月有并合诸祀于南北郊之举。

《掌谏职上疏》与《上疏陈要务》。前章已讨论，作于泰始二年（266年）八九月中。

《水旱上便宜五事疏》。前章已讨论，作于泰始五年（269年）二月。

《太子少傅箴》与《吏部尚书箴》。此二箴文似与任恺、贾

---

① 《晋书》本传称，何曾“咸宁四年薨，时年八十”。何曾生卒年为：199—278。

充朋党相争事有关。泰始中，以任恺、庾纯、张华等大臣为一方，以贾充、荀勖、冯𬘘等大臣为一方，双方相互排挤，争夺权力，明争暗斗，十分激烈。任恺一方稍微正派一些，他们看不惯贾充辈的为人，想逐个从皇帝身边疏退拆散这伙势力。正派人往往斗不过奸佞人。任恺被贾充打小报告，泰始七年（271 年）明尊暗降，先为太子少傅，继为吏部尚书，反被从武帝身边挤走了。傅玄这两篇箴文，等于是劝慰任恺，表明自己投向的声明。

《贺老人星表》。这是咸宁二年（276 年）三四月写给晋武帝的祝贺信。在此以前，武帝大病一场，几乎送命；由武帝之弟司马攸继位的事，朝廷也已议定。想不到武帝战胜了病魔，奇迹般地恢复了健康，“群臣上寿”，表示祝贺。《晋书·武帝纪》、《贾充传》里记载了这件事。傅玄此表所言“圣主寿延”，“自天之祐”，“普天同庆”云云，与武帝病愈有关。至于老人星（即南极星，又名寿星）是不是恰巧出现，史书无记载，亦无需坐实，41 岁的皇帝转危为安，这本身就是星见之兆。

（五）宫廷乐章

西晋一代，朝廷用于庆典、祭祀等场合演唱的“歌诗”（刘宋以后方称乐府诗），有相当数量的作品出于傅玄之手。文学史一般不讨论这些歌功颂德的诗章，但要全面了解傅玄其人，这些作品就得顾及到。下面据《宋书·乐志》、《晋书·乐志》载录情况，列举如下。

1. 泰始二年（266 年）改造郊庙歌词 22 篇

《祀天地五郊夕牲歌》1篇；

《祀天地五郊迎送神歌》1篇；

《飨天地五郊歌》3篇[①]；

《天地郊明堂夕牲歌》1篇；

《天地郊明堂降神歌》1篇；

《天郊飨神歌》1篇；

《地郊飨神歌》1篇；

《明堂飨神歌》1篇[②]；

《祠庙夕牲歌》1篇；

《祠庙迎送神歌》1篇；

《祠征西将军登歌》1篇；

《祠豫章府君登歌》1篇；

《祠颍川府君登歌》1篇；

《祠京兆府君登歌》1篇；

《祠宣皇帝登歌》1篇；

《祠景皇帝登歌》1篇；

《祠文皇帝登歌》1篇；

《祠庙飨神歌》2篇[③]。

以上为史志载录的21篇。而《初学记》卷一一另有一篇

---

① 《宋书·乐志二》将上列三题共五篇，又出总篇题："《晋郊祀歌》五篇。"

② 《宋书·乐志二》将上列五题五篇，又出总篇题："《天地郊明堂歌》五篇。"

③ 《宋书·乐志二》将上列十题十一篇，加总篇题："《晋宗庙歌》十一篇。""征西将军"指司马钧，以下分别为：司马量、司马儁、司马防、司马懿、司马师、司马昭，六代七庙。

《地郊飨神歌》10句，与史书所出同题之作不一，当为另篇。《古诗纪》、逯钦立辑《晋诗》卷一〇，均算成单独一篇。

2. 泰始元年（265年）或二年（266年）改造鼓吹歌曲22篇①

《灵之祥》（“言宣帝之佐魏”）②，《宣受命》（“言宣帝御诸葛亮”），《征辽东》（“言宣帝……讨灭公孙氏”），《宣辅政》（“言宣帝……拨乱反正”），《时运多难》（“言宣帝致讨吴方”）。以上5篇，述司马懿功德。

《景龙飞》（“言景帝……崇洪基”），《平玉衡》（“言景帝……纂洪业”）。以上2篇，述司马师继业之功。

《文皇统百揆》（“言文帝始统百揆”），《因时运》（文帝“以武济文”），《惟庸蜀》（“言文帝”平蜀，始建五等爵）。以上3篇，述司马昭内外建功。

《天序》（“言圣皇”受禅、用人），《大晋承运期》（“言圣皇应箓受图”），《金灵运》（“言圣皇践祚”倡孝道），《於穆我皇》（“言圣皇……德合神明”）。以上4篇，分别赞颂司马炎代魏之应天。

《仲春振旅》（“言大晋……畋猎以时”），《夏苗田》（“言大晋……为苗除害”），《仲秋狝田》（“言大晋……顺时以杀伐”），《顺天道》（言“大晋之德配天”）。以上4篇，各言四季之事以赞代魏之顺时。

---

① 《晋书·乐志下》：“及武帝受禅，乃令傅玄制为二十二篇，亦述以功德代魏。”并指出这些歌曲“列于鼓吹，多序战阵之事”，是从汉代《短箫铙歌》而来。《宋书·乐志四》迳总其题曰“《晋鼓吹歌曲》”。

② 括号内文字，系《晋书·乐志》提示语。下同。

《唐尧》（“言圣皇……德化光四表”），《玄云》（“言圣皇用人，各尽其材”），《伯益》（言“圣皇受命，神雀来也”），《钓竿》（“言圣皇……致太平”）。以上4篇，专门赞美司马炎之德行。

3.“泰始中”新造鞞舞歌诗5篇

《洪业篇》，综述自司马懿创业至司马炎泰始间功业；

《天命篇》，颂司马懿；

《景皇篇》，颂司马师；

《大晋篇》，颂司马昭；

《明君篇》，颂司马炎。

上述5篇，《晋书·乐志》、《宋书·乐志》均未出撰人。但是，《南齐书·乐志》明确记载道：

> 傅玄代魏曲作晋《洪业篇》云：“宣文创洪业，盛德存泰始。圣皇应灵符，受命君四海。”……从“五帝”至“不可阶”六句全玄辞，后二句本云“将复御龙氏，凤凰在庭栖”。

篇名、引词，均同《晋书》所载这五篇鞞舞歌诗中的首篇《洪业篇》，可确定作者为傅玄。宋郭茂倩《乐府诗集》卷五三，将这五篇系于傅玄名下，是有根据的。[①] 至于这五篇的写作时间，史书中只笼统言“泰始中”，陆侃如先生《中古文学系年》姑附于泰始五年（269年）。

① 逯钦立《先秦汉魏晋南北朝诗·晋诗》卷一〇，诗题下不署作者“傅玄”，说明中提到了《乐府诗集》“作玄诗，或别有考也”，不敢肯定。

4. 泰始五年（269年）造四厢乐歌3首

《晋书·乐志上》："至泰始五年，尚书奏，使太仆傅玄……各造《正旦行礼》及《王公上寿酒》、《食举乐》歌诗。"《宋书·乐志一》所记同。但《晋书》未录歌诗，《宋书·乐志二》有载。其中前首为4章，每章4句，共16句；中间一首一章8句；后一首13章，每章4句，共52句。

5. 泰始年间先后造舞歌诗8篇

《宋书·乐志一》："晋又改魏《昭武舞》曰《宣武舞》，《羽籥舞》曰《宣文舞》。"同书《乐志二》载录傅玄之作：《晋宣武舞歌》4篇（内有《惟圣皇篇》、《短兵篇》、《军镇篇》、《穷武篇》）；《晋宣文舞歌》2篇（内有《羽籥舞歌》、《羽铎舞歌》）。[①]

《晋书·乐志上》："咸宁元年，诏定祖宗之号，而庙乐乃停《宣武》、《宣文》二舞，而同用……《正德》、《大豫》二舞云。"《宋书·乐志一》："（泰始）九年，……傅玄、张华又各造此（《正德》、《大豫》）舞哥（歌）诗。"《乐志二》载录傅玄之作：《晋正德、大豫》二舞歌2篇（《正德舞歌》、《大豫舞歌》）。

6.《南齐书·乐志》明载铎舞歌辞1篇

《宋书·乐志四》有这篇作品，题作《云门篇》，但未出作者。[②]《南齐书·乐志》引录这篇作品后，明言"右一曲，傅

① 逯钦立《先秦汉魏晋南北朝诗·晋诗》卷一〇，此二首题下未署作者"傅玄"，当补。

② 《晋书·乐志下》："《铎舞歌》一篇，……并陈于元会。"大概指的就是傅玄此篇作品，但未出歌诗。

玄辞，以代魏《太和时》。'徵羽'下除'下厌众目，上从钟鼓'二句"。宋郭茂倩《乐府诗集》卷五四系于傅玄，是正确的。[①] 傅玄此作大概写于晋初。

综上所述，傅玄入晋后写过的宫廷乐府歌诗，现存61篇（首）。他是有晋一代参与制作这类歌功颂德词章的最重要的作者，数量之多，远远超过其他人，例如荀勖、张华、成公绥等。他将自己"善属文，解钟律"方面的才能，完全奉献给了司马氏政权，变成了一位词章之臣。

（六）其他诗作

按逯钦立辑《先秦汉魏晋南北朝诗·晋诗》卷一所出傅玄诗，分两项统计如下。

1. 乐府诗

完整的作品30题（首）。其中《历九秋篇》为12章，以1首计；残缺的作品8题29段（句）。[②]

2. 一般诗作

完整较完整的作品23题28首；残篇佚句5题12段（句）。[③]

上述这些诗作的写作时间，唯《答程晓》四言、五言各

---

① 逯钦立《先秦汉魏晋南北朝诗·晋诗》卷一〇，题下不出作者"傅玄"，说明里只及《宋书》、《乐府诗集》，未及《南齐书》，故不敢肯定。

② 此8题为：《豫章行》2段，《拟楚篇》2段（句），《艳歌行》1句，《日升歌》1段，《惊雷歌》1段，《九曲歌》1段，《乐府》7段，《歌》14段（句）。

③ 此5题为：《四言杂诗》1段，《七哀诗》1段，《拟马防诗》1段，《杂诗》4段，《诗》5段（句）。

一首，可以确定是泰始二年（266 年）春写的；[①] 其他诸篇无法确指，大体讲，多数写于入晋之前，有的可能还是青年时期的习作，摹拟前人的痕迹十分明显。

（七）诗文补遗

1.《祠庙登歌议》："登歌，歌盛德之功烈，故庙异其文。至于飨神，犹《周颂》之《有瞽》及《雍》，但说祭飨神明礼乐之盛，七庙飨神皆用之。"又："登歌，庙异其文；飨神，七室同辞。"

[按：文见《南齐书·乐志》摘引。题目为临时拟就。这段佚文，严可均辑本未收，叶德辉《傅玄集》卷二《晋宗庙歌十一首》题下注引前一段，缺后一段。]

2.《汉阳太守燮铭》："敦方，足以正众邪；肃清，足以济殊俗。不吐刚而谄上，不茹柔而黩下。"

[按：此文严可均收入《全后汉文》卷一〇六，为阙名碑文。叶德辉《傅玄集》卷三，据原本《北堂书钞》卷一三一有收。其文乃傅玄对其祖傅燮之赞语。]

3. 乐府诗《龟鹤篇》（有篇无句）

[按：鲍照《松柏篇·序》曰："余患脚上气四十余日。知旧先借《傅玄集》，以余病剧，遂见还。开袠，适见乐府诗《龟鹤篇》，于危病中见长逝词，恻然酸怀抱。……"傅玄写

① 程晓有《赠傅休奕》诗二首（四言），见逯钦立辑本《晋诗》卷一。关于程晓的生平资料，陆侃如《中古文学系年》（下）第 623 至 624 页有极好的引述和考辨，可参见。

过一篇乐府诗《龟鹤篇》，鲍照序为确证。]

4. 乐府诗《九思》："所赉千金剑，通犀间碧玙。翡翠饬鸡璧，标首明月珠。"

[按：此诗逯钦立所辑傅玄诗内未收。叶德辉《傅玄集》卷二，据原本《北堂书钞》卷一二二收入。]

5. 有疑诗《三光篇》："三光垂象表，天地有晷度。声和音响应，形立影自附。素日抱玄乌，明月怀灵兔。"

[按：此诗于《艺文类聚》卷一，附于傅玄《日升歌》后，以"又"相续。以《类聚》体例，此诗属傅玄之作。但《初学记》卷一，引此诗却明标"梁刘孝绰《三光篇》"。未知孰是。叶德辉《傅玄集》卷一，据《类聚》收入，并注明《初学记》所出。逯钦立《先秦汉魏晋南北朝诗》傅玄诗、刘孝绰诗俱未收此诗。《文学遗产》1987 年第 1 期，有骆玉明、陈尚君《〈先秦汉魏晋南北朝诗〉补遗》文，补傅玄诗 2 首：其一为《歌词》（黄叶离高柯），这在逯辑中有收，在页五六八《歌》题下第六段即是，补之重复；其二为《三光篇》，但不注出《初学记》异属，似未尽允当。]

6. 有载无存的藉田歌辞 5 篇

[《南齐书·乐志》曰："藉田歌辞，……晋傅玄作《祀先农、先蚕夕牲歌诗》一篇八句，《迎送神》一篇，《飨社稷、先农、先圣、先蚕歌诗》三篇，前一篇十二句，中一篇十六句，后一篇十二句，辞皆叙田农事。"① 但是，这些藉田歌辞，《南齐书》未录，《宋书·乐志》、《晋书·乐志》不载不录，而

① 《南齐书》校点本出校勘记，以为"歌诗三篇，而所飨者有社稷、先农、先圣、先蚕凡四，且辞皆叙田农事，疑'先圣'二字衍"。

且祀飨为田农事，与郊庙之辞不相同，句数亦可证为号外写就的乐府歌辞。可惜已不存，唯篇目有记而已。]

7. 舞曲歌辞："获罪于天，北徙朔方。坟墓谁扫，超若流光。"

[《南齐书·乐志》曰："傅玄歌辞云：'……'如此十余小曲，名为舞曲，疑非宴乐之辞。"按，叶德辉《傅玄集》、逯钦立《先秦汉魏晋南北朝诗》均失收此诗。至于《南齐书》讲的"十余小曲"，唯此一首，其他已不存见。]

最后，补充说明三点。第一，《宋书·乐志一》谓"泰始之初，傅玄作晋郊庙哥（歌）诗三十二篇"之数，与今可见数22篇（《宋书》、《晋书》录21篇，《初学记》散见1篇）有异。或者是《宋书》出"三十二"，当为"二十二"；或者是《宋书》之数不误，傅玄另有10篇郊庙歌诗未录而不存。第二，《南齐书·乐志》讲，傅玄入晋后写了"元正篇朝会赋"。校点本分成两篇：《元正篇》与《朝会赋》。其实，这似乎就是指《元日朝会赋》而言，应为一篇，不当视若两篇。"元正"或为"元日"之误。第三，在诗文辑佚方面，叶德辉《傅玄集》三卷本，比之严辑本、逯辑本，残文佚句增出不少，具有不可忽略的参考价值。但也有个别错收情形，比如卷三所收《答卞壶诗序》①、《晋诸公赞》② 即是。

---

① 傅玄名下此题并文，出自《初学记》卷一一"尚书令"项内。卞壶(281—328)，《晋书》有传；傅玄死时，他尚未出生。《初学记》肯定有误。严可均《全晋文》卷五二，据《通典》、《御览》，将《初学记》这段文字系于傅咸名下，题为《答辛旷诗序》，是正确的。

② 《初学记》卷一七"忠第三"项内，明出作者为傅畅。叶德辉未审而错收。

第四章 “虚无放诞之论”

——从现实政治角度抨击魏晋玄学

作为思想家，傅玄不是玄学家，而是一位政论家。他的经历告诉我们，他介入了曹魏时期的政治斗争，玄学家何晏等人迫害他，司马氏集团信任赏识他，这与他的思想倾向、政治态度息息相关。他的《傅子》写作并完成于入晋之前，主旨又是“经纶政体”、“评断得失”的，其中不可能不对正始前后的玄学思潮作出反应，发表意见。因此，我们首先要弄清楚傅玄是怎样看待玄学思潮，《傅子》里对玄学理论又是怎样评价的。

一、玄学出现于魏明帝时期

学术界普遍认为，魏晋玄学是从正始年间出现的，即魏明帝死后，齐王曹芳上台以后，以何晏、王弼为代表的提倡

“以无为本”的学说，称为正始玄学。因为这意见是东晋人王敦、范宁和南朝人刘勰的言论中先后道及的，《世说新语·赏誉》、《晋书·范宁传》、《文心雕龙·论说》各有记载，影响都很大。

但是，有些学者也发表了不赞同的意见。50多年前，刘大杰先生就指出：“魏晋清谈的发展，偏于名家的，成为名理一派；偏于玄学的，成为玄论一派了。”名理派如傅嘏、刘劭等人，以形名学为主，谈论较切近实际，处事保持法家精神又不反对儒家；玄论派如荀粲、何晏等人，以道家思想为主，谈论玄虚，处事放诞。名理派的人少势小，玄论派的人多势众。玄学在魏明帝太和年间两派争论时，就显然存在了。[①] 40年前，唐长孺先生指出：“玄学是从怎样确立选举标准这一点出发的，以后才发展为有无、本末之辨。”[②] 也就是说，玄学出现一开始是跟现实政治紧密相关的，时间上似乎应该早于正始。按照罗宗强先生的意见，所谓“正始玄学”的断限，上起魏明帝青龙元年（233年）曹植死后，下止魏元帝咸熙元年（264年）嵇康、阮籍死后，前后31年，包括“正始名士”和“竹林名士”在内，都应视作一代士风的代表，都是正始玄学的创造者；谈玄不始于正始，而在正始之前的魏明帝执政时期，太和初即有记载。[③]

---

① 参阅《魏晋思想论》一书第七章《魏晋时代的清谈》，中华书局1939年版。

② 《清谈与清议》，《魏晋南北朝史论丛》，三联书店1955年版。

③ 参阅《玄学与魏晋士人心态》，浙江人民出版社1991年版，第55、67页。关于太和初谈玄，《世说新语·文学》注引《荀粲别传》提到荀粲、傅嘏、裴徽之间就“名理”、“玄远”的辩论，可为证据。

我们认为，刘大杰、唐长孺、罗宗强三位先生关于玄学出现的时间、背景的意见是很有道理的。玄学出现之际，正是傅玄入京城太学前后，他有切身体会。入晋之初，具休讲，是在泰始二年（266年）傅玄掌谏职时，曾向晋武帝上奏过一道名疏，论及玄学是怎样出现的。其文曰：

臣闻先王之临天下也，明其大教，长其义节，道化隆于上，清议行于下，上下相奉，人怀义心；亡秦荡灭先王之制，以法术相御，而义心亡矣。近者魏武好法术，而天下贵刑名；魏文慕通达，而天下贱守节。其后纲维不摄，而虚无放诞之论盈于朝野，使天下无复清议，而亡秦之病复发于今。陛下圣德，龙兴受禅，弘尧舜之化，开正直之路，体夏禹之至俭，综殷周之典文。臣咏叹而已，将又奚言！惟未举清远有礼之臣，以敦风节；未退虚鄙，以惩不恪，臣是以犹敢有言。

这道疏文以历史上正反两面的经验教训为借鉴，建议有晋立国应崇儒教选贤人，引起晋武帝的高度重视。疏文中所谓“虚无放诞之论”，指的就是曹魏时期出现的玄学思潮。傅玄认为，玄学出现，跟魏武帝曹操、魏文帝曹丕前后执行的政策有直接关系。在魏明帝曹叡继位以后，玄学已是“盈于朝野”的客观存在，它妨碍着“道化隆于上，清议行于下”，使崇儒任贤长期不能得以贯彻，直至晋初仍是旧病复发，影响政权建设。下面，我们就傅玄关于玄学出现背景的论断，作一些解释说明。

(一)“魏武好法术”与“魏文慕通达”

东汉政权是以儒家名教治国的，选举用人重的是德行。士人尚名，为官重节义，在家重孝道。重德就有不重才的偏向，尚名就会不尚实而出现名不副实的弊端。由于汉末政治腐败，选举之权又掌握在大姓名士之手，社会上大量出现了假孝廉、假秀才、假名士，引起了人们的反感，一些有识之士就呼吁要“综核名实”，提出用儒家的“正名”和法家的“循名责实”，以纠正时弊。这是一种儒、法兼综的政治主张，儒家的一套还是要顾的，但“综核名实”针对的是名不副实的倾向，强调的是才与实，侧重于法家主张。

东汉选举制度行征辟察举，建立在乡举里选的基础上，对人物的品评是通过长期观察，并综合“乡闾清议”而作出的。然而，汉末大乱，造成“衣冠士族，多离于本土，欲征源流，遽难委悉”，“详核无所”（《通典》卷一四）的局面，察举之制就无法按照既往的办法施行，必须有相应的变化。

从思想理论方面看，两汉独尊儒术，到汉末行不通了，只好从先秦诸子里寻求治世学说。于是，与儒家争胜的法、名、道三家，又重新受到人们的重视。东汉的名教之治，鼓励士人求名，士人因而追求声名，结果名不副实就发生了。如何纠正呢？除了儒家“正名”之说外，法家、名家、道家的学说正好用得上，而且三家之间又有相通之处，在名实问题上重实不重名，在选举时重才不重德。法家主张“循名责实”，名家是“别同异，明是非”（《晋书·鲁胜传》载《墨辨序》语），又称刑名或形名学，“名以检形，形以定名”（《尹文子》上篇语），与法家主张是一致的，故有“刑（形）名法术之学”（《史记·老子韩非列传》）的联称；由刑名法术进而向往道家，这又是一种必然的结果。正如司马迁指出的那样，二者皆“归本于黄老”（《史记·老子韩非列传》），一脉相承。刑名法术不重名，黄老之学认为，道与名“两者同出，异名同谓”（《老子》），主张无名；不重名终究要归于无名，立论与名教“尚名”恰恰相反。同时，还应该看到，这些理论主张的相异相通之处，又是跟现实政治密切相关的。

曹操在汉末黄巾起义后，作为一方诸侯，崛起于群雄割据的政治舞台。他企图恢复一个集权政府，却面临着天下凋残、士民流离的混乱局面，因而理所当然地选择了法家的路线，用人上主张“唯才是举”，甚至“不仁不孝而有治国用兵之术”（《求贤令》）者也不计较，这显然是重才不重德，亦即法家主张的重实不重名。他所以能够打败袁绍，统一北方，跟他“好法术”是分不开的。这跟袁绍“尚名”形成鲜明对比。《傅子》里记载了谋士郭嘉向曹操进言，分析“绍有十败，公有十胜”曰：

> 绍繁礼多仪，公体任自然，此道胜，一也；绍以逆动，公奉顺以率天下，此义胜，二也；汉末政失于宽，绍以宽济宽，故不摄，公纠之以猛而上下知制，此治胜，三也；绍外宽内忌，用人而疑之，所任唯亲戚子弟，公外易简而内机明，用人无疑，唯才所宜，不间远近，此度胜，四也；绍多谋少决，失在后事，公策得辄行，应变无穷，此谋胜，五也；绍因累世之资，高议揖礼以收名誉，士之好言饰外者

多归之，公以至心待人，推诚而行，不为虚美，以俭率下，与有功者无所吝，士之忠正远见而有实者皆愿为用，此德胜，六也；绍见人饥寒，恤念之形于颜色，其所不见，虑或不及也，所谓妇人之仁耳，公于目前小事，时有所忽，至于大事，与四海接，恩之所加，皆过其望，虽所不见，虑之所周，无不济也，此仁胜，七也；绍大臣争权，谗言惑乱，公御下以道，浸润不行，此明胜，八也；绍是非不可知，公所是进之以礼，所不是正之以法，此文胜，九也；绍好为虚势，不知兵要，公以少克众，用兵如神，军人恃之，敌人畏之，此武胜，十也。(《三国志·郭嘉传》注引)[①]

这十个方面正是曹操“好法术”致胜的具体体现。在用人方面，所谓“无疑”显然是谀辞，因为曹操先后杀了边让、孔融、祢衡等名士，崔琰、荀彧也最终死得不明白。但是，“唯才所宜”却是事实，不仅曹操本人明确下令求贤是这么讲的，而且他的班底里也确有行为不端之辈，郭嘉其人就“不治行检”（本传），名声很不好，反而因才能受到曹操格外信任，就是突出的例子。在争夺天下的乱世之际，像曹操这样，打破传统，不拘一格，“唯才是举”，当然是行之有效的。但是，“好法术”又将影响世风，“天下贵刑名”，不要儒家“纲维”，不重汉代尊崇的“义节”，人们的“义心”不存了，

① 这段分析文字，在《三国志·荀彧传》里也有相似的表述，则又成荀彧所论。不论是郭嘉所言，还是荀彧所论，总之是当时人的看法无疑。

社会上“清议”因丧乱也无从进行了，因而所谓“唯才”之“才”，也逐渐会演变成有名无实之谈；刑名法术最终必将导入无名无实的“虚无”之论。

曹操死后，曹丕继位魏王，很快禅代汉室，登上皇帝宝座。他当太子时，于邺城主持收杀魏讽及其党羽；登基后，于洛阳斩戮曹伟。在《典论》里，他对“长爱恶，兴朋党”之风，表示了深恶痛绝的态度。这说明，他是赞成并贯彻其父的法家路线的。但是，曹丕上台以后，更向往黄老之术治国，他心目中的偶像是汉文帝。《三国志·文帝纪》注引《魏书》讲，曹丕“常嘉汉文帝之为君，宽仁玄默，务欲以德化民，有贤圣之风”，并著《太宗论》，颁示天下，“其欲秉持中道，以为帝王仪表者如此”。汉文帝是尊黄老之术，无为而治的。曹丕执政，追求的是“旷大之度”（本纪评语），藐视名教，裁抑气节，“慕通达”而尚奇，致使“天下贱守节”，士人行为放诞不拘，礼法遭到破坏。另外，曹丕之弟曹植，作为文坛领袖人物，崇尚玄虚，对当时士风的影响也不小。刘大杰先生《魏晋思想论》一书中，举了曹植《释愁文》、《髑髅说》诸文之例，说明其中老庄思想非常明显。

总之，汉末选举中已经出现了名实不符的严重现象，社会上也普遍要求“综核名实”，法家“循名责实”的主张成为纠正时弊的口号。曹操“好法术”，曹丕“尚通达”，都是在儒家以外寻求理论武器，作为平天下、治国的政策依据。随之而来的是，士人的信念在变，社会的风气在变。傅玄上疏中概括的两句话，常为论者称引，说明它反映出玄学出现的社会背景，而且是与社会政治不可分割的。

(二)“无复清议”

在傅玄的头脑里，正常的社会秩序应该是“道化隆于上，清议行于下”，形成“上下相奉”的格局。汉末外戚、宦官乱政，“道化”就已经不“隆于上”了；曹操、曹丕父子执行的路线、政策，又使“道化”干脆行不通了。“道化”是“清议”的前提，“清议”是“道化”的补充。“清议”不能“行于下”，正是“道化”已经不“隆于上”的必然结果。二者是一种相辅相成的关系。

所谓“清议”，原指东汉时期名士、士人参与的品评人物、批评政治的舆论。它有乡间清议和朝廷清议两种形式，前者跟选举有关，后者跟朝政有关，彼此有联系，但性质不一样。关于选举，唐长孺先生《九品中正制度试释》（收入《魏晋南北朝史论集》）、《东汉末期的大姓名士》（收入中华书局1983年版《魏晋南北朝史论拾遗》）二文有详细论述。他解释说，“东汉的选举是以道德行为作为评量标准的，而这种道德行为乃是儒家理论的实践，即所谓‘经明行修’。儒家所提倡的伦理秩序为由内向外、由亲及疏的扩展，将起点放在一个家族成员的道德行为上，然后推及乡党”；宗族乡党的批评建立在对人物经常的观察这一基础上，“成为选举上最主要的甚至是唯一的凭藉，失去了这个环节，选举就无法进行”。这个制度到了汉末有了弊端，就是前面提到了的名不副实的现象。这固然是名教治国而有“尚名”的大背景造成的，但也与乡间风气恶化的小环境有关，即乡举里选中地方大姓名士操纵、家世姓族渐成重要依据、朋党交结之风日益严重等因素起了作用。总之，“清议”已有名存实亡的趋势。后来，曹操“唯才是举”“清议”也就不是很重要了，而且因为士民流徙，军中权立九品，就连“清议”的形式也不再需要了。接着，曹丕即位前夕，命陈群制定了九品中正之法，选举之权归于政府，中正由政府任命，舆论由政府控制，品第成了官家“镇异同，一言议”（《晋书·刘毅传》）的手段，“清议”在法律上的合法地位就被取消了。

关于朝政引发“清议”，《后汉书·党锢传序》的一段话，是人们经常引用的：

> 逮桓、灵之世，主荒政谬，国命委于阉寺，士子羞与为伍，故匹夫抗愤，处士横议，遂乃激扬名声，互相题拂，品核公卿，裁量执政，婞直之风，于斯行矣。

面对宦官势力把持朝政，胡作非为，祸乱国家的倒行逆施，一部分正直士人与京城太学生联合起来，形成一般强大的政治力量，他们“互相褒重”，“危言深论”，使得“自公卿以下莫不畏其贬议”（《后汉书·党锢传序》）。宦官势力借助皇权，打击并镇压“党人”，接连发生了“党锢之祸”。“清议”一时消歇，“党人”惨遭迫害，但“党人”的声望反而提高了，人们称誉他们的节义，他们也竭力自我标榜，以天下为己任，慷慨激昂，竟成一时名士。党人名士的正义形象，清议对弊政的冲击力量，很长一段时间为士人津津乐道，心驰神往。因此，只要有机会，“清议”仍会卷土重来。黄巾起义中，灵帝刚解除党禁，傅玄之祖傅燮就在与义军作战的前线上疏，毫不客气地指斥朝中宦官祸国，日后亦不为功名利禄所诱，就是党人清议精神的再现。不让名士清议在政治上取得权势，到了曹操执政以后，才得到较好的解决。“魏之初霸，术兼名法”(《文心雕龙·论说》)。曹操的统治政策，很重要的一点，是抑制大族对曹氏政权的干涉。在具体操作中，制裁浮华朋党，强迫清议与政府协调一致，使大族名士不能形成一股反对势力，始终是曹氏父子关注的问题。名法之治，黄老之术，都不可能为“清议”提供良好的环境；“唯才是举”，九品用人，压制了大族名士的势力；禁浮华，破朋党，打击了“清议”残存力量所作的努力。总之，名士清议对曹氏政权不利，它在政治上的作用不再允许继续发挥了。

其实，“清议”在形式上是一种舆论监督，在内容上是现实政治的反映。当然，取消清议，不是因为它的形式，而是有鉴于它的内容，仍然是从现实政治出发的。清议与清谈，一开始并无严格区别，二者是可以通用的，魏晋以后也还有通用的例证。[①] 但是，清谈中如果脱离具体的人物批评，而转向高谈玄远的抽象名理，清谈就与汉代清议有别了，而与魏晋玄学靠拢了。清议不行，清谈而兴，辨名析理，这在汉末魏初是一个逐渐演进的过程。由于名理学是针对东汉名教之治而兴起的，它随着现实政治的发展，由刑名而归本于道家，玄学就出现了。玄学一开始不应该也不可能是与现实政治毫无关涉的形而上学，它的哲学主题有无之辨是从现实主题名教自然之争中派生而成的。傅玄认为，“无复清议”后，“虚无

---

① 参阅唐长孺《清谈与清议》，见《魏晋南北朝史论丛》，三联书店 1955 年版。

放诞之论盈于朝野”，即玄学出现于曹操、曹丕父子执政之后的魏明帝在位期间，这是有道理的。

（三）魏明帝“尊儒贵学”的原因

魏明帝是尊儒贵学的，好像是背叛了其祖其父的既定方针似的；魏明帝也深疾浮华朋党，又好像是继承了其祖其父的一贯政策似的。其实都不是！玄学波及学风，妨碍选举，影响吏治，已经对政权建设构成了威胁，这是魏明帝继位后面对的现实。他意识到这个问题的严重性，他身边的老臣也竭力劝说他有所作为，于是他采取了一系列措施，想扭转局面。太和二年（228年）下诏曰：

> 尊儒贵学，王教之本也。自顷儒官或非其人，将何以宣明圣道？其高选博士，才任侍中、常侍者；申敕郡国，贡士以经学为先。（《三国志·明帝纪》）

太和四年（230年）又下诏曰：

> 世之质文，随教而变，兵乱以来，经学废黜，后生进趣，不由典谟。岂训导未洽，将进用者不以德显乎？其郎吏学通一经，才任牧民，博士课试，擢其高第者，亟用；其浮华不务道本者，皆罢退之。（《三国志·明帝纪》）

太和六年（232年），行司徒事董昭上疏，痛斥“毁教乱治，败俗伤化”的时弊，建议严厉打击“合党连群”的“当今年少”。于是，魏明帝下诏黜浮华，罢了“四聪”“八达”一伙的官。事见《三国志·董昭传》。数年之后，景初元年（237年），魏明帝指示吏部尚书卢毓：“选举莫取有名。”而卢毓认为“畏教慕善，然后有名，非所当疾也”，言外之意是，“有名”之士中有“当疾”者与“非所当疾”者两种情形，要加以区别对待。怎么区别？卢毓建议考绩，“试以功”而“验其后”，以清除那些徒有其名而无其实、不“畏教慕善”的人物。明帝接受了卢毓的意见，诏命散骑常侍刘劭制定考课法。事见《通鉴》卷七三。

但是，结果怎么样呢？第一，儒学一直复兴不起来。据《三国志·刘馥传》、《王肃传》的正文或裴注所引可知，从黄初恢复太学直到正始年间，其中包括明帝在位的13年（226—238年）中，“学者虽有其名而无其人，虽设其教而无其功”，“寡有成者”，“略无几人”，情形很糟，说明明帝的诏命没有得到有力的贯彻，肯定遇到了阻力。第二，浮华朋党一直禁止不住。可以确定，太和四年（230年）明帝下诏之前，已经有浮华朋党。两年后，即太和六年（232年）罢了“四聪”“八达”一伙的官；明帝死后，这批人又立即被招揽入阁，掌握大权。这说明，浮华势力由来已久，下诏可以不听，罢官能够复出，连明帝也无可奈何。第三，“经学为先”的人才一直选拔不上来。魏明帝叹息道：“世无良才，朝廷乏贤佐。”当时杜恕分析是“选举不以实”造成的。这是太和六年（232年）黜浮华前后杜恕上疏中反映的情况，《通鉴》卷七二有载。明帝求贤心切，又深疾浮华“有名”之士，“经学为先”的良才干脆找不到，他只得事必躬亲，忙于日常政务，或者只好托付身边少数亲信（如刘放、孙资等）。第四，考绩法制定后贯彻不下去。景初元年（237年）明帝诏命刘劭作都官考课法72条，内容已不详，不过意在选贤止奸，这是没有疑问的。但是，考课是否可行，能否行得通，群臣议论纷纷，引起了众多的批评。杜恕、傅嘏等人上疏所言，认为“国略不崇而考课是先”不可行，“公义不立而私议成俗”行不通；纲不举而张目、本不立而举末，当务之急不在考课。所以议而不决，考课并没有付诸实施。

我们知道，魏明帝并非傀儡，他是位“政自己出”的有为之君，在位十几年中，大权始终没有旁落。他要坚持干什么，大臣苦谏力争也无济于事。例如他于青龙年间大兴宫室，陈群、高柔、杨阜、高堂隆、辛毗、孙礼等权臣都曾上疏谏止，以军旅在外、天下少谷为虑，劝明帝罢役，以安百姓，为社稷而计。然而，明帝根本不予理睬，还驱使大臣百官参加土木搬运，工役不停，兴造更盛。许昌宫能造好，洛阳宫也能造好，为什么儒学不能兴，选贤不能行？为什么下诏不起作用，罢官没有影响，考绩无法实施？是谁在明目张胆反对他吗？没有。是大臣中分成两派，反对派占了优势吗？也不是。答案只能是：阻碍他的，是一股强大的社会思潮——玄学。魏明帝想用经学旧武器抗衡玄学思潮，扭转整个社会风气，结果失败了。这就像堂吉诃德大战风车一样，勇士途穷，风车照转不停。儒不尊，学不贵，选贤乏贤，考课考不下去，浮华禁而不止。魏明帝没有实现自己的意图，不是不想实现，而是无法实现。“道化隆于上，清议行于下”的社会秩序已遭破坏，魏明帝的一厢情愿不可能如愿以偿，这是其父祖给他遗留下来的难题。

玄学出现于魏明帝执政时期，不仅可以从社会思潮方面作出解释，而且也能从实际事例上予以证明。太和初，荀粲“尚玄远”，是位玄学家无疑。他死时年仅29岁（《三国志·荀彧传》裴注），据其交往推测，生年当与已知的夏侯玄、傅嘏相近，约在建安十四年（209年）左右，死于景初元年（237年）左右。也就是说，荀粲没有活到正始年间，他于太和初谈玄时，正是20岁左右的少年。太和四年（230年）之前，“四聪”“八达”已浮华交游，他们中可知的有夏侯玄、何晏、诸葛诞、邓飏、李胜、丁谧、毕轨等7人，其中只有“宗主”夏侯玄的生年（209年）是确定的，其他6人的年龄不详，但似乎应与夏侯玄相仿佛，所以董昭上疏中称他们是“当今年少”。除这7人之外，司马师（生于208年）“亦预焉”（《三国志·曹爽传》裴注），荀粲、裴徽、李丰、王广很可能也是其中成员；傅嘏也被邀请，但他不愿加入其中，因而荀粲很奇怪。“四聪”“八达”共12人，太和初年正是一伙弱冠青年（另有“三豫”为刘熙、孙密、卫烈，估计年龄尚小一点），清一色的贵族子弟，是以“善谈《易》、《老》”，“能释玄虚”而“名盛于时”的。除了司马师一人外，其他人都是玄学家。其中何晏鼎鼎有名，人们都说他是“正始玄学”的创始人和领袖人物，其实他在太和初谈《易》、《老》，进入浮华圈子，已经是玄学之秀了。魏明帝黜浮华，不是打击清议势力，而是打击清谈集团。这是因为这批人不重儒学，而崇尚“玄远”，对政权建设不利；他们当时还不是阴谋分子，但纠合在一起，影响着世风，所以要将他们斥退免官。

据《三国志·王肃传》裴注引《魏略》所记，太和、青龙中，洛阳太学诸生已有千数，多数弟子是为了“避役”而来的，而诸博士“粗疏”，所以“竟无能习学”，“末求浮虚者各竞逐也”。这正是傅玄入太学时的求学环境。他是学而有成“略无几人”中之一，其后以“时誉”被入选中书著作。傅玄当然很清楚明帝时期的学风是怎么回事，经学无人问津，玄学已成士子“竞逐”目标，他有切身的感受、深刻的印象。入晋之初，他说“虚无放诞之论”即玄学是在魏明帝时期就“盈于朝野”，说明已经形成思潮，产生了很大的影响，这是有根据的，而且是最有说服力的。

综上可知，傅玄所谓“虚无放诞之论”在魏明帝统治时期出现，是曹操、曹丕父子政策演变影响的必然产物，也是明帝新政策提出、贯彻、受阻的前因后果。傅玄就生活在玄学由兴而盛的时代，他对玄学怎么出现的意见，当然很值得重视。唐长孺先生关于玄学因选举而产生的观点，罗宗强先生关于玄学是“企图从理论上解决自然与名教的矛盾而出现的，它与现实实有至为密切之关系”① 的论断，完全符合当时实际。玄学不始于正始，只是盛于正始。傅玄的疏文告诉我们的，正是这样一种结论。

二、关于才性问题

玄学出现与经学复古，这是同一事物的两个方面。汤用彤先生指出，魏晋思想大体上有两种趋势，一方面是守旧的“旧学”，承袭汉代人的“儒道”旧说；另一方面是趋新的

① 参阅《玄学与魏晋士人心态》第72、73页。

“新学”，即所谓玄学。双方讨论的中心问题是：理想的圣人人格究竟应该怎样？由此而生“自然”与“名教”之辨。①魏明帝时期，“旧学”与“新学”争论的焦点是才性问题。

汉代的政治思想认为，人君有两大任务：一是设官分职，二是量才授官。二者简化，通称“知人善任”。对人君提出这种要求，既是儒家的主张，也是名家、法家的主张，彼此一致，目的是让君主“垂拱而治”，天下太平。道家特别推崇圣人，倡导无为而治，“垂拱”“太平”怎么求得，另有一套主张。因此，要不要“知人善任”，怎么“知人善任”，谁是“圣人”，“圣人”应该是什么样子，“圣人”与“凡人”有何区别等，这一系列问题就随之产生了。回答这些问题，必须从才性入手。才性是设官量才的依据，又是选举考课的标准。量才用才历来都是“圣贤所难”的“为治之要”（《通鉴》卷七三，司马光评语），也得由才性着眼。魏晋玄学中著名的“才性四本论”，就是概括才性讨论中四种有代表性的观点的，跟现实政治有关，与“新学”、“旧学”也有关。

(一) 玄学家的“才辨”

“才性四本论”是由钟会“集而论之”的，而钟会年少（生于225年），他“集而论之”的时间，当在正始中期以后。其中“才性同”是傅嘏的主张，形成的时间，却不在正始，而要从魏明帝太和初算起。傅嘏“善言虚胜”（《世说新语·文学》），与荀粲争辩，是太和初的事；他与何晏等人有矛盾，在

① 参阅《魏晋思想的发展》（《汤用彤学术论文集》）一文。

才性认识上有分歧，也是太和初的事。

傅嘏“好论才性”，本传讲，他“弱冠知名”，即太和初年与荀粲、裴徽相识，已是少年名流。《傅子》里记载了当时傅嘏拒绝加入何晏一伙的原因：

> 是时，何晏以才辨显于贵戚之间，邓飏好变通，合徒党，鬻声名于闾阎，而夏侯玄以贵臣子，少有重名，为之宗主，求交于（傅）嘏而不纳也。嘏友人荀粲，有清识远心，然犹怪之……嘏答之曰：“泰初志大其量，能合虚声而无实才；何平叔言远而情近，好辨而无诚，所谓利口覆邦国之人也；邓玄茂有为而无终，外要名利，内无关钥，贵同恶异，多言而妒前——多言多衅，妒前无亲。以吾观此三人者，皆败德也。远之犹恐祸及，况昵之乎！”（《三国志·傅嘏传》裴注引《傅子》）①

这是傅嘏“论才性异同”（本传语）的重要材料。他评论何晏、邓飏、夏侯玄这三位玄学家的才性，也反映出太和初对才性问题很不一致的认识状况。“言远而情近，好辨而无诚”，“虚声而无实才”，却以“才辨”赢得“重名”，形成宗派；“利口”“多言”，情近名利，其实乃“败德”之辈。这说明，重

① 余嘉锡《世说新语笺疏》（中华书局版）中，在《识鉴》篇笺疏中认为，这段记载不可靠。理由是傅玄为傅嘏之弟，有美化之嫌。我们认为，考虑这段记载的可靠性时，不能忽略：第一，这是太和初的事；第二，傅玄只是傅嘏的从弟或族弟；第三，傅嘏于正始初受到何晏等人排挤。

才不重德、重“虚声”不重“实才”，是一种时尚；“才辨”已成为获取“声名”的一种手段，而且出现了有组织的活动。论才性而生异同，因异同而有帮派。傅嘏所论，与太和六年董昭上疏反映的浮华朋党情形，是完全吻合的。当时，吏部尚书卢毓讲，选举“先举性行，而后言才”，杜恕上疏也讲，“人之能否，实有本性”，都提到了才性问题，而且是有针对性的，不是泛泛而论。专论才性的著作《人物志》，也出现了。可见才性问题不仅是实际选举中碰到的难题，而且也是造成理论认识上混乱不清的话题。“旧学”、“新学”之争，“新学”内部异同之争，“新学”、“旧学”间交叉相争，都发生了。[①] 比如，傅嘏是位玄学家，却不加入浮华集团，论才性与何晏等人持论相左，颇有“旧学”色彩；刘劭是明帝点名、卢毓推荐的理论家，应该是“旧学”权威，能代表官方立场，却在《人物志》中论立身之道、人君之道，宣扬道家之说。魏明帝黜浮华后，选举仍难以顺利进行，考课议而不决，原因就跟才性讨论有关。玄学是一种思潮，不是浮华分子的专利。玄学与经学的渗透，情形应该是复杂的，不可能是泾渭分明的。初期玄学家当然是好《易》、《老》的，但他们不全是或很少像荀粲那样，视六经为“糠秕”的，他们中有的人（如何晏）对儒家经典是很熟悉很有研究的。但是，无论如何，玄学制造了混乱，玄学家起了干扰实际选举的作用，却是感觉

① 刘大杰先生《魏晋思想论·魏晋学术思想的新倾向》提出“玄学经学化”的问题，认为玄学家“努力把老庄的学说，灌到经学里去，把儒道二家的思想加以沟通和调和”。具体讲，第一步提高老子地位，与孔子平等，就必须调和孔、老。何晏等《论语集解》的问世，就是明证。

得到的现实。傅玄为马钧鸣不平，写了《马钧传》，发表了下面一段议论：

> 圣人具体备物，取人不以一揆也：有以神取之者，有以言取之者，有以事取之者。……悬言物理，不可以言尽也；施之以事，言之难尽而试之易知也。……故君子不以人害人，必以考试为衡石；废衡石而不用，美玉所以见诬为石、荆和所以抱璞而哭之也。……用人不当其才，闻贤不试以事，良可恨也！

“悬言物理”而不接触实际，正是玄学的显著特征；以神、以言取人，而不以事、以功取人，也是玄学家如何晏辈的选用倾向。与傅玄争议的“后进领袖”裴秀，对傅玄奔走相告置若罔闻的权贵曹爽，都是赞同玄学的人物。马钧发明制造指南车、水转百戏等，是在青龙年间的事，这是有案可稽的。傅玄为马钧鸣不平，考虑到裴秀的年龄（生于224年）、傅玄的身份，前面第二章已说明，似应在景初三年（239年）明帝去世前后，即在正始之前。“悬言物理”就是玄学，这是正始之前讨论人物才性时占主导地位的思潮。傅玄还指出：

> 以誉取人者，则权移于下，而朋党之交用；以功进士者，则有德者未必授，而凡下之人或见任也。（《马钧传》）

> 夫空言易设，但责其实事之效，则是非之验立可见也。（《长短经·知人》）

这些议论也是有感而发的，其主旨与前引《马钧传》里的感慨是一致的。

(二)“品才有九”

傅玄曰：“国典之坠，犹位丧也；位之不建，名理废也。”（《意林》卷五）可见设官建位本身就是实实在在的“名理”。设官分九品，量才也应分品而论。因此，傅玄提出了“品才”主张：

> 凡品才有九：一曰德行，以立道本；二曰理才，以研事机；三曰政才，以经治体；四曰学才，以综典文；五曰武才，以御军旅；六曰农才，以教耕稼；七曰工才，以作器用；八曰商才，以兴国利；九曰辨才，以长讽议。此量才者也。（《长短经·量才》）

傅玄九品论才，有如下三点突出的地方：

第一，重德轻言。在九品之才里，德行为首，是“立道本”的，为众才之统。这与“旧学”派卢毓的主张“先举性行”，精神是一致的。而“辨才”为后，它的作用是“长讽议”，即以言论有益于实际政治。这与玄学家的“才辨”有别，“才辨”不是才，而是“悬言”、“空言”，是“利口覆邦国”的“败德”表现。

第二，重事功，讲事效。“才”应该施之以事，验之以事，为的是实际应用，而不应该是悬空立论，脱离实践的。傅玄所列九才，各有所专，各有所长，跟治国理民中分工设官、量才而用的具体选任直接有关。卢毓曾回答李丰："才所以为善也，故大才成大善，小才成小善。今称之有才而不能为善，是才不中器也。"（《通鉴》卷七三）卢毓讲的才有大小之别，"为善"是一致的，而"为善"之义，就是做好事、干实事的意思。"为善"是"畏教慕善"的结果，这是"旧学"的精神；"不中器"是浮华分子的通病，这是"新学"的特点。傅玄属于"旧学"派，他的"品才"主张与卢毓所论相合，与"新学"的"才辨"格格不入。

第三，注重农、工、商三业。这是傅玄重实才、讲实用、倡实效的人才思想里很值得珍视的内容。在封建社会里，农、工、商这三种行业，从来是受到士大夫轻视的，即便司职其事，也讳以其才相称。所以，傅玄在九品之才里，给农、工、商各留一席之位，这在玄学思潮泛滥的历史时代，显得不同寻常。他为不善言辩的马钧前后奔走，就是鉴于马钧有工才，应该受重用"典工官"，"见用于时"，"有益于世"。

按照傅玄的认识，"品才"而任，以发挥各自的专长，这很重要，但是，九才当中为首的"德行"，并不是才，傅玄也讲是"立道本"的，没有具体事任。他之所以要与其他八才相提并论，实际上是强调"知人善任"中"知人"一端的。品才以德为首，知人以德为重。以德知人，又有真伪之分，需要识别。傅玄曰：

知人之难，莫难于别真伪。设所修出于为道者，则言自然而贵玄虚；所修出于为儒者，则言分制而贵公正；所修出于为纵横者，则言权宜而贵变常。九家殊务，各有所长，非所为难也。以默者观其行，以

> 语者观其辞，以出者观其治，以处者观其学。四德或异，所观有微，又非所谓难也。所谓难者，典说诡合，转应无穷，辱而言高，贪而言廉，贼而言仁，怯而言勇，诈而言信，淫而言贞；能设似而乱真，多端以疑暗。此常人之所常惑、明主之所甚疾也。（《长短经·知人》）

“九流”之殊，“四德”之异，可以通过观察识别，作出判断，或择其优，或取其长，知之有方，求之不难。但是，以伪乱真，巧言饰辩，虚伪惑众，则是知人中最伤脑筋的事。不过，只要人君“内贞观而外贞一”，做到内圣外王，内洗其心，外行正道，那么，“执伪者无地而逃”（《长短经·知人》），真伪之别也不难判断。

傅玄所谓知人识伪之议，一方面是针对“虚伪不真”的玄学浮华之辈而言的。太和六年（232 年）董昭上疏指斥“四聪”“八达”者，就是一伙“典说诡合，转应无穷”的人物。另一方面也批评魏明帝疾伪而不识伪。《傅子》里揭露的巧诈两端的刘晔，杜恕上疏直言“举朝共容非其人，乃为怪耳”，劾奏所指的廉昭，蒋济上疏所及有“专吏之名”的刘放、孙资，都是明帝长期宠信不疑的奸佞小人。魏明帝黜浮华的同时，信用的却是虚伪不真之辈；他选贤心切，叹息“世无良才”，也就毫不奇怪了。傅玄有一段话值得注意：

> 君臣易位，劳神之道也。今之人或抵掌而言，称古多贤，患世无人。退不自三省，而坐诬一世，岂不甚耶！……天下之不乏贤也，顾求不求耳，何忧

天下之无人乎！（《举贤》）

这段话很可能是批评魏明帝的。《意林》卷五摘引，“今人”云云，意思与这段引录相同，但衔接处似乎是从《长短经·知人》篇转录而来。写作的时间不一定在魏明帝时期，但指称的内容却有针对魏明帝的意思。

傅玄的“品才”、“知人”主张，与刘劭《人物志》的理论也是有差异的。《人物志》“为正始前学风之代表作品”（汤用彤语），作者刘劭受诏制定考课法，他是代表官方说话的，《人物志》作为理论著作，应该也是具有官方色彩的。换言之，《人物志》的写作本意，理当与魏明帝尊儒道、疾浮华的努力相一致；指导思想应该是传统“旧学”，其序文里也声称是格依儒家名教的。但是，书中多引《老子》之说，解释圣人中庸之德，探讨品鉴人物才性，却是“新学”玄学的路数。刘劭将“人流之业”分为十二家，哪一类人该分配担任哪一种具体官职，分别各具什么样的能力，都一一对应，作了规定。怎么品目呢？有“八观”、“七缪”、“接识”等繁琐的方法，主张要检验行为，识别真伪。问题在于，刘劭所云，只有任职是明确的，其他“材”、“能”及品目名堂却无法征诸事实，不能操作，主观随意性很强。观察形容声貌，检验举止谈吐，“能知精神，则穷理尽性”。至于圣人，有中庸至德，“聪明平淡，总达众材，而不以事自任也”。总之，偏材也好，兼材也好，总达众材也好，都不必与实际办事能力、效果去联系；察举考验，只要口辩有理胜、辞胜，就可以放心“举之不疑”，相人不难，识之有方了。刘劭的一整套理论，与玄学家的才性观点倒是颇有相似之处的。《人物志》虽然是以儒学为本的才性著作，却是以道家之说解释的，所以讨论玄学不能不提到它。《人物志》的意义在于，正始之前，玄学已渗透进官方提倡的经学之中了；它不是玄学的先河，而是“经学玄学化”（刘大杰语）的标本。

另外，如何对百官考课，曹魏时期有过两次议论；一次是魏明帝景初年间，另一次是齐王曹芳嘉平初。前一次由刘劭制定出考课法 72 条，魏明帝下达百官讨论，结果议而不决，没有实行；后一次由王昶撰改，“略举黜陟之体”，“总其统纪”（《三国志》本传），加以简化，似乎也没有很好贯彻。傅玄也提出过考课建议：

> 凡都县考课有六：一曰以教课治，则官慎德；二曰以清课本，则官慎行；三曰以才课任，则官慎举；四曰以役课平，则官慎事；五曰以农课等，则官慎务；六曰以狱课讼，则官慎理。此能备，官也。（《长短经·量才》）

这些建议，与他提出的“品才”主张，指导思想是一致的；同时，与王昶考课倡简的精神，也是比较贴近的。

魏明帝在位期间，玄学家没有得势，但是玄学思潮却无形中产生着影响，才性讨论中出现的先后、异同之争，既有经学与玄学的对垒，也有玄学内部的分歧，还有经学、玄学相互交叉的情形。选举用人受阻，考课不能贯彻，就是因为玄学在作怪。明帝一死，曹爽掌权，玄学家复出，卢毓、刘劭、傅嘏等人被罢黜，傅玄差点遭到迫害；正始年间，吏部用人大权掌握在玄学家何晏、邓飏一伙手里，才性问题在现实选举中无须讨论。诛曹爽一伙之后，王昶向司马懿陈得失，才重新提出选举用“考试”的建议，指斥“空论能否”之失，百官考课事因而再一次提到了议事日程上。因此，嘉平初王昶之议，实际上又回到了魏明帝后期悬而未决的论题上，显示出经学抬头，向“空论能否”的玄学进行清算的意向。傅玄关于“品才”、“知人”的议论，不能排除是在正始间或嘉平初写出的可能性，但涉及的问题、针对的现象，却与魏明帝时期的玄学思潮有关。他对才性问题的认识，在正始之前就已形成。坚持“旧学”重德行、主事验的立场，不满“新学”以“才辨”求虚名、“悬言物理”的倾向，这是傅玄抨击玄学的出发点。

（三）水性说

在人性问题上，玄学家是主道家自然说的。比如，何晏在《论语集解》里就讲：“性者，人之所受以生也。”在《无名论》里，他引用了夏侯玄的名言：“天地以自然运，圣人以自然用。”强调“自然者，道也”。这也就是说，人性是天生的，自然而成，难以改变，也无法学成。这种观点，在刘劭《人物志》里也有相似的表述。刘劭也认为“偏材之性不可移转”（《体别》），“性有九偏，各从其心”（《材理》）；圣人、兼材、偏材，“出乎性情”（《九徵》），都是自然生就的。

儒家一派荀子是主“性恶说”的，他提出了人的自然性与社会性的矛盾问题；解决这一矛盾，必须调节人的“欲”、“求”与“物”之“度量”，使“两者相持而长”。从政治方面考虑，就是要强调礼治。这是一个卓越的唯物主义命题。同样，傅玄也强调教化的作用，他讲“宣德教者，莫明乎学”（《意林》卷五），“人之学，如渴而饮河海，大饮则大盈，小饮则小盈”（《御览》卷六〇七）。这是对荀子礼治主张中“分”（即度量界限）这一中心思想的发挥和深化。只要上宣下学，就能对社会、对个人发生实际的影响，造成一种良好的人际环境。因此，人性是可以改变的，并不是天生不变的。傅玄曰：

> 人之性如水焉，置之圆则圆，置之方则方；澄之则渟而清，动之则流而浊。先王知中流之易扰乱，故随而教之，谓其偏好者，故立一定之法。（《意林》卷五）

人性如水性，这在傅玄之前已有议论。告子讲，“性，犹湍水也”，“人性之无分于善不善也”（《孟子·告子》），认为人性不可知，像水一样随时随地变化，无法把握，也不必强分“善不善”。后来，《管子·水地》篇提出：水是“万物之本原”，“圣人之治于世”“其枢在水”；人的美恶、贤不肖，均由水决定。管子的认识是从宇宙万物生成的角度出发的，与后天的人性如水可变，还不是一回事。汉末荀悦将“水性说”赋予了新的内容，在《申鉴·杂言下》里提出，“善恶皆性也”，“教扶其善，法抑其恶”，从社会学的角度作了解释。他认为，一个人内在的“性”与外现的“情”是彼此相应，不可分割的；“孟子称性善，荀卿称性恶，公孙子曰性无善恶，扬雄曰人之性善恶浑”，都是“理也未究”的偏见，并不可取。荀悦的观点对傅玄有直接影响。

傅玄的水性说，取管子之喻，倡荀悦之义，① 发展了荀子"性恶说"，而与玄学自然说有根本的区别。按照傅玄的解释，人性有善恶之分，这是后天形成的，跟社会环境有关，不是先天就有，自然而成的；善恶之性是能够改变的，教化可以扬其善，刑法可以抑其恶，不能任其自流。这一水性说是儒法兼综的，现实意义是清楚的。傅玄认为，统治者对"中流之易扰乱"，要特别关注。他认为，作为人主，首先要根据人性"有善可因，有恶可改"（《贵教》）的特点，"贵其所尚（好善尚德），而抑其所贪（贪荣重利）"（《戒言》），"先礼而后刑"（《意林》卷五），以德教为本；其次要对饰辨而生大伪的玄学"巧言"特别警惕，"闻言不可不审也；闻言未审，而以定善恶，则是非有错，而饰辨巧言之流起矣"（《通志》）；最后，人性有其"偏好者，故立一定之法"，言与行中"善恶相蒙，故齐之以刑，以综其真伪"（《北堂书钞》卷四三），刑法作为禁伪立威的手段，也是不能放弃不用的。以上这三方面的内容，《傅子》里多处申述，反复强调，就是有鉴于性自然说作为玄学立论之本，已经对现实政治产生了消极的作用，善恶难分，真伪相蒙了。

应该强调指出，玄学作为一种新思潮，对进一步探索宇宙本体所作的哲学思辨，对冲破经学束缚后形成思想解放、个性自由的宽松环境，都具有积极的意义，值得充分肯定。但是，这不是我们讨论的重点。我们只是就傅玄所及的玄学命

① 在荀悦之前，刘向认为：性情相应，性不独善，情不独恶。荀悦赞成刘向之说，提出内性外情相统一的主张，即性决定情，情之好恶反映着性之善恶。这一见解比之荀子性恶说，唯物主义的色彩更浓。

题，按照他的思路，从现实政治的角度考察，看看他立论有无道理。上面讨论的才性问题，下面将涉及到的其他问题，都是如此。

三、关于圣人无情有情的讨论

玄学家认为，圣人比之凡人，才性是统一的；才为“兼材”，能“统领众材”，性为“中庸”，是“兼德而至”的。如果说“才”是外现可见的话，那么“性”又如何把握呢？“性”的外现只能通过“情”去观察。接下来的问题是：圣人“中庸”之性表现出的情是怎样的呢？正始中，玄学领袖何晏宣扬“圣人无情”。《三国志·钟会传》裴注曰：“何晏以为圣人无喜怒哀乐，其论甚精。钟会等述之。”在《论语集解》里，何晏又补充道：“凡人任情，喜怒违理。”可见，圣人无情，凡人任情，是有区别的。

何晏的“圣人无情”说，详细内容没有进一步披露，直接的线索不可寻，“其论甚精”只能令人猜测：或曰是名士崇尚自然，标榜清高，成为钟情风流的借口；或曰是圣人以礼节情非无情，凡人任情应有情。这些猜测一般是从《论语集解》里找根据，或者从后来玄学家的言论里去推论其本意。但是，何晏“甚精”之论为什么风靡一阵后，就被王弼的“圣人有情”说取代了？而且王弼批评“圣人无情”说“失之多矣”，显然不单是理论本身不完善的问题，恐怕更重要的是这一理论遇到实践中难以解释的困惑，因而需要加以修正。对此，何晏不但没有反对，反而叹服不迭：“仲尼称后生可畏，若斯人者，可与言天人之际乎！”（《三国志·钟会传》裴注）这里肯定有名堂。

现在，我们看看傅玄是怎么说的：

> 王黎为黄门郎，轩轩然乃得志，煦煦然乃自乐。傅子难之曰：“子以圣人无乐，子何乐之甚？”曰：“非我乃圣人也。”（《北堂书钞》卷五八）

> （刘）陶字季冶，善名称，有大辩。曹爽时为选部郎，邓飏之徒称之以为伊吕。当此之时，其人意陵青云，谓（傅）玄曰：“仲尼不圣。何以知其然？智者图国，天下群愚，如弄一丸于掌中，而不能得天下。”玄以其言大惑，不复详难也，谓之曰：“天下之质，变无常也。今见卿穷！”爽之败，退居里舍，乃谢其言之过。（《三国志·刘晔传》裴注）

王黎为黄门侍郎后得意忘形，已在正始九年（248年）。《三国志·钟会传》裴注曰：“正始中，黄门侍郎累缺。晏既用贾充、裴秀、朱整，又议用（王）弼。时丁谧与晏争衡，致高邑王黎于曹爽，爽用黎。于是以弼补台郎。”裴秀为黄门侍郎是在25岁时，《三国志·裴潜传》注引《文章叙录》有记载，即在正始九年（248年）。裴秀被用为黄门侍郎后，何晏想再增加王弼，丁谧却推荐了王黎。王弼与王黎本来关系很好，“黎夺其黄门郎，于是恨黎”（《三国志·钟会传》裴注）。而“淮南人刘陶善论纵横，为当时所推。每与弼语，常屈弼”（《三国志·钟会传》裴注）。至于王弼，他的圣人有情说也已出笼，认为圣人“同于人者五情也”，“圣人之情，应物而无累于物”（《三国志·钟会传》裴注）。何晏主无情，却对主有情的王弼格外器重，说明王弼之说中“应物”的新义，正是何晏最感兴趣的东西，也就是说，圣人无情有情的相同点是“应物”。玄学家们都是不能忘情世事，急于功名利禄之徒，即便在他们内部，争夺计较也很激烈。“三狗”中的丁谧与何晏争衡，新人王黎与王弼相夺，可见“应物”用世已经“累于物”了，所谓“无累于物”，显然说到做不到。

玄学家们不但在无情有情上作文章，而且在圣人凡人上打主意。傅玄的记载清楚地表明，玄学家们是以“圣人”自居的。王黎得官而乐，支吾自己不是圣人；刘陶以“得天下”的“智者”立论，宣称“仲尼不圣”。他们得意时顾不得无情有情，“图国”时忘乎所以，失败后“谢其言之过”。这一切证明玄学理论的用意所在，绝不是抽象空洞的有无、本末之辨，而与现实政治的联系极为密切。《颜氏家训·勉学》曰：

> 夫老、庄之书，盖全真养性，不肯以物累己也。……何晏、王弼，祖述玄宗，递相夸尚，景附草靡，皆以农、黄之化，在乎己身，周、孔之业，弃之度外。而平叔以党曹爽见诛，触死权之网也；辅嗣以多笑人被疾，陷好胜之阱也。……

有情而“在乎己身”，“无累”而“弃之度外”。玄学家在正始年间的所作所为足以证明这一点。他们拔擢同党“有旧者”，排斥异己不从者，正始年间形成了以曹爽为核心的阴谋集团。

曹爽专擅朝政，已有“无君之心”，他依靠的就是一批玄学家。王肃将何晏之辈比作如弘恭、石显等“前世恶人”，时人谤书谓何晏、邓飏、丁谧为啮人之“三狗”，谣谚称这伙人是“乱京城”的祸首。正始名士被一网打尽后，“百姓安之，莫或之哀，失民故也”(《三国志·王凌传》裴注)，这是与司马氏不一条心的王广评断的，更可见他们很不得人心。

所谓圣人无情有情，可以在理论上沟通，实践中不发生矛盾；所谓圣人“图国”，又能在孔子与玄学家之间推出新意，呼出主题。“圣人”有现实形象，“无情”可有可无。傅玄没有把“圣人无情”这个玄学命题当作高深的理论看待，而是从现实政治出发，揭露它的虚伪性和真实用意。这给我们提供了把握这场论辩的可靠依据。

四、关于名教与自然的矛盾

《晋书·王衍传》曰：“魏正始中，何晏、王弼等祖述老、庄，立论以为：天地万物皆以无为本。无也者，开物成务，无往不存者也。”以“无”为本，“无”就是“道”，这个“道”无物不在，“无往不存”，存在于自然万物之中，又自然生成万物。

按照玄学家的这个理论，什么难题都不在话下，都能解释得通。因为“无”为本，“有”为末，“无”在“有”中，“有”归于“无”。不但无情有情能沟通，而且名教与自然也能沟通。这就是：儒家名教是“有”，道家自然是“无”；以无为本，所以自然是本，名教是末，名教可以引向自然。这个理论的现实意义在此。它是为了从根本上解决现实政治中自然与名教的矛盾的。

正始以后，玄学以无为本的理论成为士人立身存命的指导思想。最典型的事例，就是“竹林名士”的生活方式。嵇康、阮籍等人，越名教而任自然，任情放纵，不顾礼教的束缚。他们中有的人是不满司马氏残酷屠杀异己的行径，自然放诞，作为内心苦闷的象征（如阮籍），或者是有意反抗的表示（如嵇康）；但是也有效仿而并不十分认真的人在，例如刘伶、阮咸诸人并不是存心要发泄对现实的不满，而只是想求得自适。然而，有意也好，无心也好，总之士人中普遍出现了一种与名教隔膜的情绪，这对现实政治显然是有害的。

司马氏掌握曹魏政权后，主张以名教治国。傅玄是站在司马氏一边的。他在《傅子·礼乐》篇里讲道：

> 能以礼教兴天下者，其知大本之所立乎。夫大本者，与天地并存，与人道俱设，虽蔽天地，不可以质文损益变也。大本有三：一曰君臣，以立邦国；二曰父子，以定家室；三曰夫妇，以别内外。三本者立，则天下正；三本不立，则天下不可得而正。天下不可得而正，则有国有家者亟亡，而立人之道废矣。礼之大本存乎三者，可不谓之近乎？用之而蔽天地，可不谓之远乎？由近以知远，推己以况人，此礼之情也。

可见，礼教是治国“大本”，这个“大本”建立在三纲基础上，是“立人之道”，“正天下”的法宝。封建伦理秩序的“大本”，当然不能以老、庄的道家学说去解说，不允许越名教而任自然，而必须强调并维护名教的尊严。所以，傅玄在多处申述道：

道教者，昭昭然若日月丽乎天。(《文选》卷五九，沈约《齐安陆昭王碑》注)

圣人之道如天地，诸子之异如四时，四时相反，天地合而通焉。(《意林》卷五)

经之以道德，纬之以仁义，织之以礼法。既成，而后用之。(《意林》卷五)

《论语》，圣人之至教，王者之大化。(《意林》卷五)

这种明“大教”、隆“道化”的思想，是《傅子》里很突出的主题，也是傅玄入晋后向晋武帝上疏中陈述的“王政之急”。“退虚鄙”以“敦风节”，摄“纲维”以斥“虚无放诞之论”，恢复名教的权威，从根本上扭转玄学思潮影响下的社会风气，这正是魏晋之际现实政治斗争中最迫切的任务。傅玄所谓“大本”所在，立言著论，上疏陈事，亦有鉴于此。

综上所述，傅玄从现实政治角度抨击魏晋玄学，是作为当时人的认识来立论的，这就显得十分重要。他的意见，至少在下述三个问题上给我们提供了深入思考的内容。

第一，玄学是在魏明帝统治时期即已出现的一种社会思潮。远因是汉末以来政治思想变化的结果，近因是曹操、曹丕父子的政治路线影响的产物，现实基础是“旧学”复兴、名教治国引发刺激的作用。如果将玄学出现解释成曹魏政权与后来司马氏斗争的需要，那么，不仅时间有置后之嫌，而且因果有颠倒之误。

第二，玄学是从如何品评人物中脱胎而出的一门古为今用的学问。它搬来道家之说，力图解决自然与名教的矛盾，焦点是在选举用人问题上，这在魏明帝时期尤其突出。即便是在正始中及其后的论辩中，玄学主题演化为有无、本末等形而上学的命题，哲学思辨的特点十分鲜明的情况下，那些命题的背后仍掩藏着士人得势失势的真实用意。泰始二年(266 年)，傅玄上疏抨击“虚无放诞之论”，所以归结在“举清远有礼之臣”上，道理就在这里。因为嘉平元年（249年）高平陵之变后，司马氏牢牢地握有政权，何晏一伙被杀了，王弼也死了，到泰始二年，其间相隔 17 年，玄学家不再得势，不少人改弦易辙，依附了司马氏，个别人（如夏侯玄）也不能成大气候。现在有晋已经立国，新朝伊始，傅玄却危言耸听：“亡秦之病复发于今！”这似乎有点不可思议。如果玄学仅仅是一种哲学探讨，完全用不着大惊小怪。这就说明，即便玄学家于正始以后不再掌管选举，可是这 17 年中，玄学仍在选举用人的问题上起着不利于“敦风节”的坏作用。而且，事实证明，傅玄上疏后，直到西晋灭亡，玄学仍在深入，影响现实政治是多方面的，豪门世族掌权，名教自然统一了，士人的心态、行为也变了。后来傅玄也心安理得，不再抨击玄学，就很能说明问题。

第三，傅玄是批评玄学最早的代表人物。玄学是经学的反动，它出现以后，就应该受到传统儒学的抵制和反对，以维护名教之治的尊严。这也就是说，所谓两晋之际才有玄学阵营中的裴頠批评玄学唯心论、外儒术的葛洪指斥“风颓教沮”的玄学思潮，恐怕就显得迟了点。因为在他们之前，玄学出现至少已有五六十年的历史，在这段时间里，又是人们常讲的“天下多故”的时期，名教与自然之间激烈斗争，如果名教一方没有代言人，那是解释不通的。尽管玄学家讨论的是哲学问题，从理论上辨名析理，重在名理；政论家讨论的是现实问题，从政治角度强调循名责实，重在事实，但是，玄学并未脱离现实，玄学家与政论家并非风马牛不相及的孤立存在。名教自然之争，不仅表现在你死我活的政治斗争中，而且也反映在水火不容的思想交锋中。傅玄抨击玄学的言论，主要是在曹魏时期写成的，这就很可贵；批评玄学的人物，当然不只是傅玄一人，但他是其中持论激烈的代表。

第五章 “通儒达道，政乃升平”
——君人南面之术（一）

前面我们已说明：《傅子》成于入晋之前，而不是入晋以后；傅玄是位政论家，不是哲学家；《傅子》中最重要的部分，在《内篇》;《内篇》送到王沈手里的时间，当在司马昭执政以后、王沈出外任之前这几年里。《晋书》本传讲，傅玄自嘉平初入司马昭军府，至咸熙初立五等爵，其间十几年，“数上书陈便宜，多所匡正”。上书所陈，与《内篇》所论，其内容、用意应是一致的。所谓“匡正”，其意有二：一是如何在“越名教而任自然”的玄学思潮影响下，坚持“存重儒教”的方针；二是在实现禅代的进程中，怎样“经纶政体”。显然，这是为司马氏谋“君人南面之术”的。

所谓“君人南面之术”，按照《汉书·艺文志》的说法，是论“成败存亡祸福古今之道，然后知秉要执本，清虚以自守，卑弱以自持”，属道家主张。但是，道家提出的“清静”

“无为”的“南面术”，并不是一种专利品，其他诸子也各有一套向君主游说进言的统治方案。诸子各家无论是以“五德终始”论君道，倡言“主运”，还是“以不知为道”，提出“主道”，其目的都是希求君主实行“无为无不为”的成功统治。儒家、法家、名家、纵横家中的代表人物都有过这方面的议论。两汉统治者贵黄老、尊儒术、论谶纬，曹魏统治者“贵法术”、“慕通达”、倡经学、煽玄风，无一不是围绕着“君人南面之术”进行的。远的不说，正始年间玄学讨论的“圣人”之情、“无为”之道，就是为“农黄之化”的改制活动服务的；玄学家朋党相援，绝不是为了维护并巩固曹魏政权，何晏冠冕堂皇上奏齐王曹芳“慎其所习”、“大臣侍从”（《三国志·三少帝纪》语），是提醒君主一举一动都必须接受何晏辈“中下之吏”（蒋济语）的监督，只允许“无为”而处，不能“无不为”。这期间，蒋济的《万机论》，王基的《时要论》，桓范的《世要论》，杜恕的《体论》、《笃论》，袁准的《正论》、《正书》等著述先后问世，都是讨论治国之体的，涉及时弊的论述不少，针对玄学家乱政坏俗的言行，提出要儒法兼济，以建立良好的统治秩序。这也是“南面术”。所以，“南面术”在理论上虽有“无为无不为”大体相似的表述，但在理解上、实践中却有大相径庭的地方，关键是在君权上作文章：君“无为”，臣可以“无不为”，这是一种主张；君“无为”，为的是“无不为”，这又是一种主张。《隋书·经籍志》就将“南面术”包括的内容置于“杂家”中反映，比较合乎实际。

傅玄所论“君人南面之术”，特别之处在于力倡“有为”而治。入晋之后，他在《鼙舞曲·明君篇》里写道：“暗主不自信，群下执异端”，这就是“无为”的后果；而明君必须“恭己慎有为，有为无不成”。这是我们理解并把握《傅子·内篇》精神实质不可忽略的要点。傅玄倡“有为”，并不是要求君主“无不为”，勤于庶事杂务，而是希望明君先要“有为”，即在为君、用臣、使民等方面建立威信，然后才能“无为无不为”。这一“南面术”的提出，是从荀子寓法于礼的思想中找到依据的。荀子论君道，主张“能群”，即善于“生养人”、“班治人”、“显设人”、“藩饰人”，从而达到“隆礼至法”、“尚贤使能”的“至道大形”（《荀子·君道》），首先强调的是“有为”。同时，傅玄还从汉魏政论家的立论中，综合汲取了有益的东西。《傅子·内篇》中讨论到的问题，在荀悦、徐幹、刘廙、蒋济、袁准等人的政论著述里，或多或少，或同或异，均有所涉及。这说明，如何拨乱反正，建立良好的统治秩序，这是当时有识之士极为关注的焦点。特别应予注意的是，傅玄完成《内篇》的时间，正值司马氏禅代未遂的关头，讨论“南面术”，更有直接为司马氏建基立业服务的功利目的。所以王沈认为，傅玄所论有汉初贾谊政论的色彩，为“今不及”之论。如何从历史的兴衰中吸取经验教训，从现实的需要里寻找安邦治国之道，这是傅玄著论的出发点和用意所在。

下面，我们先来看傅玄有关人主自身方面的一些意见。

一、正己立身以正天下

儒家是强调伦理教化作用的。孔子讲“道之以德，齐之以礼”（《论语·为政》），又讲“不知礼，无以立也”（《尧曰》)。荀子讲“礼者，所以正身也”(《荀子·修身》)。儒家所讲的道德原则和道德规范，包含了相当广泛的内容，规定了不少的名目，例如忠、孝、节、义，温、良、恭、俭、让等等，称之为“德目”。

在德目里，傅玄最重视立公与履信。这是《傅子·内篇》里反复涉及的两个问题，而且主要是针对人主而言的。

(一) 正己以公心

傅玄讲，人主于治人、正己两端，“必正己以先之也”，“正己，所以率人也”(《内篇》无篇名段)。而正己，最重要的是正心。《正心》篇曰：

> 立德之本，莫尚乎正心。心正而后身正，身正而后左右正，左右正而后朝廷正，朝廷正而后国家正，国家正而后天下正。……古之大君子，修身治人，先正其心，自得而已矣。夫能自得，则无不得矣；苟自失，则无不失矣。无不得者，治天下有余。故否则保身居正，终年不失其和；达则兼善天下，物无不得其所。无不失者，营妻、子不足。故否则是己非人，而祸逮乎其身；达则纵情用物，而殃及乎天下。……古之达治者，知心为万事主，动而无节则乱，故先正其心；其心正于内，而后动静不妄，以率先天下，而后天下履正而咸保其性也。斯远乎哉？求之心而已矣。

在这段话里，傅玄强调人主“正己”的根本途径，要靠“自得”“求之心”。这是荀子的观点。《荀子·修身》篇提出，以礼正身，以礼为师，“师以身为正仪，而贵自安者也”。“自安”即“自得”，“师以身”即“求之心”。荀子还讲，知“道”在心，而心要“虚一而静”，这就是“大清明”（《解蔽》）；人君“修身”比“为国”更重要，“君者仪也，民者景也，仪正而景正”（《君道》）。傅玄也讲：“形之正，不求影之直而影自直；声之平，不求响之和而响自和；德之崇，不求名之远而名自远。”（《意林》）这就要求人君应自觉地“率先天下”，从一开始就“正身”，以“正心”“自得”。这是一种主动进取的主张。

那么，人主如何才能“正心”“自得”呢？傅玄提出“息欲明制”（《校工》）的办法。所谓“息欲”，就是“去私”。在生活享受方面，不能无节制，一味贪图声色之好、货物之求。《校工》篇曰：

> 天下之害，莫甚于女饰。上之人不节其耳目之欲，殚生民之巧，以极天下之变。一首之饰盈千金之价，婢妾之服兼四海之珍。纵欲者无穷，用力者有尽。用有尽之力，逞无穷之欲，此汉灵之所以失其民也。

《检商贾》篇讲，“上不征非常之物”，“君不索无用之宝”，“上息欲而下反真矣”。而“节欲”、“息欲”，不如“无欲”。《曲制》篇曰：

> 天下之福莫大于无欲，天下之祸莫大于不知足。无欲则无求。无求者，所以成其俭也。不知足，则物莫能盈其欲矣。莫能盈其欲，则虽有天下，所求无已，所欲无极矣。海内之物不益，万民之力有尽，纵无已之求，以灭不益之物，逞无极之欲，而役有尽之力，此殷士所以倒戈于牧野、秦民所以不期而周叛。曲论之好奢而不足者，岂非天下之大祸耶！

"无欲"而俭是福，"不知足"而奢是祸。作为人主，应该近察天下物力民情，远鉴前代纵欲失民之祸变；不能相信"好奢"之"曲论"，而要"求之心"。"心者，神明之主、万理之统也"，"有正心，必有正德，以正德临民，犹树表望影，不令而行"（《正心》）。而"心之倾，不可辅也"（《栋铭》），"倾危之变，厥身以随"（《杖铭》）。心正心邪，直接关系到吉凶祸福，人主是不能掉以轻心的。

所谓"明制"，就是行"公道"、立"公制"。在君臣、君民上下，无论是选举用人，还是为政赏罚，都要"至公"而"无忌心"。《通志》篇曰：

> 任公而去私，内恕而无忌，是之谓公制也。公道行，则天下之志通；公制立，而私曲之情塞矣。

《举贤》篇讲："唯至公，然后可以举贤也。"《问政》篇讲，"政在去私"，"夫去私者，所以立公道也"。按照傅玄的解释，"公道"是在臣僚中解决权利之争的，贤者举之，不肖者黜之，为恶者诛之，不论"亲疏党别"，人主不应以一己好恶而妄定进退；“公制”则有某种约束性质，君臣上下彼此相互理解，君“任公”，臣“无忌”，民“无怨”，顺而不争，恕而通志。“公心”、“公道”、“公制”三者之间，存在着一种递进关系，即《通志》篇所示：“夫有公心，必有公道；有公道，必有公制。”共同点是“去私”。焦点在人君身上：“公心”要“自得”，“公道”要上行，“公制”要上立。

我们说，傅玄要求人主按照儒家的一套伦理道德主张，注重修身正心，去私立公，息欲明制，以通天下之志，实现以礼治国的理想，这实际上是无法做到的。从理论上讲，进入阶级社会以后，礼制是规定尊卑等级的人际关系的，为的就是尊君。无论是周礼确立的亲亲、尊尊的规则，还是孔子提出以仁释礼、荀子主张寓法于礼的新义，等级统治的结构并没有变，君权至上的法统也必须维护。因此，儒家强调最高统治者“以修身为本”，重视道德修养的这套说教，与尊君的礼制规定就是相矛盾的。从实践上讲，即便是从傅玄推崇的延续400多年的汉王朝挑出最开明的皇帝来考察，也没有哪个君主在“正心”“修身”方面，能自始至终地实践自我完善的历程。至于汉魏时期，大一统的政权崩溃，儒学的权威地位下降，军阀割据的局面形成，杀伐篡夺的政局变化不断发生，可以说，这又是一次礼崩乐坏的危机。在这场危机中，傅玄呼吁人主按儒家政治思想的要求，将治政的途径引向自省修身的道德伦理的轨道上，一是不可能，二是办不到。司马氏要夺得曹魏政权，建立自己的统治，儒家名教不过是点缀，是号召士民的手段，最终解决问题要靠强权，靠实力，靠阴谋诡计。这是司马氏父子心里很明白的道理。但是，司马氏又毕竟是标榜以名教治天下的，儒家的伦理道德对谋求维护社会等级秩序的稳定，仍具有不可替代的调解功能。因此作为人主要以德正己，“率先天下”，使得“天下履正”，这仍然是需要强调的问题。

（二）立身以诚信

傅玄在《义信》篇提出：“信”结于上，出于上；行于下，化于下；贯穿于人伦，体现于安上治民。其文曰：

盖天地著信，而四时不悖；日月著信，而昏明有常。王者体信，而万国以安；诸侯秉信，而境内以和；君子履信，而厥身以立。古之圣君贤佐，将化世美俗，去信须臾，而能安上治民者，未之有也。夫象天则地，履信思顺，以壹天下，此王者之信也；据法持正，行以不贰，此诸侯之信也；言出乎口、结乎心，守以不移，以立其身，此君子之信也。讲信修义，而人道定矣。若君不信以御臣，臣不信以奉君；父不信以教子，子不信以事父；夫不信以遇妇，妇不信以承夫——则君臣相疑于朝，父子相疑于家，夫妇相疑于室矣。大小混然而怀奸心，上下纷然而竞相欺，人伦于是亡矣。夫信由上而结者也……上秉常以化下，下服常而应上，其不化者，百未有一也。夫为人上，竭至诚开信以待下，则怀信者欢然而乐进，不信者赧然而回意矣。老子不云乎：“信不足焉，有不信也。”故以信待人，不信思信；不信待人，信斯不信，况本无信者乎！

这篇文章以“义信”为题，通篇讲的是“信”，不及“义”。而且，《傅子》其他篇章里，说到“义”的地方也不多。《贵教》、《矫违》、《重爵禄》三篇虽然提到过“礼义之教”、“仁义之理”，也是并列而论，单独讨论“义”的文字，在《傅子》里找不到。另外，《傅子》里也极少言“忠”。“忠”与“义”是儒家礼教规范里很重要的内容。傅玄著论，意在“存重儒教”、“经纶政体”（王沈语），却对“忠”“义”语焉不详，这很值得注意。固然，现存《傅子》篇章并非全帙，已佚文字中或有道及者，这也未可知，不能全然不顾。然而，从现存文字考察，傅玄讨论的问题，多涉君臣民关系，关乎治乱兴衰之道，不应该忽略“忠”“义”之理；不见“忠”、“义”之理，而以“信”取而代之，大论特论，其中另有原因。

高平陵之变中，司马懿出屯洛水浮桥，曾遣使致书给护驾留驻伊水之南的曹爽，“唯免官而已，以洛水为誓”（《三国志·曹爽传》注引《世语》）。当时，太尉蒋济“随司马宣王屯洛水浮桥，济书与曹爽，言宣王旨‘唯免官而已’。爽遂诛灭。济病其言之失信，发病卒”（《三国志·蒋济传》注引《世语》）。其实，“失信”的不是蒋济，而是司马懿。蒋济死后，王凌为太尉，驻守淮南，密谋废齐王，立楚王，司马懿率军讨伐，“先下赦赦凌罪”（《三国志·王凌传》），待到王凌面缚谢罪后，司马懿逼他自尽，害及楚王，“穷治其事”，“悉夷三族”（《三国志·王凌传》）。这也是不讲诚信的举措。后来，淮南将领文钦致郭淮书中，对司马懿失信妄杀之举表示了“痛心”、“追恨”的情绪，并对司马师“放主弑后”（《三国志·毋丘俭传》裴注）的肆虐行径表示不能容忍的立场。司马昭统政后，不信任淮南将领，致使诸葛诞等人“惧不自安”，“有自疑心”（《三国志·诸葛诞传》）。第三次淮南起兵完全是上下相疑逼出来的。据诸葛诞宣言，他从准备到起事，实属不得已，是司马氏“不明臣”，不察“至诚”，使他只好举兵相抗。其实，这次讨伐之举本可以避免，由于上下相疑，司马昭亲率官军26万之众扑向淮南，与防吴之集团军10余万，展开了一场旷日持久的自相残杀。可以说，正始以后淮南王凌、毌丘俭、诸葛诞三次起事举兵，都是上下相疑，无信使然的。“万国以安”，“境内以和”，绝不是举兵相逼所能造就的，关键在于由上而结的“王者之信”。所以傅玄感叹道：“祸莫大于无信”，“以上接下，而以不信随之，是亦日夜见灾也”（《义信》）。司马氏在政治、军事方面有着不可动摇的优势，却不能安定天下，灾祸不断，就是“无信”造成的恶果。

我们知道，荀子是以“义”、“信”释礼的，“义为本，而信次之”，“此君人者之大本也”（《荀子·强国》）；“故用国者，义立而王，信立而霸，权谋立而亡。三者明主之所谨择也”（《荀子·王霸》）。司马氏政权以法统而论，是从司马昭封晋王立晋国算起的，时在咸熙元年（264年）。其实，甘露三年（258年）五月，司马昭平淮南返回京城后，魏室就多次进封他晋公之爵、相国之位，他虽辞让再三，不过是掩人耳目，政权实际上掌握在他手里。傅玄乐府诗《晋鼙舞歌》五首里，有首《大晋篇》，就是歌颂文帝司马昭“应期创典制”的盛业的。但是，这个政权从一开始就是以“权谋”创业的，它于曹魏帝国不忠不义。而淮南三次兵变却标举忠义之节，“救君之难”，“扶持王室”（文钦语），以讨逆为号召；甚至像宗室老臣司马孚也对司马师擅权废齐王芳“悲不自胜”（《三国志·齐王纪》裴注），以魏室忠臣自居。这样，忠义与司马氏无缘，且成为忌讳；权谋又一用再用，王室不甘就范，方镇屡有反叛，禅代只好推迟。因此，对司马氏政权来讲，只能以“信”来争取人心，“信立而霸”，傅玄是从先成霸业以正天下这个角度立论的。

总之，傅玄提出正天下，重要的是去私立公与任诚履信。这是在司马昭已有禅代魏室之心[①]，却一时不能顺利实现的情况下，傅玄向司马氏进献的两项化下齐众、求福免祸的大计方略。正始时期的政论家大多都强调人主正身的主张，例如桓范《世要论》中讲到“节事”、“节欲”的问题，袁准《正书》里提到“贵公”之义，甚至像何晏也煞有介事地劝齐王芳“正身”而“择正人”（《三国志·齐王纪》）。但是这些主张带有讽谏性质，只是希望君主有所收敛，或干脆有虚君之嫌，在立意上，与傅玄所倡“自得”而“求之心”的见解并不完全一致。至于以诚信接下而通天下之志，正始前后的政论家无人予以强调，这是傅玄特别申述的道理。

二、推己及人以兴天下

儒家伦理思想的方法论，很重视“推己及人”。它要求每

---

① 甘露二年（257 年）初，司马昭派遣贾充游说四征方镇，抵达寿春，对淮南诸葛诞“谈说时事”：“洛中诸贤，皆愿禅代，君所知也。君以为云何?”（《三国志·诸葛诞传》裴注）在此前后，青龙见井之验数见，高贵乡公作《潜龙》诗自讽，又发言“不能坐受废辱”，引起了司马昭的反感。帝室与司马氏政权间的较量在紧锣密鼓地进行中。所以，“司马昭之心”至迟在甘露二年初就已经明朗化。

个人应对他人具有理解心、同情心，以调解人我关系，改善人际交往中不和谐的状况。孔子讲仁恕之道，主张“和为贵”，“己所不欲，勿施于人”，“能近取譬，可谓仁之方也”。荀子讲王霸之道，也提出“礼以顺人心为本”、“以近知远”等基本原则。在阶级社会里，这一方法原则很难贯彻。因为孔子将人划为“君子”、“中人”、“小人”三等，有“不移”之论；荀子也讲“圣人”、“士君子”、“小人”的类别，“贵贱有等”，上下有“分”，有“明分”之议。这一封建统治制度及其森严的伦理秩序不改变，所谓“推己及人”的方法，就只能是虚伪的说教。不过，还应该看到，这方法尽管行不通，但又不能漠视它曾经在历史上产生过的积极作用。这就是提倡居尊在上者自觉主动地想到百姓，体察民情，实行仁政。

傅玄也很重视“推己及人”的伦理方法，特别推崇恕道与孝道。他认为，人君要有仁恕之心，全社会形成孝亲之风，上下相接，天下所归，可得而安。

（一）崇仁兴利

傅玄《仁论》篇曰：

> 昔者，圣人之崇仁也，将以兴天下之利也。利或不兴，须仁以济。天下有不得其所，若己推而委之于沟壑然。夫仁者，盖推己以及人也。故“己所不欲，无施于人”。推己所欲，以及天下：推己心孝于父母，以及天下，则天下之为人子者，不失其事亲之道矣；推己心有乐于妻子，以及天下，则天下

之为人父者，不失其室家之欢矣；推己之不忍于饥寒，以及天下之心，含生无冻馁之忧矣。此三者，非难见之理，非难行之事，唯不内推其心以恕乎人。未之思耳，夫何远之有哉！……

在这段话里，傅玄向人主提出两点要求：第一要思，第二要行。所谓思，即“内推其心”，由人伦之情出发，“以恕乎人”。《礼乐》篇同样讲君臣、父子、夫妇这“三本”为“礼教”的“大本”，说明“由近以知远，推己以况人，此礼之情也”的道理。儒家认为，“仁”是“礼”的中心，“礼”是“仁”的具体体现；“克己复礼，天下归仁焉”（《论语·颜渊》）。傅玄这里仍是重复这套说教。不过，他还另外指出，礼教兴天下，人君“所惠者小，所感者大，仁心先之也”（《太平御览》卷二），因而这就不单纯是人之常情的问题，还是兴天下之“大本”所在的问题，所以说“推而广之，可以及乎远矣”（《仁论》）。这“远”理，人君不能不思。

所谓行，即要为百姓兴利办实事。我们已指出过，傅玄颇重事功实验。这一指导思想同样反映在他“崇仁”重教的言论里。《仁论》篇就强调要“兴天下之利”，以拯救百姓免于饥寒冻馁。在另一段无篇名的文字里，他也讲这个问题：

利天下者，天下亦利之；害天下者，天下亦害之。利则利，害则害，无有幽深隐微，无不报也。仁人在位，常为天下所归者，无他也，善为天下兴利而已矣。

这就是说，人君内修其德，仅有“推己及人”的意识，还是不够的，重要的是要有“兴利”的实际举措，必须让“崇仁”见诸“兴天下”之行，使“天下所归”，有施有报。汉末荀悦认为：“圣王以天下为忧，天下以圣王为乐。”（《申鉴·政体》）傅玄讲施报关系，也是这样的思路。“利或不兴，须仁以济”。民生有疾苦，人君要以此为忧，救民于水火之中。傅玄还说：

> 不使不仁加乎天下，用武胜残，而百姓以济，此仁形于拨乱，黄帝是也；时有万物必世而后仁，此著于治平，尧舜是也。（《太平御览》卷三）

可见“治平”、“拨乱”都是前代圣帝明君为天下兴利的表现。崇仁以接天下，兴利为天下所归，“不使不仁加乎天下”而使“百姓以济”，这里既有文治，又有武功；既要“仁心先之”，又要思而后行。然而，正始中，比较流行的说法是，人君“正己”、“修身”，只是为了“反之于上古之朴”，无为而治。这一为君之道，说来说去就归结到选择贤佐的问题上了。当时的政论家大都围绕着这个中心议题各抒已见，不主张君主有为。傅玄著论要为司马氏着想，争取民心，“为天下所归”，就必须突出“兴利”，呼吁司马氏要有实际作为。这个问题，我们后面还要讨论，这里不再细说。

（二）重孝事亲

傅玄在《仁论》篇不涉君臣之道，不论“忠”，而是突出

“事亲之道”，以“孝”为先。但是，儒家规定的“仁”的原则，历来是以“忠”打头的。用袁准《正书》里的话来概括：“夫仁者爱人，施于君谓之忠，施于亲谓之孝。忠孝者，其本一也。”但是，司马氏执政以后，提倡忠君，于自身不利，因而“亲先于君，孝先于忠的观念得以形成”，“提倡孝道以掩饰己身的行为”①。当时，“忠孝”变成了“仁孝”。“仁孝”先后曾在荀觊与司马骏之间讨论过，文虽不存，但《晋书》有记载。傅玄《重爵禄》篇就以“仁孝之道”标举，反映出这一变化的迹象。魏晋禅代之际，傅玄著论称颂何曾、荀觊为“孝子”，是天下人“事亲”的“仪表”。《晋书·何曾传》引述其文曰：

以文王之道事其亲者，其颍昌何侯乎，其荀侯乎！古称曾、闵，今日荀、何。内尽其心以事其亲，外崇礼让以接天下。孝子，百世之宗；仁人，天下之命。有能行孝之道，君子之仪表也。

何曾、荀觊是不忠于魏室的奸佞之徒，行为不端，为士人所非，但是因为他俩倒向了司马氏，出谋划策，成为有晋立国禅代的佐命大臣，所以傅玄要竭力表彰这二人是“君子之宗”。同样，入晋之初，傅玄还为晋武帝按例除服、悖常行礼的奇怪行径辩护，解释为以人君论，除服是遵守传统，以人

① 唐长孺《魏晋南朝的君父先后论》，中华书局 1983 年版《魏晋南北朝史论拾遗》。他指出，河内儒学大族司马氏夺取曹魏政权，与儒家传统道德所倡的“忠”不相符，又要扫除忠于魏室的人，只有提倡孝道，作为安身立命的指导。

子论，行礼是恪守孝道，[1] 似乎无可挑剔，两全其美。其实，无论是表彰何曾、荀颛事亲行孝，还是为晋武帝除服行礼辩护，指导思想是一致的，这就是为司马氏政权兴天下的孝道作宣传。

按照傅玄的观点，这个孝道有如下要点。

第一，"存尽其和，事尽其敬，亡尽其哀"（《晋书·何曾传》引）这三者缺一不可，但"存尽其和"更显得重要。傅玄曰：

> 大孝养志，其次养形，养志者尽其和，养形者不失其敬。（《意林》卷五）

> 九日养亲，一日饿之，岂得言孝？饱多饥少，固非孝子。九日谷马，一日饿之，马肥不损，于义无伤，不可同于一日饿母也。（《意林》卷五）

"养形"虽居其次，仍"不失其敬"。这与孔子的意见不一致。孔子讲，"能养"还"不敬"，无异于饲养犬马（参《论语·为政》）；只有"父在，观其志；父没，观其行。三年无改于父之道，可谓孝矣"（《论语·学而》），有轻视"养形"的意思。傅玄以为，"养志"固然重要，但也不能将"养形"与"犬马"之养相提并论；父母生前，孝子之行就反映在"养亲"上。

第二，"内尽其心以事其亲，外崇礼让以接天下"，"孝"

---

① 详参《晋书·羊祜传》记载。

与“仁”有内外之别，无先后之分。只要“事亲”行孝，必是“仁人”，所以“见其亲之党，如见其亲”（《晋书·何曾传》引），这是完全一致的。但孔子不是这样讲的。孔子明确讲，“孝”包括在“仁”之中，它只是“仁者爱人”中的事亲一项。傅玄将“仁”、“孝”并列，这是适应司马氏名教的需要，既调和了先后之争，又掩盖了讳“忠”之忌，有意要突出“孝”的地位。

第三，傅玄批评墨子道：“墨子兼爱是废亲也，短丧是忘忧也。”（《意林》卷五）这话与他的孝道观点不矛盾，遵的是古训，却不能完全解释他对晋武帝除服的看法。据《晋书·礼志中》记载，司马昭死后，晋武帝“遵汉魏之典，既葬除丧，然犹深衣素冠，降席撤膳”。实际上，晋武帝行的是“短丧”旧制，皇太后死后同样也是“短丧”。尽管《晋书》竭力为晋武帝开脱，但不能改变是他带头言行不一的事实。《晋书·羊祜传》记载了羊祜与傅玄之间就此事发表的议论：

> 初，文帝崩，祜谓傅玄曰：“三年之丧，虽贵遂服，自天子达；而汉文除之，毁礼伤义，常以叹息。今主上天纵至孝，有曾、闵之性，虽夺其服，实行丧礼。丧礼实行，除服何为邪！若因此革汉魏之薄，而兴先王之法，以敦风俗，垂美百代，不亦善乎！”玄曰：“汉文以末世浅薄，不能行国君之丧，故因而除之。除之数百年，一旦复古，难行也。”祜曰：“不能使天下如礼，且使主上遂服，不犹善乎！”玄曰：“主上不除而天下除，此为但有父子，无复君臣，三纲之道亏矣。”祜乃止。

羊祜弄不明白司马氏以孝治天下，为什么武帝不恢复古礼而仍行短丧之制，不遵守丧服之制却装出行礼的姿态。傅玄既然能理直气壮地批评“短丧是忘忧也”，就应该对晋武帝的自欺欺人也有一番疵议才是，或者他有与羊祜相同的认识也近乎合理，然而他曲成其议，还堵了羊祜的嘴。① 当然，为尊者讳，这是一理，傅玄难违；但关键是，傅玄有意为司马氏政权掩饰，所谓“孝道”，也可以根据需要，随时作出相宜的解释。

总之，傅玄崇“仁”重“孝”，内“孝”外“仁”；“仁”不“兼爱”，但要“兴利”；“孝”可“短丧”，以“事亲”为重，代替忠节。这种顾此失彼、不无破绽的论述，意在为司马氏的禅代制造理论根据。请看他说的这段话：

> 《论语》，圣人之至教，王者之大化。《乡党》则有朝廷之仪、聘享之礼。《尧曰》则有禅代之意。（《意林》卷五）

《论语·尧曰》开篇就讲：尧让位于舜，舜又让位于禹；尧说的“咨尔舜，天之历数在尔躬。允执其中，四海困穷，天禄永终”这段话，在汉魏禅代、魏晋禅代的策文里都照抄而用，以为遵从天命之意。傅玄特举《论语》中的《乡党》、《尧曰》两篇，只能说他在为司马氏寻找舜、禹禅代的典仪根据，

① 羊祜是位“謇謇正直”（《晋书》本传语）的儒者，他不理解晋武帝为什么要这样行孝。傅玄称颂荀、何，为晋武帝辩护，这是在入晋前后的事，立论不再以“匡正”为意，与《傅子》所言的出发点并不完全一致。

而不是泛泛而论。

另外，《傅子》中除了崇礼重孝方面的论述外，也还涉及到礼制中的其他内容。例如：嫂叔之服（见《通典》卷九二），继母之服（见《通典》卷九四），继父之服（见《意林》卷五），以及曹魏时饰服、冠冕、车乘等规定或变化等等。这些内容没有特别值得注意之处，无需一一引论。

三、因物制宜以治天下

在傅玄看来，人君内修其德，正心息欲，去私立公，行公道立公制，对于“正天下”的作用，不能低估；外崇礼让，使百姓有利可图，免于饥馁，诚信事上，孝敬事亲，对于“兴天下”的效果，也是不言而喻的。但是，“正天下”、“兴天下”，最终是为了治天下，治天下还要有法的约束，法的作用不能忽视，法的手段必须相辅而行。推行仁政，离不开法治。强调法的重要性，这是傅玄关于“南面术”的核心思想。《傅子》里有一段无篇名的文字是这样说的：

> 治人之谓治，正己之谓正。人不能自治，故设法以一之。身不正，虽有明法，即民或不从，故必正己以先之也。然则明法者，所以齐众也；正己者，所以率人也。夫法设而民从之者，得所欲也。法独设而无主即不行，有主而不一则势分：一则顺，分则争，此自然之理也。

先“正”后“治”，人君“率人”，设法“齐众”，是为了求其

“一”而不分。这也就是荀子所谓的“以一行万”的“王者之法”。傅玄虽不像荀子那样认为人性皆恶，但他承认“人有尚德好善之性，而又贪荣而好利”(《戒言》)，“善恶相蒙，故齐之以刑”(《北堂书钞》卷四三)，恶的一面也还是不能视而不见，所以必须要“设法以一之”，以正不法。

下面，我们分项讨论傅玄的法治观点。

(一)“天地之道”与“圣人之治”

按照汉代人遵奉的“天人感应”、“天人合一”的观念，天时与人道是一种对应关系，只能顺之，不可逆之。《傅子·假言》篇曰：

> 天地至神，不能同道而生万物；圣人至明，不能一检而治百姓。故以异致同者，天地之道也；因物制宜者，圣人之治也。既得其道，虽有诡常之变、相害之物，不伤乎治体矣。

天地生万物，“以异致同”；圣人治百姓，“因物制宜”。天地有春秋之序，圣人有仁威之用；仁威迭用，如同春秋代序。故傅玄曰：

> 天为有形之主，君为有国之主。天以春生，犹君之有仁令也；天以秋杀，犹君之有威令也。故仁令之发，天下乐之；威令之发，天下畏之。乐之，故乐从其令；畏之，故不敢违其令。若宽令发而人不

乐，无以称仁矣；威令发而下不畏，无以言威矣。无仁可乐，无威可畏，能保国致治者，未之有也。(《太平御览》卷一二)

上德之人，其济万物也，犹天地之有春秋，时至自生，非德之力。(《太平御览》卷八)

“因物制宜”是治体，所以既“非德之力”，也非威之功，必须“两尽其用”。傅玄还以水火为例，说明这个问题：

水火之性相灭也。善用之者，陈釜鼎乎其间，爨之煮之，而能两尽其用不相害也。五味以调，百品以成。天下之物为水火者多矣，若施釜鼎乎其间，则何忧乎相害，何患乎不尽其用也！(《假言》)

“仁令”与“威令”，如同水火，“两尽其用”就得“陈釜鼎乎其间”。“陈釜鼎”就是“制宜”之举，人君掌握运用之妙，在于因时因物。这就是傅玄所谓的“圣人之治”。他在《释法》篇里，说得更明白：

释法任情，奸佞在下，多疑少决，譬执腐索以御奔马；专任刑名，民不聊生。通儒达道，政乃升平。浩浩大海，百川归之；洋洋圣化，九服仰之。春风畅物，秋霜肃杀。同则相济，异若胡越。

“升平”之政有待“通儒达道”，儒法沟通，恰当地援法入儒。

“释法任情”与“专任刑名”都是不可取的。这篇文字很可能是入晋以后写的。因为入晋以后司马氏政权“释法任情”，包容士族，政局一直是混乱的。所以傅玄提出要以法“通儒”，达到“洋洋圣化”的治政目标，这仍然是一种“因物制宜”的主张。大体而言，入晋前傅玄是不赞成“专任刑名”的，今存《傅子》文及入晋初写给晋武帝的疏文，反映了他的这种思想倾向；入晋以后傅玄则对“释法任情”持批评态度，《释法》篇主要是就此立论的。援法入儒，这是荀子对礼制思想的突出贡献，被他推崇为“治辨之极也，强国之本也，威行之道也，功名之总也”（《荀子·议兵》）。傅玄向往的“圣人之治”，是取法于荀儒的。他对任刑和释法这两种倾向都不满意，所以有“通儒达道”的议论。

（二）“先礼后刑”与“先刑后礼”

在治世理论上，儒、法两家的影响最大。儒家讲仁政，重礼治，不排除“齐之以刑”的作用，主张“先礼后刑”；法家讲权术，重法治，不否认“德”亦为“二柄”之一，主张“先刑后礼”。汉末曹操执政重法治，天下贵刑名之术，儒家的礼治当然不可能受到重视，但是礼治还得要，不能全然不顾。于是，汉末以至曹魏时期的政论家就对礼与刑的轻重、先后问题，展开了热烈的争论。仲长统主张以刑助德，因时制宜，所谓“时势不同，所用之数，亦宜异也”（《昌言》）。荀悦强调“慎刑”，以“达道于天下”（《申鉴》）。他二人都承认刑的作用，但意见也并不完全一致，“助德”与“慎刑”之间就有轻重之别。建安末年，丁仪著文《刑礼论》（《全后汉文》卷九四)，明确主张“先礼后刑”；刘廙就不赞成，“与丁仪共论刑礼”，其文曾“传于世”(《三国志》本传语)，今可见《答丁仪刑礼书》、《难丁仪》二题下只言片语的佚文(《全三国文》卷三四)，难知其详，只能从史传记载和文章题目窥测，二人的观点是不一致的，刘廙大概是要讲“先刑后礼”的。到了曹魏建基至正始前后，蒋济《万机论》批评“任刑”、“好刑”之失，桓范《世要论》认为刑德“不能偏用”，杜恕《体论》主张为法“参以人情”，袁准《正论》提出仁、法要“两通而无偏重”。这些议论虽不完全拍合，但共同的地方在于强调礼治的重要性。而这一时期，据杜恕所言，“师商、韩而上法术，竞以儒家为迂阔”，“不求公私之分，而辩轻重之文”(《体论·法》)，法家、道家的主张更有市场。

那么，傅玄是怎样看待这个问题的呢？首先，以史为鉴，宽简者昌，苛峻者亡。在《傅子》里，傅玄多次举到秦朝暴政速亡的例子，说明法家“严刑”、“亲法”的历史教训是应该为后世引为鉴戒的。荀子的两个学生韩非和李斯，是宣扬法家路线的，李斯还有辅佐秦政的经历。傅玄批评李斯“深刑峻法，随其指而妄杀人”，“秦不二世而灭，李斯无遗类，以不道遇人，人亦以不道报之”(《问刑》)；提醒后世统治者：“撞亡秦之钟，作郑卫之乐，欲以兴治，岂不难哉!”(《意林》卷五)傅玄对汉王朝的统治是十分肯定的。他讲，“汉所以历年四百”，“斯乃宽简之风”(《通志》)所致。西汉宣帝、东汉明帝，前后也有过“仗法任刑”、“未弘道治”(《古今画赞·汉明帝》)之失，但没有妨碍正道，“失而能改，则所失少矣”(《通志》)。至于汉末曹魏时期的政治，傅玄入晋后批评了“魏武好法术”、“魏文慕通达”造成“纲维不摄”的弊端，并且认为这一“亡秦之病”沿至晋初仍有相当影响，亟须明“大教”、隆“教化”。这一认识应该说也是他入晋前著论《傅子·内篇》的指导思想。

其次，礼治离不开法治。《法刑》篇曰：

> 立善防恶谓之礼，禁非立是谓之法。法者，所以正不法也。明书禁令曰法，诛杀威罚曰刑。治世之民从善者多，上立德而下服其化，故先礼而后刑也。乱世之民从善者少，上不能以德化之，故先刑而后礼也。……礼、法殊途而同归，赏、刑递用而相济矣。是故圣帝明王惟刑之恤，惟敬五刑以成三德。若乃暴君昏主，刑残法酷，作五虐之刑，设炮烙之辟，而天下之民无所措其手足矣。故圣人伤之，乃建三典，殊其轻重，以定厥中；司寇行刑，君为之不举乐，哀矜之心至也；八辟议其故而宥之，仁爱之情笃也。

接下来，傅玄又从“柔愿之主”轻刑、“刚猛之主”酷刑这两种极端，生发出如下议论：

> 末儒见峻法之生叛，则去法而纯仁；偏法见弱法之失政，则去仁而法刑。此法所以世轻世重而恒失其中也。

就是说，法不可去，亦不能“偏法”；仁不可去，亦不能“纯仁”。既要“持法有恒”（《三国志·傅嘏传》裴注引《傅子》)，又要“两尽其用”，“以定厥中”。“礼、法殊途而同归，赏、刑递用而相济”，这是一条基本原则，目的是为了实现“德化”之治。如果把礼法、赏刑的手段仅仅看作去取得失的选择，那是无益于治道的。

最后，从现实出发，应该坚持“先礼后刑”的方针。上述《法刑》篇所论，所谓“先礼后刑”、“先刑后礼”的选择，应考虑到治世与乱世的区别，也要看到“圣帝明王”与“暴君昏主”所起的作用，不能就事论事，唯以法刑轻重作文章。从总的原则来讲，傅玄认为“先礼后刑”是可取的。他说：

> 天地成岁也，先春而后秋；人君之治也，先礼而后刑。(《意林》卷五)

这段话其实在建安末年丁仪的《刑礼论》里就有过表述。当时天下已定，曹魏禅代在即，所以丁仪是主张用礼治代替法治的。傅玄之所以要重复当年丁仪的议论，是因为曹魏后期司马氏也同样需要有这样的认识，禅代魏室不应该抛开礼治不顾。

另外《法刑》篇举先王之例，特别提到“罪连三族，戮及善民”，而有“无辜而死者过半”的情形，这是值得注意的，与现实不无关系。正始之后，司马氏执政，“罪连三族”愈演愈烈，激起了士人的反感，导致了方镇的反叛，甚至株连到忠于司马氏的臣僚。[①] 这种残暴行径对司马氏政权很不利。傅

① 据《晋书·刑法志》记载，司马师执政时，“追刑已出之女”，与司马师通姻的荀氏之女适于他族者，亦不得免。何曾出面力争，才权为修改。

玄对此当然不便明言，但借古讽今，这是《傅子·内篇》里常用的手法，其意在于提醒司马氏，既然以名教治天下，就应该“先礼后刑”，以德化民，争取民心。

（三）善赏罚与慎赏罚

人君治国，赏罚是交替使用的两种手段。“赏以劝善，罚以惩恶”，“明赏必罚”乃“政之柄”（荀悦《申鉴·政体》语）。汉末魏初的政论家对赏罚之道，都主张必行，但怎么执行，意见却不完全一致。崔寔以“重赏深罚”为是，荀悦侧重于“不妄”，徐幹主张“不失其节”；正始中讨论赏罚的轻重之别、公私之分，或强调“以情”，或倡言“用智”，或并举以“慎详”，甚或推崇“自然”，不一而足，莫衷一是。《傅子·治体》篇专论赏罚。文曰：

> 治国有二柄：一曰赏，二曰罚。赏者，政之大德也；罚者，政之大威也。人所以畏天地者，以其能生而杀之也。为治，审持二柄，能使生杀不妄，则其威德与天地并矣。……善赏者，赏一善而天下之善皆劝；善罚者，罚一恶而天下之恶皆惧者何？赏公而罚不贰也。有善，虽疏贱，必赏；有恶，虽贵近，必诛：可不谓公而不贰乎！若赏一无功，则天下饰诈矣；罚一无罪，则天下怀疑矣。是以明德慎赏，而不肯轻之；明德慎罚，而不肯忽之。夫威德者，相须而济者也。故独任威刑而无德惠，则民不乐生；独任德惠而无威刑，则民不畏死。民不乐生，

不可得而教也；民不畏死，不可得而制也。有国立政，能使其民可教、可制者，其唯威、德足以相济者乎！

“不妄”正是荀悦的主张。怎么才能做到“不妄”呢？荀悦认为，君主“不止下为善，不纵下为恶，则国治矣”（《申鉴·政体》），即劝善惩恶、明赏必罚的“统法”之政就可做到。傅玄则进一步指出，既要“公而不贰”，又要有善赏罚与慎赏罚两相结合的灵活举措。赏罚的目的，是要使“威德与天地并”，“使其民可教、可制”，所以不能轻忽。善赏罚可体现威德的客观公正性，慎赏罚则可反映君主立威树德的主观严肃性。二者需要兼顾。也就是说，如果只讲公私之分，强调的是善赏罚，忽略的是慎赏罚；反之，只讲轻重之别，又容易出现片面谈论慎赏罚的倾向，而忽略了善赏罚。“审持二柄”，不单纯是赏罚本身的问题，重要的是政之威德与民之好恶“相须而济”，达到“为治”的目的。这才是人主应该着重考虑的大问题。

赏罚问题是体现礼刑之制的，二者有联系，但不是一回事。礼刑论先后，这与为政执行什么路线、方针有关，因为有儒家“先礼后刑”与法家“先刑后礼”的区别。赏罚要“不妄”，则是在儒家礼治路线的前提下，讨论它的方式、方法如何运用的问题。所以，赏罚是“为治”“立政”的，是为政体服务的。汉魏政论家讨论这方面的问题时，常常将礼法之政与赏罚之治混为一体，纠缠不清。例如徐幹《政论·赏罚》、杜恕《体论·法》都是这样，或将赏罚当作“政之大纲”，或论法却以赏罚为主。荀悦、傅玄先后立论，都把赏罚放在为政治国之柄的地位上，这是对的。傅玄更细密地涉及到善赏罚与慎赏罚的主客观领域，讨论就深入了一步。

除了礼刑、赏罚的关系之外，汉魏政论家还特别对肉刑问题争论不休。这就是下面我们要另外介绍的内容。

(四) 关于肉刑问题

所谓肉刑，是指黥（刺面）、劓（割鼻）、剕（砍脚）、宫（阉割）、杀（杀头）这五种酷刑。据说这是上古惩罚罪犯时量刑而用之制。后来，人们理解肉刑，多指亡者刖足、盗者截手、淫者割势这些内容，“杀”不包括在里边。

荀子最先主张恢复施用肉刑。他驳斥了“治古无肉刑”之议，认为不用肉刑，无异于“惠暴而宽贼”；而“杀人者死，伤人者刑”（《荀子·正论》），乃天经地义之理。东汉班固在《汉书·刑法志》里，引述《荀子》中的一大段言论，极为赞成恢复肉刑，[①] 认为“大辟”之外，“募行肉刑”，则“刑可畏而禁易避”。但是，班固之前，西汉文帝时，肉刑已废除，代之以笞刑。此后，刑律虽增改，笞刑而外，或赎金，或增役，但仍然不能解决死刑（杀）与生刑（笞、赎、役等）之间的差距问题，缺乏一种中间刑，于是人们又想到了肉刑。汉末天下大乱时，一些政论家重新倡议使用肉刑，引起了持续的争议。据《晋书·刑法志》记载，最先提出恢复肉刑的是崔

① 《全三国文》卷二〇，曹羲《肉刑论》曰：“夫言肉刑之济治者，荀卿所唱，班固所述。隆其趣，则曰像天地为之惟明；察其用，则曰死刑重而生刑轻。其所驰骋，极于此矣。”

寔、郑玄、陈纪等人。[①] 接着，曹操执政期间，议过两次：前一次荀彧赞成，孔融等反对；后一次陈群、钟繇赞成[②]，王修等人反对。魏文帝受禅以后，魏明帝太和初，亦曾分别议过肉刑，钟繇赞成，王朗等人反对。正始后期，又议肉刑可行与否，李胜、曹彦著文赞成，夏侯玄、曹羲、丁谧等人著文反对，论辩往返，十分热烈。[③] 总之，汉末以来，围绕着肉刑可行与否的问题，议来议去，一直不能决定。甚至延及两晋，肉刑也还继续在讨论，始终没有实行。

关于肉刑之议，大体而言，赞成的理由有二：第一，死刑与生刑之间，应该有肉刑作为轻重之阶，这样既可使不当死而死者免死，又可使惩罚太轻而恶不止者惜身，产生惩恶止罪的作用；第二，肉刑不影响人口繁育，这在汉末以来天下凋残的情况下，是很有力的一条理由。而反对的理由也有二：其一，肉刑不仁，它造成人体残缺，有违于名教，不厌于众心；其二，肉刑禁之已久，一时革旧，还不如以加重生刑的程度，或者增加律令的规定，甚至干脆以杀代刑更好一点。

曹魏时期，刑法的轻重失当问题始终解决不好。虽然魏明帝太和初改定了旧律，颁布了新律，但新律规定中增入了罚金、赎抵罪等名目，弊端是显而易见的；而且明帝宠信左右，纵容身边小人，法律在贯彻中又出现了偏袒亲贵的倾向。

---

① 仲长统、荀悦也是主张恢复肉刑者，《昌言》、《申鉴》里均有这方面的文字论述。

② 傅玄之父傅幹也是赞成者，其《肉刑议》文今存。

③ 李胜、夏侯玄等人关于肉刑的讨论文字，可参见《全三国文》。

傅玄评议道："若亲贵犯罪，大者必议，小者必赦，是纵封豕于坟内，放长蛇于左右也。"（《御览》卷六五二）又曰："入粟补吏，是卖官也；入金赎罪，是纵恶也。"（《意林》卷五）卖官是汉末发生的事，赎罪是魏明帝时新出的花样。宽容亲贵与入金赎罪是养奸纵恶的表现。正始时期依然如此。这样，肉刑之议再一次发生了。夏侯玄提出"杀人可也"，肉刑是断不可用的。理由是："下愚不移"，故应杀；肉刑不利于"反善"、"改悔"，故无取。① 他的这番议论在当时很有影响，直到东晋时，还有人推崇夏侯玄。傅玄有关肉刑的言论，主要是针对正始后期夏侯玄等所发宁杀勿刑之议的。

现在，我们来看傅玄的意见。他在《问刑》篇写道：

> 或曰：汉太宗除肉刑，可谓仁乎？傅子曰：匹夫之仁也，非王天下之仁也。夫王天下者，大有济者也，非小不忍之谓也。先王之制，杀人者死，故生者惧；伤人者残其体，故终身惩。所刑者寡而所济者众，故天下称仁焉。今不忍残人之体，而忍杀之，既不类伤人刑轻，是失其所以惩也；失其所以惩，则易伤人；人易相伤，乱之渐也，犹有不忍之心，故曰匹夫之仁。

汉文帝前十三年（公元前 167 年），文帝有感于肉刑"断支体，刻肌肤，终身不息"，"痛而不德"，下诏废除肉刑。丞相张苍、御史大夫冯敬于是修改刑律，当劓者笞三百，当斩

① 参见《全三国文》卷二一，夏侯玄文《肉刑论》、《答李胜〈难肉刑论〉》。

左趾者笞五百，结果受笞者大多致死。所以景帝继位后，下诏再减笞刑之数，认为原先“加笞与重罪无异”，“外有轻刑之名，内实杀人”（《通鉴》卷一五），即用肉刑不当死者反而因笞刑丧命。傅玄从这一事实出发，指斥汉文帝声称“不忍残人之体”，却有“忍杀人”的行径，因此从“仁”的角度而论，“除肉刑”站不住脚，只能称之为“匹夫之仁”，而与“所刑者寡而所济者众”的“王天下之仁”有着显著区别。至于正始中夏侯玄等人以人性自然为理由，反对恢复肉刑，却宁肯以杀人重惩，更是“失其所以惩”的不仁言行。傅玄指斥“今不忍残人之体，而忍杀人”[①]，也同样是“匹夫之仁”。

傅玄为了证明恢复肉刑的合理性，还设喻举例，竭力加以论证。请看他的意见：

> 救婴孩之疾，而不忍针艾，更加他物，以至死也。今除肉刑，危者更众，何异服他药也？肉刑虽斩其足，犹能生育也。张苍除肉刑，每岁所杀万计；钟繇复肉刑，岁生二千人也。名肉刑者，犹鸟兽之登俎而作肉。（《意林》卷五）

据《三国志·钟繇传》记载，太和中，钟繇上疏魏明帝，提出肉刑“虽斩其足，犹任生育”，“臣欲复肉刑，岁生三千人”。这对人口大量减少的曹魏帝国是有利的，止杀增人当然比“所杀万计”的情形更具现实意义。傅玄又曰：

① 仲长统《政论·损益》篇也有如是表述。这说明汉末就有滥杀情形。

今有弱子当陷大辟，问其慈父，必乞以肉刑代之。苟可以生易死也，有道之君能不以此加百姓乎？蚍螫在手，壮夫断其腕，谓其虽断不死也。（《意林》卷五）

这段话估计是引述李胜之论的。李胜不赞成夏侯玄以杀代刑的主张，写过一篇《难夏侯太初〈肉刑论〉》（见《全三国文》卷四三）的文章，其中就有慈父乞肉刑、壮夫断其腕的例子。李胜是赞成肉刑的，傅玄引他的文字，当在李胜未诛之前，即正始年间。当时讨论肉刑，曹羲也是反对派中一员。傅玄又引用曹羲的文字，以显其自相矛盾之处：

曹羲曰："絷驯驹以缪绊，御悍马以朽索。"今制民以轻刑，亦如此也。

曹羲的原文出处已不详。不过，御世如御马，这是荀子、韩非道及之理，汉魏政论家常援引为喻。马有悍、驯之分，御之有铁辔、朽索之别。所以傅玄把"释法任情"（《释法》）、"制民以轻刑"比作"执腐索以御奔马"（《释法》）。那么，曹羲既懂此理，为什么要反对用肉刑呢？

当然，从社会发展进步的角度论，废肉刑是一种文明的举措，反对复肉刑是历史的必然。我们很难说，傅玄竭力赞成用肉刑有什么高明之处，因而值得肯定。但是，汉魏之际政论家反复讨论这个问题却是有原因的。这就是刑律不完善，造成重刑被杀者太多，轻刑该罚者又不足以惩恶止罪，轻重之间悬隔太大，亟须有中间刑。当时人想到的是肉刑。因此，复不复肉刑，实际上关系到怎样执行法治的问题。不主张复肉刑的人，同时又赞成滥杀人；主张复肉刑的人，不赞成滥杀，也不赞成轻刑失度。相比较而言，后者于现实政治具有积极意义，他们大多是儒法兼济论者，急于治世，想恢复废除近400年的肉刑，以制止社会犯罪，维护法治秩序。傅玄赞成恢复肉刑，正是如此，他以为“王天下”就不可有“匹夫之仁”，这道理不错，但方法并不可取。健全法治，首先要完善法律制度，并非只有用肉刑才能解决问题。在这点上，当时政论家有着共同的历史局限，傅玄也不例外。

综上所述，傅玄“通儒达道”的观点，就是希望人主实行儒、法兼济之“道”。君要有为，正己于心，息欲明制；接人以信，上下相奉；化下以仁孝，兴天下之利，崇事亲之道；辅之以法刑，达到保国致治的统治目的。只有这样，才可言“无为无不为”的治道。傅玄既批评“释法任情”之弊，又指斥“专任刑名”之失，但更主要的是针对玄学泛滥中贵黄老、崇老庄、倡无为之治的时代思潮，关心的是正始以后司马氏政权如何实现“政乃升平”的大计方针。他举前代开国之君为例：

> 汉高祖度阔而网疏，故后世推诚而简直；光武教一而网密，故后世守常而礼义；魏武纠乱以尚猛，天下修法而贵理。（《意林》）

刘邦、刘秀、曹操都是前代创业有为之主，他们都是在天下汹汹的时代，把握天下大势，推行自己的治国方略，各自成就了一代雄主霸业。因此，对于司马氏而言，怎样审时度势，实现统一天下的大业，这是不能不考虑的大问题。傅玄写道：

> 经之以道德，纬之以仁义，织之以礼法。既成，而后用之。(《意林》)

这段话形象地说明，儒家的道德仁义是体，礼法互补是用，体用结合，才是致治之道。他所谓的“通儒达道”，也可以拿这段话作注解，二者的精神实质是完全一致的。变无为为有为，儒法并用，这是汉初思想家贾谊的主张。这些主张成了汉代新儒学的重要内容，也构成了“汉家制度”(汉宣帝所谓“以霸王道杂之”)一以贯之的统治方式。傅玄十分推崇汉代400年统治的成功经验，他的政论中吸取贾谊思想的倾向也是很清楚的。

第六章 “尊其道，贵其业，重其选”

——君人南面之术（二）

入晋之初，傅玄向晋武帝上疏陈要务，疏文中有这样一段话：

> 夫儒学者，王教之首也。尊其道，贵其业，重其选，犹恐化之不崇；忽而不以为急，臣惧日有陵迟而不觉也。仲尼有言：“人能弘道，非道弘人。”然则，尊其道者，非惟尊其书而已，尊其人之谓也；贵其业者，不妄教非其人也；重其选者，不妄用非其人也。（《晋书》本传）

这意思很明白，是建议晋武帝以尊儒贵学、选贤任能作为有晋立国的当务之急。这一建议的出发点，是有鉴于“汉魏之失”与晋初“不以为急”的现实而言的，是为司马氏政权的“纲维”献计进策的。其基本思想在入晋以前完成的“存重儒教”（王沈评语）的《傅子》里，就有十分明确的表述。例如《举贤》、《授职》、《重爵禄》、《贵教》、《戒言》、《矫违》诸篇，就是专门讨论这方面的问题的；《通志》、《信直》、《安民》三篇，以及其他一些零散段落，也有所涉及。

一、尊儒家之道，因德知人

儒家学说，先秦有孔子、孟子、荀子等开创的原始儒学。孔子讲为政之道，强调法先王，遵西周时的政教，提倡忠恕仁爱。孟子继承孔子学说，讲仁政，主张“兼爱”、“性善”，“仁”与“义”并重。荀子论儒家之道，既主法先王，又兼法后王，援法入儒，王霸并重，主张“隆礼义而杀《诗》、《书》”，突出人的作用，认为：“道者，非天之道，非地之道，人之所以道也，君子之所道也。”（《荀子·儒效》）

汉初，黄老思想在政策上、学术上都居于支配地位。这应该从两方面来看。一方面，秦朝的速亡教训，汉初统治者心里有数，而且因战争破坏，经济尚待恢复，黄老清静无为的思想正好适应休养生息的需要。另一方面，汉王朝建立后，还有一个最重要的任务是巩固政权，维护中央集权的社会秩序，这就需要加强法治，而黄老思想中积极进取的法家精神与立场，就更为统治者乐于接受。所谓“汉承秦制”，就是说法家的指导思想在政治上没有变。黄老思想的政治实质是法家思想，它清静无为的一面只是为着调整政策的需要而加以利用的权宜之计。因此，不放弃法家思想，吸收黄老思想，最终要复兴儒家思想，本来就是汉初统治者的指导思想。经过一段休养生息，陆贾、贾谊等人融合儒法的新儒学出现了，荀子的影响占据了主导地位。到了汉武帝时期，大一统的王朝步入鼎盛阶段，董仲舒提出了“罢黜百家，独尊儒术”的建议，建立了融合各家思想的全面发展了的思想体系，其中“独尊”的儒家思想仍以荀子思想居于优势。

荀子思想是以融合儒法为特征的，它的影响自汉初至武帝时期在儒学领域始终占据着主导地位。但是，武帝以后，昭帝元始六年（前 81 年）召开的盐铁会议，贤良文学与桑弘羊之间展开激烈辩论，前者抬出反法家思想的孟子学说，反对战争，抨击政治，为劳动人民遭受的苦难说话，这自有它的进步意义。从此以后，儒家中孟子的思想不断扩大影响，到宣、成二帝时期逐渐成为主导思想，最终被认同为儒家思想的正宗。例如扬雄在《法言》中，就是“窃自比于孟子”，声明与荀子“同门而异户”，明显地扬孟抑荀。

当然，终两汉之世，“杂王霸而用之”，这始终是政治思想领域的主流，荀子思想的实际影响是十分显著的。但是，西汉宣帝时召开的石渠阁会议和东汉章帝时召开的白虎通会议，在盐铁会议的基础上，使儒家孔孟思想在政治上的统治地位得以真正确定，法治的精神为礼治的权威所代替。与此同时，今文经学取得支配地位，它的阴阳灾异思想一度变为谶纬，经学沦为政治的附庸，政教合一的神学经学使儒家学说演化为教条；古文经学虽然日益抬头，但它并不能取代今文经学，今、古文经学与谶纬三足鼎立，直到汉末马融、郑玄注经才融合统一。这种统一实际上又是经学由衰落走向破产的最终形式。

经学的没落与汉末政治的腐败，相应地就会出现用新的思想武器批判社会政治的思潮。名家、法家、道家、纵横家在汉魏思想领域所以异常活跃，原因就在于此。儒法兼综的思想是西汉武帝、宣帝时期两度强盛的统治思想，恢复这一传统应是挽救时局的最佳选择。所以汉魏思想家、政论家大多倾向于援法入儒，强调法治的必要性，道理也在于此。儒家学说中荀子的思想又一次受到人们的重视，也是必然的。但是刑名法术思想又很容易导向黄老思想。这情形在曹魏时期的政治生活中，一度形成主流。同时，以道家思想为特征的玄学思潮，在士人中也形成了一股强大的声势。

傅玄生活在玄学兴盛的时代，他要“存重儒教”，倾向于荀儒学说，这是很明显的。他赞同“人能弘道”，“隆礼尊贤”，主张“尊其人”而非“尊其书”，这也是《傅子》里重要的内容。

（一）隆礼要重德轻言

汉末以来，人们讨论名实问题，是从德与才的关系上展开的。所谓名不副实，不仅指才学，也包括德行。但是，曹操倡导“唯才是举”，自然形成了重才轻德的时代风尚。这样一来，“才”又成了士人标榜称道的对象，出现了浮华交游的朋党现象。以言辩取胜，这是显示才学、赢得声名的重要手段。重才轻德，自然演变成了重言轻德。傅玄在魏明帝时期所写《马钧传》，就力主以德行、事功取士用人，批评以言辩是非为能的时尚。入晋后，他给晋武帝上疏所陈，也指出汉魏以来，太学办得一团糟，“百官子弟不修经艺而务交游，未知莅事而坐享天禄”，已“不闻先王之风”，不重儒学，不重德行，由来已久，影响很大。

《傅子》是讲礼教治国之理的。在傅玄看来，隆礼是人主明君必须十分重视的问题。《戒言》篇曰：

> 上好德，则下修行；上好言，则下饰辩。修行，则仁义兴焉；饰辩，则大伪起焉。此必然之征也。

这是说上之所好直接关系着“仁义兴”还是“大伪起”的世风所向。作为人主，要认识到好德的重要性，自无疑问，但仅此又是不够的，还要认识到德修的难度，这才是关键。因为：

> 德者，难成而难见者也；言者，易撰而易悦者也。先王知言之易，而悦之者众，故不尚焉。不尊贤尚德，举善以教，而以一言之悦取人，则天下之弃德饰辩以要其上者不鲜矣。何者？德难为而言易饰也。……夫德修之难，不积其实，不成其名；夫言撰之易，合所悦而大用。修之不久，所悦无常，故君子不贵也。

可见，好德常常会为易悦之言干扰，人主很容易“所悦无常”，“以一言之悦取人”；而修行的效果“难见”，短时间“难成”，远不如“要其上”有名有实来得容易。所以，人主要审言观行。《通志》篇曰：

> 凡有血气，苟不相顺，皆有争心。隐而难分、微而害深者，莫甚于言矣。君人者，将和众定民而殊其善恶，以通天下之志者也。闻言不可不审也。闻言未审，而以定善恶，则是非有错，而饰辩巧言之流起矣。故听言不如观事，观事不如观行。听言必审其本，观事必校其实，观行必考其迹。参三者而详之，近少失矣。

要想判断一个人的善恶，仅凭“一言之悦”是远远不够的，而且“害深”、“有错”，重要的是观事、观行，这就是“审其本”。

在实际生活当中，傅玄归纳的这个用人规则，常常不能得到遵守。原因在于：人主“闻言未审”的事经常发生，下以言“要其上”而“悦之者众”。因此，重言既有基础，又有条件；惑于言饰，信于言辩，定于言悦，轻德而取用人，就是必然的。所谓“尊贤尚德”，这对人主来讲，不仅要提倡，而且要实行。实行的难点在“审”。“审”的内容有听言、观事、观行，“参三者而详之”。通过这些程序，确定一个人的善恶之分、真伪之别，也只能避免“少失”，不能保证无失。因为人主的主观好恶还会影响“殊善恶”、“别真伪”的结果，而客观上“典说诡合，转应无穷”的求悦争心，也会发生作用。因此，闻言而审后，定其善恶仍是一难。傅玄讲：“知人之难，莫难于别真伪。”（《长短经·知人》）克服的办法，只有“隆礼”。怎么“隆礼”？傅玄多处强调：作为人主，身正听一，至公无忌，这是关键；作为制度，推行教化，“明其大教，长其义节”（《晋书》本传语），这是保证。只有如此，才能形成“重德轻言”的社会环境，塞“营私以害公，饰虚以求进”（《安民》）之路。

傅玄主张“隆礼”，以礼治国，造就一种“上下相奉”（《晋书》本传语）的局面，出现这样的情形：

> 君子审其宗而后学，明其道而后行。（《意林》卷五）

> 闻一善言，见一善事，行之唯恐不及；闻一恶言，见一恶事，远之唯恐不速。（《意林》卷五）

但这需要上下努力，才能实现；需要人主知难而行，使“道化隆于上”，才能造就。

（二）尊贤要容直臣识奸佞

傅玄讲：“贤者，圣人所与共治天下者也。”（《举贤》）人主求贤、举贤、用贤，更要尊贤。而尊贤，就要容直臣，纳直言。《通志》篇曰：

> 世尚宽简，尊儒贵学，政虽有失，能容直臣。简则不苟，宽则众归之。尊儒贵学则民笃于义，能容直臣则上之失不害于下，而民之所患上闻矣。自非圣人，焉能无失？失而能改，则所失少矣。……明主患谀己者众，而无由闻失也，故开敢谏之路，纳逆己之言。苟所言出于忠诚，虽事不尽是，犹欢然

> 受之，所以通直言之途，引而致之，非为名也，以为直言不闻，则己之耳目塞。耳目塞于内，谀者顺之于外，此三季所以至亡而不自知也。

《信直》篇又曰：

> 古之贤君乐闻其过，故直言得至，以补其阙。古之忠臣不敢隐君之过，故有过者知所以改；其或不改，以死继之，不亦至直乎！……有臣若此，其君稀陷乎不义矣！

这两段文字说明一个道理：古今君主治政理民，不可能无失无过，直臣直言无忌，匡失补阙，能通天下之志，因此容不容直臣，纳不纳直言，改不改过失，是明君与昏主的显著区别。“开正直之路”，使“清议行于下”（《晋书》本传语），就是“开敢谏之路”，“通直言之途”。这种“宽简”之风，有待于人主立公制、行公道，尊儒贵学，才能形成。

尊贤，还得识奸佞。《通志》篇里讲到，人主左右“谀己者众”，常出现“权移左右，而上势分矣”的情形。《矫违》篇进一步分析，指出人主有私欲，很容易惑于佞而不觉；佞人善养人私欲，乱于正而有术，所以“正道之不行，常由佞人乱之也”。不识奸佞，不斥虚鄙，所谓尊贤就只能是一句空话。怎么识别呢？这是傅玄着重要讲的一个问题。他指出，佞人有三种类型：

> 行，足以服俗；辩，足以惑众。言必称乎仁义，

> 隐其恶心而不可卒见；伺主之欲微合之，得其志敢以非道陷善人。称之有术，饰之有利，非圣人不能别。此大佞也。
>
> 其次，心不欲为仁义，言亦必称之，行无大可非，动不违乎俗，合主所欲而不敢正也；有害之者，然后陷之。
>
> 最下佞者，行不顾乎天下，唯求主心，使文巧辞，自利而已，显然害善，行之不怍。

“佞”有大佞、次佞、最下佞之别。“大佞形隐，为害深；下佞形露，为害浅。形露，犹不别之，可谓至暗也已。”傅玄以为，人主能识“大佞”，方为明主。

我们知道，荀子论臣道，分大忠、次忠、下忠和国贼四种，没有详列国贼之别。傅玄论臣道，分直臣（即贤臣）与大佞、次佞、下佞，也是四种，主要是讲国贼问题的。国贼祸国，佞人乱政，这是汉末桓、灵以后有识之士痛心疾首的弊端。所谓“忠臣”，应该说是以忠君为特点的。当君主昏庸、国事不堪之时，“忠臣”就会成为昏君的得力助手，打击正直之士，危害国家利益，其实就是奸佞小人。“忠”与“佞”本来是对立的，可是又出现了相通的现象。汉魏人士开始思考并讨论这个问题。比如，傅玄之祖傅燮在讨击黄巾军时，上疏汉灵帝，认为“阉竖弄权，忠臣不进”是社稷之忧，阉竖中官“巧辞饰说，共长虚伪”，是“奸凶”，当速行诛戮；忠臣正人不受信任，虽是“善人”，却无能为力。傅燮之议是从国家利益考虑的，他忽略了汉灵帝这位昏君的意向。因为在灵帝看来，阉竖是他的“忠臣”。后来，荀悦论政体，强调要

“除四患”，“四患”即伪、私、放、奢等四种表现形式，提出要用贤臣，防止“奸讦伤忠正”，而“治乱之本在左右”，“不拒直辞”，不以“附上为忠”（《申鉴·政体》）。可见“贤臣”比“忠臣”可贵，“直辞”比“附上”有益。到了魏明帝后期，杜恕讲：“忠臣不必亲，亲臣不必忠。”（《三国志》本传语）“忠臣”与“亲臣”是有区别的，不能混同一体。袁准进一步讲，“直士”与“忠臣”之间，在对待君主之失的问题上，特点不一。他举例说，杨阜“见人主失道，力诋其非而播扬其恶”，是“直士”；陈群“谈论终日，未尝言人主之非，书数十上，外人不知”，是“忠臣”。[①] 其实，魏明帝并非昏主，他振作有为，求贤心切，又能容直臣，但是他又亲信左右小人，大造宫室，拒绝直谏之劝。杜恕、袁准的议论的着眼点在于，即便魏明帝这样的有为之主，也需要有像杨阜、高堂隆等“直士”，时时向他规谏进言，提醒他劝阻他。

傅玄著论，将“直臣”与“奸佞”对举，撇开“忠臣”的概念不论，这使问题更深入更明朗了。按照他的意见，“直臣”是良臣贤臣，要“引而致之”；所谓“忠臣”，则往往是事主求荣的佞人，要善于识别。傅玄入晋前入晋后反复提醒司马氏，要“识奸佞”，“斥虚鄙”，“举清远有礼之臣”，用意就在于此。傅玄的意见没有也不可能为司马氏政权采纳，但却受到后世魏徵的重视。魏徵《群书治要》里大量采辑《傅子》文，他注意到傅玄关于“识奸佞”、“容直臣”的议论，并向唐太宗进言：

① 参见《通鉴》卷七三引《袁子正论》语。

> 良臣使身获美名，君受显号，子孙传世，福禄无疆；忠臣身受诛夷，君陷大恶，家国并丧，空有其名。以此而言，相去甚远。(《旧唐书·魏徵传》)

魏徵将“良臣”与“忠臣”的显著区别明确说清楚了。“良臣”就是“直臣”，魏徵本人成了历史上有名的敢直言相谏的“直臣”，唐太宗也信任依重他。这是后话，不过魏徵与唐太宗之间的关系，正是当初傅玄著论时想望的榜样。

我们再回到傅玄立论的时代来看，还会发现傅玄诋斥的“奸佞”，自有现实生活中的形象可据。三“佞”里，下佞是有定论的。正始中，王肃已将何晏、邓飏一伙比作弘恭、石显之辈的“前世恶人”(《三国志·王肃传》)。傅玄曾遭受过何晏等人的迫害，他当然不会对这伙“恶人”有什么好感，王肃的议论代表当时士人的普遍看法，何晏辈正始名士被司马懿一网打尽后，当时没有人表示同情。[1] 傅玄讲，下佞“形露，为害浅”，容易识别，而最危险的是大佞、次佞，这班人“形隐，为害深”，不易识别，又必须识别。《傅子》里记载曹魏时期的臣僚，具备大佞、次佞特征的，略可知有刘晔、李丰二人。刘晔“善伺上意所趋而合之”，还是被魏明帝识破了；李丰“饰伪而多疑”，与夏侯玄等人同被司马师诛杀了。傅玄亟言“识奸佞”时，当然不是仅在死去的人士里作文章，他更主要的应是有感于司马氏左右有奸佞未被识别出来这一现

---

① 何晏等人作为玄学家的贡献，是提出哲学本体论的命题，对传统儒学的局限作了划时代的探讨。后世论者同情他们，往往着眼于此，而忽略他们在政治上的行径。这应该区别开来看待。

状。《傅子·内篇》写成的时间，是在司马昭统政以后。傅玄曾在司马昭军府呆过，但司马昭统政后，他居外任，当时司马昭信任的人士，除了羊祜、郑冲、何曾等老资格的重臣外，还有一班新人很活跃，其中就有贾充、裴秀、钟会、王沈、荀勖、山涛等人，被委以“腹心之任”，作用很大。高平陵之变前，他们中除贾充居外任、山涛为竹林七贤之一外，其他人都在曹爽集团的圈子里有职事。这些人大都善于见风使舵，能言善辩，言行不端。比如裴秀、钟会也曾在司马昭军府有过职任，贾充、荀勖入晋后典掌机要，与傅玄前后均有过交道，但傅玄并没有与他们合伙。裴秀、钟会、山涛是玄学中人，裴秀的“悬言物理”（《马钧传》），傅玄就极为反感。例外的情形只有王沈。《傅子·内篇》是送给王沈过目的，王沈当时“典著作”，这可能是傅玄与他交涉的原因，或许还有其他因素亦未可知。总之，司马昭手下这班“腹心之任”，是摇身一变后迅速发迹的人物，傅玄有理由怀疑他们是投机分子，司马氏政权依靠这些人支撑，恐怕不是幸事。傅玄入晋前建言“识奸佞”，入晋后上疏“斥虚鄙”，绝非泛泛而论，而应联系司马氏政权依重的成员来说明其中的道理。

除了实际政治意义外，傅玄“识奸佞”的主张还具有深刻的理论价值。在中国封建专制的制度下，奸佞是祸国殃民的一帮政治垃圾，又是中央集权常常要倚重的一批社稷蛀虫。他们“称之有术，饰之有利”，又“隐其恶心”，上伺主欲而合，下陷善人有方，“为害深”却极难识别。佞人售其奸而乱政，是封建政体的顽症痼疾，历朝历代都无法摆脱它的困扰。当然，仅仅用识奸佞用直臣的办法是不治本的，只不过是一种消极防范的主意，并没有制度的保证，因而实际上是行不通的。铲除奸佞赖以产生的集权制度这具温床，才是问题的核心所在。傅玄不可能从这个意义上认识奸佞问题，他只是提出并分析了识别奸佞的方法、意义，论证了它的可行性，强调了君主的责任。尽管如此，我们仍应充分肯定这些理论见解的积极可贵之处。比如：奸佞是以伪装的形式表现出来的，表现的方式又有种种差异，君主惑于佞而疾于直，直臣直言乃忠诚的表现，等等，都是极富创见的一家之言，比之前代理论中的表述，更臻完善、深刻。

（三）弘道要重爵禄之分

儒家、法家都以为，贵贱有等、上下有序是完全必要的。除了教化的作用外，制度上也要保障尊卑之分。这种等级分配制度，对有效行使封建统治的权力，在历史上曾起过进步作用。傅玄既强调隆礼尊贤要重德行，又主张用人弘道要讲实利。他提出定爵禄之制，就是出于这样的考虑。《重爵禄》篇曰：

> 夫爵者，位之级；而禄者，官之实也。级有等而称其位，实足利而周其官，此立爵禄之分也。爵禄之分定，必明选其人而重用之。德贵功多者，受重爵大位、厚禄尊官；德贱功寡者，受轻爵小位、薄禄卑官。

“爵禄之分”反映等级、实利的差别，关系到德的贵贱、功的多寡，涉及到选用其人的位与官、利与禄，因此要重视它的功能。

贪官污吏贪的是私利，污的是公法，害的是国家，坑的是百姓。他们与奸佞不同的地方，是从经济上满足自己的私欲。制止的办法就是私利与公法兼顾。“爵禄之分”作为利与法之间的调节杠杆，发挥着制约、监督的作用。傅玄说：

> 居官奉职者，坐而食于人。既食于人，不敢以私利经心；既受禄于官，而或营私利，则公法绳之于上，而显议发之于下。是以仁让之教存，廉耻之化行，贪鄙之路塞，嗜欲之情灭，百官各敬其职，大臣论道于朝，公议日兴而私利日废矣。

居官受禄仍然“营私利”，贪鄙嗜欲，则上有公法，下有显议，这就有制可依，有道可论。官吏奉职而敬职，应该保证他们安身立命的利益。他又说：

> 凡欲为治者，无不欲其吏之清也，而不知所以致清而求其清也。此犹浑其源而望其流之洁也。……夫弃家门，而委身于公朝，荣不足以庇宗人，禄不足以济家室，骨肉怨于内，交党离于外，仁孝之道亏，名誉之利损，能守志而不移者鲜矣。人主不详察，闻其怨兴于内而交离于外，薄其名必时黜其身矣。家困而身黜，不移之士不顾私门之怨，不惮远近之谪，死而后已，不改其行，上不见信于君，下不见明于俗，遂委死沟壑而莫之能知也，岂不悲夫！天下知为清之若此，则改行而从俗矣：清者化

而为浊，善者变而陷于非。若此而能以致治者，未之闻也。

为政“致治”，就得“吏清”；“清”要先致后求，爵禄问题就是“致清而求其清”的“致治”之道。这是不能不重视的实际问题。

傅玄“重爵禄”的观点，同样体现出援法入儒、儒法兼用、“通儒达道”的治政思想。关于这个问题，需要说明以下几点。

第一，傅玄讲“爵禄之分”，受荀子学说的影响。荀子认为，致士要有道有法，尊贤明分。他在《王霸》、《富国》、《非相》等篇里，反复强调“礼法之大分”，礼要使贵贱有等，“分”要使百官各有职事，而天子拱已，“管分之枢要”。这也是傅玄多处附和赞同的意见，甚至有复述引用的地方。比如：

贵有常名而贱不得冒，尊有定位而卑不敢越。（《意林》卷五）

悬千金于市，市人不敢取者，分定也；委一钱于路，童儿争之者，分未定也。（《意林》卷五）

士大夫分职而听，诸侯之君分土而守，三公总方而议，则天子拱已而已矣。（《长短经·大体》）

荀子论君道，有一条是“显设人”，即“论德定次”，“量能授官”；用人之法要“悬贵爵重赏以招致之”。傅玄主张用贵爵重禄授与德贵功多者，使居官奉职者敬职守志，以防清浊不分、善恶难辨，以塞贪利从俗之变。显设明分的这一指导思想，傅玄的主张与荀子的君臣之道是一致的。

第二，傅玄之议是为了纠正汉魏吏制之弊而发的。汉末至入晋之前，政论家讨论吏禄，前后有过两次。第一次是在曹操执政时期。当时天下大乱，军用不足，选用官吏尚节俭。据《三国志·和洽传》所言，官吏“俭素过中”，因有“故汙辱其衣，藏其舆服”的时尚，为的是博取廉洁之名。孙盛评曰：“夫矫枉过正，则巧伪滋生。”这显然不可取，而且有失体统。因此，荀悦、徐幹、刘廙在各自的政论著作里，都提出禄养问题。比如刘廙就讲，“禄薄，所以不得成其清”，吏清就须“重其禄”（《政论·备政》）。徐幹立论讲，先王重爵禄；荀悦论时事，指出今禄因时匮而轻，“增之宜也”（《申鉴·时事》）。待到入魏以后，吏禄得以改善，爵位虽系虚封，但也粗粗有制。第二次议吏禄是在诛曹爽集团以后。由于魏明帝后期对外用兵，又大造宫室，国用窘困，吏禄无法保证，为官与民争利的事并不少见。这种情形在正始中继续存在。司马懿诛曹爽集团后，王昶陈进“五事”中，就有“约官实禄，励以廉耻”一事，说明吏禄是当务之急，应该解决。袁准则建议实行厚禄，“使吏禄厚则养足”（《袁子正书·政略》）。傅玄提出厚禄吏清的主张，显然是上述两次讨论中的共识。

第三，傅玄贵禄又重爵，应在司马氏立五等爵之前提出才合乎道理。嘉平以前，即魏文帝、魏明帝统治时期以及正始年间，爵禄问题讨论得不多，即便涉及，也只言禄不言爵。例如桓范《世要论》、袁准《正书》，就是如此。因为曹魏政权严密禁锢宗室诸王，已成既定方针，爵位虚有其名，不可能犯忌而论。文帝时曹植上表，明帝时曹幹上表，正始中曹冏上书，前后都提到恢复宗亲爵位的待遇问题，均无下文。政论家回避这个问题，这是曹魏政体决定了的。但是，司马氏掌权以后，鉴于曹魏之失，议论封爵立制，终于在入晋前夕恢复了五等爵，完成了禅代的准备程序。所以，傅玄“重爵禄”之议是适应司马氏的意愿而发的，在立五等爵之前，不可能在立五等爵之后。入晋前后，爵禄已不成问题，新问题是贪利奢靡。刘寔著《崇让论》，庾峻上疏晋武帝，亟言官吏“争竞”成风、“爵禄使下”之弊，这是需要采取另外的办法克服的，不是单纯的爵禄之制可以阻止的。而且，傅玄入晋以后有爵有禄，他也并不十分在意礼让陵迟、风俗趣竞的演变情形，他现存的著作文章里没有这方面的议论。

二、贵儒学之业，因善教人

傅玄提出“尊儒尚学”、“贵其业”的建议，入晋前、入晋后的出发点是不尽相同的。入晋前，他在《傅子》里讨论这个问题，是从教化的角度立论的；入晋初，他向晋武帝上疏，是着眼于人才的培养。下面，我们主要介绍他在《傅子》中的观点。

（一）人性“有善可因，有恶可改”

儒家先师孔子未论人性善恶之分。在他以后，孟子主性善，荀子主性恶；荀子的再传弟子贾谊不赞成笼统的性善性恶之论，主张有善有恶。在曹魏正始前后，比较流行的看法是性恶论。比如杜恕讲："议者言，凡人天性皆不善，不当待以善意。"（《三国志》本传注引《杜氏新书》）前面我们已指出，傅玄是主"水性说"的，即认为人性是随环境变化的，善恶是因时因势而异的。在防恶重教的意义上，具有法家倾向，与荀子的重教思想是一致的。傅玄主张"立善防恶"（《法刑》），以礼教为"大本"，推行教化。他说："道教者，昭昭然若日月丽乎天。"（《文选》卷五九沈约文注引）即认为道德教化（即"道教"）的作用是客观存在，如日月中天。

更重要的是，在傅玄看来，民是"可教"的，人性是可以教化的。《贵教》篇曰：

> 虎至猛也，可畏而服；鹿至粗也，可教而使；木至劲也，可柔而屈；石至坚也，可消而用。况人含五常之性，有善可因，有恶可改者乎！

又曰：

> 人之性，避害从利。故利出于礼让，则修礼让；利出于力争，则任力争。修礼让，则上安下顺而无侵夺；任力争，则父子几乎相危，而况于悠悠者乎！

除了善恶转化、利害选择而外，人还有好学的一面：

> 人之学如渴而饮河海，大饮则大盈，小饮则小盈；大观则大见，小观则小见。（《意林》卷五）

所以傅玄强调“宣德教者，莫明乎学”(《意林》)。学是基础，要“尚学”。

根据傅玄入晋后所言，“汉魏之失”是士族子弟“徒系名于太学”，因而儒学是不被重视的。这个批评有合理的成分，也有不符合实际的地方，需要稍加解释。

汉代儒学的衰落，严格地讲是从确定它的“独尊”地位以后开始的。谶纬化、繁琐化、教条化，窒息了儒学的生命力。汉末王符《潜夫论》提出兼容百家的主张，其实就是想挽救不景气的儒学，他虽然倡导崇儒贵学，但儒学的权威地位已遭到世人的普遍怀疑，不加以改造是不行了。曹操执政以后，贵的是刑名法术，不讲儒学的那一套；入魏后，曹丕倡黄老之学，虽然表面上也有尊孔立庙、恢复太学、撰集经传的举措，但黄初仅六七年，儒学也不可能一下子复兴起来，倒是老子学说更受人欢迎。接着，明帝继位，他一开始就宣布“以经学为先”。太和二年（228年）、四年（230年）连下二诏，既明确指示“尊儒贵学，王教之本”，又痛斥“浮华不务道本者，皆罢退之”；六年（232年）还进一步严办浮华案。魏明帝在位十几年里，始终深疾浮华之士，力求罗致“经明行修”的人才，采取了一系列措施，诸如加强对太学的管理，实行过考试、推荐制度，讨论过考课法，可以说是以一种积极姿态谋求振兴儒学的，既下诏明令，又有实际行动。再从明帝周围辅政大臣来考察，他们绝大多数也是赞同尊儒贵学的，陈群、董昭、高堂隆、王昶、卢毓、崔林、钟繇、杨阜、辛毗……一大批受过传统儒学熏陶的有识之士也在努力贯彻明帝的路线，态度明朗，出谋划策，显得很有气势。按理说，明帝时期儒学应该复兴，可其实不然。我们读《三国志》，从

《王肃传》注引《魏略》序文和《刘馥传》所出刘靖疏文可知，从魏初至高平陵之变这 30 年，也包括明帝在位的十几年在内，儒学始终复兴不起来，京城太学办得“学业沈陨”，弟子避役入学，博士粗疏不堪，学成者寥寥无几，浮华交游成风难禁。这是为什么呢？按照傅玄的解释，这是曹操、曹丕父子不重视儒学，而玄学却得到广泛的传播造成的后果。其实这只是一方面的原因，更重要的原因是儒学自身的不景气造成的。刘大杰先生在《魏晋思想论》一书中曾指出，经学玄学化是魏晋思想界的新倾向之一；玄学给衰微的儒学添入了新鲜的东西，言辨义理比枯燥乏味的教条更对士人有吸引力。这是很有道理的。玄学作为一种思潮，是儒学不振之果，而非不振之因。明帝死后，正始年间玄学很有市场，老子上升到与孔子并为圣人的地位，以道家学说注释儒学经典《周易》、《论语》也成为玄学家（如何晏、王弼）感兴趣的尝试。倡无为、体自然，不仅是士人生活中处世的准则，也渗透到国家政治领域的各个环节。这种变化也不能仅从齐王芳懦弱和曹爽集团的专权来解释。正始以后，司马氏专权，号称以名教治国。嘉平初，王昶向司马懿献策，就重提魏明帝时期的方针：“欲崇道笃学，抑绝浮华，使国子入太学而修庠序。”（《三国志》本传）司马懿也很重视。那么，儒学的境况是否从此好转起来了呢？没有。魏末高贵乡公在位时，太学博士庾峻感到“时风重庄老而轻经史”（《晋书》本传）。晋初傅玄大声疾呼“汉魏之失未改”，这说明儒学在正始以后乃至入晋以后仍然没有在社会生活中受到人们的重视，不景气的状况一直得不到改变。

由此可见，儒学不振不能归咎于提倡不力，也不能怪罪于玄学思潮，关键是它自身的衰微，还没有力量走出困境。这需要一个过程，不是说复兴就能复兴起来的。世风的形成，不能用强行手段去改变，提倡的力量是很有限的。傅玄将儒学一直不景气的原因归结于统治者的政策，意在提醒司马氏以尊儒贵学为当务之急，用心是良苦的，但实际上收效不大，道理就在于此。不过，他从人性的角度立论，提出可教、好学的问题，还是有积极意义的。这比正始中王基、蒋济、桓范、杜恕等政论家的议论，要更切时事，更有价值。

(二) 贵教在于“因善教义”、“因义立礼”

由人性认识出发，傅玄提出“因善教义”、“因义立礼”的贵教主张。《贵教》篇曰：

> 人之所重，莫重乎身。贵教之道行，士有仗节成义、死而不顾者矣。此先王因善教义、因义立礼者也。因善教义，故义成而教行；因义立礼，故礼设而义通。若夫商、韩、孙、吴，知人性之贪得乐进，而不知兼济其善，于是束之以法，要之以功，使下唯力是争，唯争是务。恃力务争，至有探汤赴火而忘其身者，好利之心独用也。人怀好利之心，则善端没矣。中国所以常制四夷者，礼义之教行也。失其所以教，则同乎夷狄矣；失其所以同，则同乎禽兽矣。不唯同乎禽兽，将乱甚焉。何者？禽兽保其性然者也，人以智役力者也，以智役力而无教节，是智巧日用而相残无极也。相残无极，乱孰大焉。不济其

善而唯力是恃，其不大乱，几希耳！

这段文字通过对儒、法、兵三家学说的比较，得出了贵教的结论。儒家重礼治，修礼让；法家（商鞅、韩非）“束之以法”，兵家（孙武、吴起）“要之以功”，重力治，任力争。作为统治者，治理国家，修礼让，兼济其善，则“上安下顺而无侵夺”；任力争，“好利之心独用”，则“将乱甚焉”。我们指出过，傅玄是主张援法入儒，儒法兼济的。但是，他首先强调的是礼治，认为礼教是立政使民的“大本”，是“与天地并存，与人道俱设，虽蔽天地，不可以质文损益变也”；破礼教，废礼义，等于是自去“藩卫”，“独任其威刑酷暴之政”（《礼乐》），这是亡秦的教训，应该引为鉴戒。人性善恶要“兼济”，达道既“通儒”又不“释法”，也要“兼济”。善可因，恶可改，立礼贵教，以尊儒为“大本”，这是《傅子》里多处申述的道理。《傅子》里还特别引用亡秦之例，说明“专任”、“独用”法刑暴政之失。入晋以后，他仍然讲到“以法术相御”（《晋书》本传）是不明“大教”、不存“义心”的表现。

值得注意的是，傅玄上述一段话里批评的是法、兵二家之说，却未提道家。老庄思想在士人中一直很有影响，正始以后，“法自然而为化”（阮籍《通易论》），“越名教而任自然”（嵇康《释私论》），是对司马氏虚伪礼教采取不合作立场的宣言，这影响到士人的生活方式、政治态度，却不能左右政局。与政局直接有关的，是司马氏的政策。高平陵之变后，司马氏是标榜以名教治天下的。但是，司马氏父子却实行残酷的镇压屠戮政策，名教的虚伪引起了士人的反感。鲁迅说过，嵇康、阮籍其实是“太相信礼教”，他们言行似乎有“毁坏礼教”的倾向，其本心只是对司马氏篡政表示不满。①嵇、阮是相信礼教的一种类型，傅玄是另一种类型。他们之间的区别，在于对待司马氏的态度。傅玄提出行“礼义之教”以争取人心的对策，显然有针砭时弊的动机，有“匡正”司马氏的动机。

三、重贤能之选，因人致人

傅玄要为司马氏谋君人南面术，对选贤任能的官人法也是十分重视的，入晋前入晋后都有所建言。他的思路是：天下不乏贤，但选贤最要紧的是专任良佐，即宰相，这样才会有保证。

（一）“天下不乏贤”

傅玄在《举贤》篇里写道：

> 今之人或抵掌而言，称古多贤，患世无人，退不自三省，而坐诬一世，岂不甚哉！夫圣人者，不世而出者也。贤能之士，何世无之！何以知其然？舜兴而五臣显，武王兴而九贤进。齐桓之霸，管仲为之谋；秦孝之强，商君佐之以法。欲王则王佐至，欲霸则霸臣出；欲富国强兵，则富国强兵之人往。求

① 参阅《而已集·魏晋风度及文章与药及酒之关系》。

无不得，唱无不和。是以天下之不乏贤也，顾求不求耳，何忧天下之无人乎！

这就是说，时势需要什么样的贤才，就会有所需的贤才出现，只要真心相求，则“求无不得”。所谓今不如古，是完全没有道理的。傅玄特别举了韩信的例子，说明未被人识的不显眼小人物其实正是建功立业的“奇才”。后人津津乐道的贤佐，例如傅说、吕尚、陈平，如果不遇明君，也不过是“疏贱”之辈。但是他们被发现了，启用了，委以重任，“其建帝王之业，不亦宜乎”！如果“抵掌而言”，空论能否，百般挑剔，以偏见去求贤，那么就会神化贤愚之分：

长人数丈，身横九亩，两头异颈，四臂共骨，老人生角，男女变化，何益于贤愚耶！（《意林》卷五）

贤才是有德之人，他们只是普普通通的人物，没有特殊的标志，不能随意想象成异于常人的怪物；他们超出常人的地方是见识与才干，这要靠发现。傅玄设喻明理道：

必得昆山之玉而后宝，则荆璞无夜光之美矣；必须南国之珠而后珍，则随侯无明月之称矣。（《意林》卷五）

发现贤才与识别珍宝一样，不能以凝固不变的标准作茧自缚，像“郑人买履”那样，刻意相求。

傅玄提出求贤问题，当然用心在于向司马氏进言，要大胆破格起用新人，以成王霸之业。但是，曹魏时期选举中出现过的种种议论，却无疑继续妨碍着举贤用人的顺利进行，所以必须先解决认识上的问题。魏明帝时期讨论才性问题，黜浮华，议考课，归根到底是想物色一批德才兼备的新人，但是收效不大，以致使明帝感到失望，慨叹“今世无良才，朝廷乏贤佐”（《三国志·杜恕传》）。正始中，曹爽一伙“不应时务”，“依古正本”（《三国志·傅嘏传》），追踪上古之制，改定官制，也行不通。当时政论家议论纷纷，认为天下无才可选。比如，蒋济《万机论》里主张“拔奇求异”；桓范《世要论》则明讲“庸才众而贤才寡”；袁准《袁子正书》攻击吏部尚书之设的同时，得出“人才难得”的结论。嘉平初，王昶又提出用考试行选举的建议，其实也没有实行。司马氏执政以后，急需一批人才。怎么求呢？按照以往的做法，求全责备，不可能求到。所以傅玄提出了“任诚”的原则。《举贤》篇曰：

> 开至诚之路，秉至平之心，执大象而致之，亦云诚而已矣。夫任诚，天地可感，而况人乎！

“大象”是“建帝王之业”，“任诚”则“不以小疵忘大德”。圣人不世而出，贤才求无不得。这就是傅玄要说明的核心问题。

（二）“因人以致人”

求贤要诚，这是大原则。举贤会因人而异，仍不能忽略。

人主要审择良佐，挑准主选的宰相。《授职》篇曰：

> 况帝王之佐，经国之任，可不审择其人乎！故构大厦者，先择匠，然后简材；治国家者，先择佐，然后定民。……大德为宰相，此国家之栋梁也。审其栋梁，则经国之本立矣。经国之本立，则庶官无旷，而天工时叙矣。

宰相要用“大德”之佐，他是代替帝王选用贤才的大匠，是立“经国之本”的栋梁，首先要重视他的作用。《举贤》篇举例说明道：

> 萧何一言而不世之交合，定项之功立。岂萧何知人之明绝于高祖，而韩信求进之意曲于萧何乎？尊卑之势异，而高下之处殊也。高祖势尊而处高，故思进者难；萧何势卑而处下，故自纳者易。……昔人知居上取士之难，故虚心而下听；知在下相接之易，故因人以致人。舜之举咎陶难，得咎陶致天下之士易。汤之举伊尹难，得伊尹致天下之士易。

发现人才而致之的是咎陶、伊尹、萧何等相佐，而不是舜、汤、汉高祖等圣王，所以“致人”必先“因人”，取士必先择佐。这其实是荀子的主张。荀子讲，“卿相辅佐，人主之基杖也”，“明主急得其人”（《荀子·君道》）；“人主之患，不在乎不言用贤，而在乎不诚必用贤”（《致士》），关键在“慎取相”（《君道》）。

傅玄根据汉魏以来官制的变化，针对选举中出现的弊端，还强调“任人之道专”、“致人之道博”的原则。《举贤》篇承前而议曰：

> 故举一人而听之者，王道也；举二人而听之者，霸道也；举三人而听之者，仅存之道也。听一人，何以王也？任明而致信也。听二人，何以霸也？任术而设疑也。听三人，何以仅存也？从二而求一也。明主任人之道专，致人之道博。任人之道专，故邪不得间；致人之道博，故下无所壅。任人之道不专，则谗说起而异心生；致人之道不博，则殊途塞而良材屈。使舜未得咎陶，汤未得伊尹，而不求贤，则上下不交，而大业废矣；既得咎陶，既得伊尹，而又人人自用，是代大匠斫也。

这番议论重点是说选举权分散之失的。本来，汉代宰相是三公，主选的是司徒。但是，汉末、曹魏时期，宰相权力逐渐由三公向尚书转移，主选的不仅有吏部尚书，还有侍中尚书，尚书仆射也参与其事。所谓“录尚书事”，等于是总揽朝政，代行帝王职权的。另外，九品中正制实行以后，中正由中央官吏兼任，对选举的影响非同寻常，尚书省不能自行其是，还得充分考虑中正的意见。“任人之道不专”，“人人自用”，选举中的混乱就不可避免。追溯起来，这是曹氏“三祖”（武帝、文帝、明帝）政自己出的产物。削弱三公权力，剥夺他们的议政权、执行权，有利于曹氏政权。曹操在邺城设丞相府，大权独揽，自成体系，先由东曹掾，后由尚书掌管选举。入魏后沿袭成制，所谓“魏初三公无事，又希与朝政”（《三国志·高柔传》），宰相已不是三公，而是尚书，遂成定局。所以傅玄讲，“三公者，为天子调阴阳”（《御览》卷二〇六）；“尚书者，出入王命，喉舌之任也”（《北堂书钞》卷五九）。高平陵之变前，曹爽录尚书事，司马懿不录尚书事①，何晏、邓飏、丁谧、毕轨等皆用为尚书，《三国志·曹爽传》注引《魏略》就讲，“何晏选举不得人，颇由（邓）飏之不公忠”，说明除吏部尚书何晏主选外，侍中尚书邓飏也在发挥作用。高平陵之变后，司马氏父子相继录尚书事，尚书不是减少了，而是增加了；“典选举”的职责不是专任一人，而是更混乱了。先是卢毓、王基、袁侃三尚书替代何晏等“三狗”，卢毓再为吏部尚书主选。正元三年（256年）卢毓逊位，陈泰继为吏部尚书，荀顗、羊瑾、裴秀、何曾、陈骞、王沈等都有尚书之职。傅玄著成《傅子·内篇》前后，正值操宰相权柄的尚书不断增加的时候，主选之责不专任，必然是“谗说起而异心生”，又使致人之道不博，造成“殊途塞而良材屈”的局面。

我们说傅玄《举贤》篇所言有针对汉魏以来尚书权重、主选混乱的事实，还可从后来他连上二疏的用意里得到证明。泰始二年（266年）傅玄掌谏职，他向晋武帝坦诚而言：选举“不得其人”，时弊“惟未举清远有礼之臣”。这是指责主选的尚书台的。尚书台是咸熙二年（265年）八月司马昭死、司马炎继为晋王后设置的，入晋后成为定制。这个机构是从魏制

① 《晋书·宣帝纪》虽讲司马懿正始中“录尚书事”，但《三国志》里无一处道及，恐不足信。

演变而成的，有“八座”（即尚书令一，仆射二，尚书五）长官，共掌宰相事权。首任尚书令是裴秀。裴秀在司马炎立为太子、禅代魏室的活动中有功，所以司马炎赏识他。但是裴秀行为不端。据《晋书》本传、《李熹传》记载，裴秀作为尚书令，“交关人事”，为有司弹奏；他与尚书仆射武陔、尚书山涛、司马睦等人，侵占官田，又为司隶校尉李熹所劾。晋武帝获悉后，不予追究，下诏称裴秀“有勋绩于王室”，为之开脱。傅玄上疏，估计就是在晋武帝下诏以后。因为傅玄的疏文措辞激烈，“有司奏请寝之”（《晋书·武帝纪》），这其中是有名堂的。晋武帝护裴秀，傅玄直言这不是举贤，而是用“虚鄙”之徒；主选的人“不恪”，选用百官必然会出现“用非其人”的情形。

傅玄提出“任人之道专”、“致人之道博”的用人方针，是为实现“无为而化”的圣人之治考虑的。他讲：“君臣易位，劳神之道也。”（《举贤》）又讲：

> 主执非道以虏其民，民杜（按，“杜”或为“存”之误）私心以事其主，公门塞于上，显议寝于下，忠臣深□□（按，脱二字，疑是“山林”）而杖泣，贞士伏岩穴而自叹，进忠□（按，脱一字，疑是“于”）君之门也，已九重矣。（《北堂书钞》卷一五〇）

不用贤佐，君主劳神，为政有失，这是显而易见的。所以，圣王明主要“以举贤为急”。这也是“任人之道”里很重要的内容。

《傅子》里举到的贤臣，都是辅佐君主成就王霸之业的“应机”有为之士，或有治国用兵之术，或有出谋划策之智，傅玄对他们称誉不已。其中，对三国时曹操手下的荀彧、蜀汉名相诸葛亮，更是大加褒赏，公开评论。如对荀彧，是这样说的：

> 或问近世大贤君子。答曰：荀令君之仁，荀军师之智，斯可谓近世大贤君子矣。荀令君仁以立德，明以举贤，行无谄黩，谋能应机。孟轲称“五百年而有王者兴，其间必有命世者”。其荀令君乎！（《三国志·荀攸传》注引）

又如评诸葛亮道：

> 诸葛亮诚一时之异人也，治国有分，御军有法，积功兴业，事得其机，入无遗刃，出有余粮。知蜀本弱而危，故持重以镇之。（《意林》卷五）

“大贤君子”、“一时异人”要专任，又不可妄授滥授，要“审择其人”，这是统一的不矛盾的，只要君主“至公”而行，是不难避免“用非其人”的。

关于“致人之道博”，傅玄以为，官吏数量增多并不要紧，关键是要计人置官，因才用人。他说：

> 世质则官少，世文则吏多。有虞氏五十，夏后氏百，殷二百，周三百。（《意林》）

随着社会的发展进步，“吏多”是正常的。汉魏政论家大多认为，弊政是“吏多”造成的，因此要省吏约官，甚至主张倒退到“上古之朴”的时代。说来说去，其实行不通。入晋之初，冗官现象依然存在。傅玄上疏晋武帝指出，冗官或“使学”或“归农”，只要“精其防制”，用“分数之法”，就可以妥善解决。同时，分人而用，用人以才，也是官人法里需要认真对待的问题。在《马钧传》里，傅玄讲，马钧应安排“典工官”，发挥其巧技之长，不应该“给事省中”，使其“不当其才”。傅玄还打比方说明：

> 土不可以作铁，可以作瓦。（《意林》卷五）

> 龙舟整楫，王良不能执也；骥騄齐行，越人不敢御也。各有所能。（《意林》卷五）

从实际出发，量才而用，用其长而避其短，这是很浅显的道理。“用人不当其才，闻贤不试以事，良可恨也”（《马钧传》语）！

综上所述，傅玄著论上疏，竭力提倡“存重儒教”，向司马氏政权建议“尊其道，贵其业，重其选”，以匡正“汉魏之失”，改变“不以为急”的世风。所谓尊儒贵学，在于因德知人，因善教人，因人致人，“非惟尊其书而已，尊其人之谓也”。刘大杰先生讲，傅玄的言论可谓特识，他折衷儒法，是当时儒家内最有见识的革新派。[①] 这一看法无疑是正确的。汉

① 参阅《魏晋思想论》一书中第四章《魏晋时代的政治思想》。

魏以来，儒学衰落，要想恢复儒学的地位，除大力提倡外，还应有相应的方针政策。《傅子》里提出如下的方案：

> 辨上下者，莫正乎位；兴国家者，莫贵乎人；统内外者，莫齐乎分；宣德教者，莫明乎学。秉纲而目自张，执本而末自从。（《意林》卷五）

正位，贵人，齐分，明学，这是本纲所在。这与入晋初上疏中提出的“尊其道，贵其业，重其选”的建议，精神是一致的。援法入儒，“通儒达道”，这是傅玄一贯坚持的“致治”之道。

第七章 “以民为本”，“民富则安，贫则危”
——君人南面之术（三）

从思想史的意义上讲，民本论属于政治思想，富民论属于经济思想。前者讲仁政问题，即统治者要认识到人民群众的地位、作用，因而重民、爱民、宽民；后者讲民生问题，即统治者要关心百姓疾苦，体察民情，减轻赋役，惠民、利民、息民。民本论必然导致富民论，二者是因果关系，又有互补的性质。

傅玄的政论、上疏，为司马氏谋“君人南面之术”，倡导“有为”而治。临民之道以“安民”为策，是民本论与富民论合二为一的，我们很难分而论之。不仅《安民》、《检商贾》、《平役赋》三篇集中讨论这方面问题的情形是这样，而且《傅子》他篇有关议论，以及入晋后向武帝先后上疏所及，也是如此。因此，本章将民本论与富民论作为一个问题来讨论，不再分开立论。

一、理论基础与现实背景

儒家主张维护宗法等级制度，提出民本思想，强调以农为本。孔子讲“爱人”(《论语·颜渊》)、“重民”(《尧曰》)、“富之”(《子路》)、“宽则得众”(《尧曰》)，认为统治者要以仁爱之心对待人民。孟子的名言“民为贵，社稷次之，君为轻”(《孟子·尽心下》)，被人们当作民本思想的要义；他还讲“施仁政于民，省刑罚，薄税敛，深耕易耨”(《梁惠王上》)，可以说是爱民、富民的具体措施。荀子作为先秦儒家集大成的思想家，更从君民关系、民心向背的角度深化了民本思想。他说：“天之生民，非为君也；天之立君，以为民也。”(《荀子·大略》)又以“水则载舟，水则覆舟”为喻，说明“君人者欲安，则莫若平政爱民矣”(《王制》)的道理。

荀子之后，法家主张中央集权的专制制度，也是讲民本主义的。商鞅提出过“爱民”、“利民”(《商君书·更法》)。韩非也讲：“圣人之治民，度于本，不从其欲，期于利民而已。”(《韩非子·心度》)可见，以民本主义支持专制主义，这也是法家思想的要义之一。汉初贾谊继承了先秦儒家的民本思想，同时又吸收了法家专制主义的理论成分，首先明确使用了“民本”这一概念，提出“民无不为本也：国以为本，君以为本，吏以为本”(《新书·大政上》)的观点，既强调“为人君者敬士爱民”(《修政语下》)，“忧民之忧”、“乐民之乐”(《礼》)，又具体讲到慎刑爱民、宽政富民的问题。其中，“驱民而归之于农，皆著于本”，使“奇巧末技、商贩游食之民”“转而缘南亩”(《瑰玮》)，重农本，抑工商末业，是一个重点；发展农业生产，加强粮食积贮，以备“兵旱相乘”（《无蓄》），也是一个重点。贾谊的农本思想，受荀子的“强本”主张的影响较多；他的积贮建议，则明言是受管子的启发而来的。

傅玄的民本思想及其富民主张，受到先秦和汉初儒家特别是荀子及其再传弟子贾谊的深刻影响。同时，汉末以来政论家社会批判思潮的兴盛，其中儒、法、道诸家学说兼容并蓄的思想特点，也为傅玄直接继承并发扬。王符《潜夫论》里针对汉末严重的政治危机和经济危机，强调“民为国基”（《叙录》），要求君臣关心民生疾苦，“安而利之，养而济之”（《忠贵》），“为国者以富民为本”（《务本》），“富民者，以农桑为本，以游业为末”（《务本》），工、商虽为“末”，但在“备器”、“通物”方面所起的作用也不应低估，重视农本兼顾工商，才能富民富国。崔寔《政论》指出：“国以民为根，民以谷为命。”还提出兴修水利农田、改良耕作工具、推广农业技术等具体建议。荀悦《申鉴》提出“崇王政”，把“兴农桑”、“丰民财”的“养生”之政放在了首位。

可以说，凡是天下凋残、民不聊生之时，就会出现民本论的议论；凡是征发、徭役使百姓的承载能力达到极限之时，就会提出富民论的建议。先秦思想家是这样，汉初、汉末思想家、政论家也是这样。曹魏政权承丧乱之后，境内凋弊，人口大量减少，财用不足，亟待休养生息，恢复并发展生产。但是，西蜀、东吴未平，大军要备边作战，这对脆弱的曹魏国力的影响是不言而喻的。魏明帝好治宫室，不顾战争的沉重负担和农业生产因水旱灾害造成的损失，大兴劳役，妨害农时，一度成为社稷之忧。当时魏室群臣纷纷上疏极谏，指陈时弊。其中安民丰财、务本节用是一致的呼声。这是曹魏时期出现的第一次危机。明帝以后，司马懿采纳邓艾建议，在淮南、淮北之地广设屯田，大力发展农业生产，解决军粮供给，收到一定成效。正始以后，司马氏执政，除与蜀、吴交战外，淮南方镇一再反叛，征讨不断，第二次危机又出现了。嘉平四年（252年）冬，魏军三路并进征吴，于东关大败，淮南“历年军实，一旦而尽”，“自魏有军以来，为难苦甚，莫过于此”（《三国志·毌丘俭传》注引表文）。接着，淮南又“累有内难”。正如后来胡烈上表所言那样，“镇安社稷，抚宁上下，力农务本，怀柔百姓”（《三国志·王基传》注引司马彪《战略》），是当时司马氏执政时期最迫切的问题。傅玄在《傅子》里提出“安民”的建议，就有鉴于这一形势。入晋以后，他向晋武帝上疏所陈，与《傅子》里的建议精神是大体一致的，利民兴农，仍是其中占主导地位的内容，目的是为了巩固司马氏新建立的王朝。

以下我们就来介绍讨论傅玄有关安民富民的一些主张和建议。

二、安民七策

傅玄的《安民》篇是专门讨论安民、富民问题的。他提出了七项对策，并从正反两面予以论证，以为“明主之治”的参考。其中有的对策，还在《傅子》里单独另篇讨论，并在入晋初给晋武帝上疏里再加申述。

(一) 分民定业

《安民》篇曰：

分其业而壹其事。业分则不相乱，事壹则各尽其力，而不相乱，则民必安矣。

职业无分，事务不壹，职荒事废，相督不已，若是者民危。

泰始二年（266 年），傅玄向晋武帝所上第二疏里，对分民定业之议又作了进一步的说明。其文曰：

臣闻先王分士、农、工、商，以经国制事，各一其业而殊其务：自士以上子弟，为之立太学以教之，选明师以训之，各随其才优劣而授用之；农以丰其食，工以足其器，商贾以通其货。故虽天下之大，兆庶之众，无有一人游手。分数之法，周备如此。

汉魏不定其分，百官子弟不修经艺而务交游，未知莅事而坐享天禄；农工之业多废，或逐淫利而离其事；徒系名于太学，然不闻先王之风。

今圣明之政资始，而汉魏之失未改，散官众而学校未设，游手多而亲农者少，工器不尽其宜。臣以为亟定其制，通计天下若干人为士，足以副在官之吏；若干人为农，三年足有一年之储；若干人为

工，足其器用；若干人为商贾，足以通货而已。尊儒尚学，贵农贱商，此皆事业之要务也。（《晋书》本传）

傅玄分民定业的主张，有下述几点值得我们重视。

第一，遵先王之制，行“分数之法”。按照傅玄的设想，“尊儒尚学，贵农贱商”的社会体制，需要用行政手段明确规定每一职业从业人数各“若干人”去实现。这是以往思想家从来没有道及过的一种方案，是傅玄的一大发明。他的理由是，先王经国制事，有“分数之法”，即士、农、工、商各业，均有适合某一职业的人分工从事，天下“无有一人游手”，可见有前式可鉴；而“汉魏之失”就在于“不定其分”，违背了“分数之法”，造成了各业的混乱。通过正反两面的比较，傅玄得出“亟定其制”，分民定业的结论。但是，这种人为的编组天下人口从业的方案，只能是主观设想，客观上行不通。为什么呢？先王的“分数之法”并没有任何根据，是后人编排或构想出的故事；“汉魏之失”也绝不是从“不定其分”上就能简单概括的，这是临时找到的理由。以此而论，合理性就不具备。而且，社会的发展进步，有曲折，有变化，却不能强行定制，倒退遵古。因此，分民定业也不具可行性。不过，分民定业如果从另外的角度考虑，也有它的积极意义。这就是重视分工从业，各尽所能，使百姓安居乐业，不致“职荒事废”，这对安定政局、发展经济、振兴文教，仍然是有参考价值的。

第二，重士、农，亦重工。士、农、工、商，先秦时既指四业，又指从事四业的“四民”。“士”为“四民”之一，这是先王时无职有业的知识分子的通称；后世多指有业待职的百官子弟，是“学以居位”（《汉书·食货志》）的准官吏阶层，更接近贵族，所以又有“士民”的称谓，说明“士”有别于“民”。傅玄虽以“士农工商”联称，但对于“士”却是单独讨论的。对待这批特殊公民，国家要“为之立太学以教之”，学成以后让他们“副在官之吏”。所谓“事业之要务”中的“尊儒尚学”一项，其实就是指设太学教百官子弟，即对“士”而言的。

傅玄提到的“要务”之二，是“贵农贱商”。这是从农、工、商三业三民的角度立论的。重视农业，轻视工、商业，抑制工、商业，这是法家的主张，也是两汉以来实行的基本国策。但是，一些思想家，比如贾谊、司马迁、桑弘羊，以及汉末王符等人，则认为重农的同时，还要兼顾工、商业。傅玄接受了贾谊等进步思想家的影响，贵农重农，这没有疑问；他的特别之处在于，重视手工业（即“工”）“足其器”的作用，将“工”置于与“农”同等重要的位置上对待。“农工之业”是合起来称呼的。这种重“工”的思想，在傅玄早期写作的《马钧传》里就有反映。《马钧传》除为马钧其人鸣不平外，还高度称赞了马钧制作的指南车、翻车灌水、水转百戏这三项发明的工巧之异，预见到马钧根据诸葛亮连弩发石车的原理改造而成的鼓轮飞石车在军事上的用途。傅玄认为，“国之精器，军之要用”，其巧有益于世，绝不可“忽而不察”。《马钧传》所记，在中国科技史上是一篇十分珍贵的文献资料。它重视科技发明，珍惜手工艺人才，这在傅玄以前及其生活的时代里是绝无仅有的例子；内容如此翔实、倾向如此鲜明的记载，后世也不多见。傅玄一反传统偏见，将

“工”业由“末业”提高到“本业”的地位，以“农工”并称，这是非常了不起的观点。

第三，“贱商”而不废其业。傅玄提到的“汉魏之失”里，就有商业畸形发展造成“逐淫利”而“农工之业多废”的内容。因此，他主张分民定业时要限制商贾的从业人数，“足以通货而已”。“贱商”说明“商”为末业，其义不在废其业，所谓“士、农、工、商之分不可斯须废也”（《晋书》本传语），包括“商”业在内，但要遏止争竞逐利的势头。《检商贾》篇曰：

> 夫商贾者，所以伸盈虚而获天地之利、通有无而壹四海之财。其人可甚贱，而其业不可废。盖众利之所充，而积伪之所生，不可不审察也。

接下来，举例说明上下、贵贱、本末的“分数”，能限制或刺激商业的作用，影响到国家的治乱兴衰：

> 古者民朴而化淳，上少欲而下鲜伪。衣足以暖身，食足以充口，器足以给用，居足以避风雨。养以大道，而民乐其生；敦以大质，而下无逸心。日中为市，民交易而退，各得其所，盖化淳也。
>
> 暨周世殷盛，承变极文，而重为之防。国有定制，下供常事；役赋有恒，而业不废。君臣相与一体，上下譬之形影，官恕民忠，而恩侔父子。上不征非常之物，下不供非常之求；君不索无用之宝，民不轻无用之货。自公侯至于皂隶、仆妾，尊卑殊体，

贵贱异等。万机运于上，百事动于下，而六合晏如者，分数定也。

夫神农正其纲，先之以无欲，而咸安其道；周综其目，壹之以中正，而民不越法。及秦乱四民而废常贱，竞逐末利而弃本业，苟合一切之风起矣。于是士树奸于朝，贾穷伪于市；臣挟邪以罔其君，子怀利以诈其父。一人唱欲而亿兆和，上逞无厌之欲，下充无极之求；都有专市之贾，邑有倾世之商。商贾富乎公室，农夫伏于陇亩而堕沟壑。上愈增无常之好以征下，下穷死而不知所归。哀夫！且末流滥溢而本源竭，纤靡盈市而谷帛罄，其势然也。

可见，有“道”则“化淳”，有“法”则“分数定”，这是上古与周代商业受限制而正常发挥其作用的榜样；如果纲不正、目不综，就会乱政害民，这是秦代商业受刺激而出现反常现象的例子。汉末崔寔《政论》指出，豪富“宠比诸侯’”“多拟人主”，百姓“奴事富人”，贫富分化是因为工商末业发展造成的。傅玄则认为，商业“不可废”，只是要限制“积伪”之“利”的竞逐，防止“商贾专利”造成“民财暴贱”的后果，从而侵蚀、危害到农本之业。同时，商贾之“伪”也与百官之“奸”一样，竞逐之风源于君主的贪欲所好。因此，杜绝“商贾专利”的根本途径是“上息欲”。他说：

故明君止欲而宽下，急商而缓农，贵本而贱末。……末盈本竭，而国富民安，未之有也。（《检商贾》）

这里提出"贵本贱末"，要求君主"止欲"，突出的是"化淳"之道。入晋后傅玄上疏所言，针对的是"汉魏之失"，强调的是"分数之法"。"贵本贱末"与"贵农贱商"，含义相同，出发点却有区别。

总之，傅玄分民定业的思想很有特点。他主张贵士、农、工三业，"贱商"而不废其业，既继承了前代思想家进步的主张，又有所突破，提出了兼贵"工"的独到见解。他还主张统治者"止欲宽下"的同时，实行规定每一职业从业人数的政策，用行政手段达到"崇儒尚学，贵农贱商"的目的。这两项主张，不一定能用于世、可取于时，但作为安民富民的建议，却是积极的。

(二) 重亲民之吏

《安民》篇又曰：

> 重亲民之吏而不数迁。重则乐其职，不数迁则志不流于他官。乐其职而志不流于他官，则尽心恤其下；尽心恤其下，则民必安矣。
>
> 亲民之吏不重，有资者无劳而数迁，竞营私以害公，饰虚以求进，仕宦如寄，视用其民如用路人，若是者民危。

所谓"亲民之吏"，指州、郡、县三级地方官。他们的分工要明确："州总其统，郡举其纲，县理其目。各职守不得相干，治之经也。"其中县官的作用十分重要：

> 亲民授业，平理百事，猛以威吏、宽以容民者，令长之职也。然则，令长者，最亲民之吏也。国以民为本。亲民之吏，不可不留意也。(《安民》)

傅玄此议跟他的重农思想是紧相关联的。县令（长）是“最亲民之吏”，直接管理百姓“百事”；关心农事、发展农业是他们最重要的职责。“国以民为本”，民以食为天，而“农以丰其食”，所以“重亲民之吏”就是重农的具体体现。授职要慎选其人，居职要“不数迁”，使县令（长）“乐其职而志不流于他官”，“尽心恤其下”，调动百姓的生产积极性，以发展农业。

入晋之初，傅玄上疏表示赞同皇甫陶所奏之事，涉及到散官亲耕与居官应久的问题，这也是强调重农的。关于散官亲耕，傅玄说：

> 今文武之官既众，而拜赐不在职者又多；加以服役为兵，不得耕稼，当农者之半。南面食禄者参倍于前。使冗散之官农，而收其租税，家得其实，而天下之谷可以无乏矣。(《晋书》本传)

晋初一方面是官吏队伍的扩大，造成大量的无职冗官的出现；另一方面是军队服役，从农村大量抽调民丁，造成农业人口的流失。国用不足，官禄成了沉重的负担。因此，皇甫陶、傅玄建议让散官归农亲耕，如此可一举两得，国家有“足食之利”，散官亦“家得其实”。

关于居官时限，入晋前后实行六年之制。傅玄认为，“六年之限，日月浅近，不周黜陟”，他与皇甫陶都主张用古制，“九年之后乃有迁叙”。他说：

故居官久，则念立慎终之化；居不见久，则竞为一切之政。(《晋书》本传)

这与《安民》篇提出的“不数迁”原则是一致的。只不过《安民》篇是专就“亲民之吏”特别是县令（长）而言的，晋初上疏是就整个任官制度立论的，其中也包括县令（长）和归农散官在内。

傅玄的上述重农建议，是为了解决官农之间的矛盾提出来的。无论是入晋前主张“重亲民之吏而不数迁”也好，还是入晋初倡言“使冗散之官农”也好，通过切实可行的途径发展农业生产，使民安而上安，这是前后一致的。他提出的重视县令（长）的选任和散官归农的建议，综合了曹魏时期吏制讨论中关于郡县官吏设置的积极内容，又反映了他自己亲任地方官的切身体会。魏明帝太和初年，何曾上疏认为，郡守“专任千里”，“不可不得其人”，“得其人则可安，非其人则为患”，要“隐核参访”，征还选代。[①] 正始中，夏侯玄则建议“省郡守”，使郡吏亲农，“但任刺史”，“县皆径达”(《三国志》本传)。何曾重郡守，夏侯玄重刺史，或称“良吏”，或尔“亲民之吏”；而傅玄认为“最亲民之吏”是县令（长），凡是无职冗官都应“归农”，是从重农安民的角度出发的，而不

① 参阅《晋书·何曾传》记载。

仅仅是从改善吏制建设上着眼的。他先后出任温令、弘农太守兼领典农校尉这段经历，对他的思想认识无疑具有深刻影响，这是何曾、夏侯玄空论得失所不及的。泰始五年（269年）傅玄上疏晋武帝言及农事，更反映出他熟悉民情的特长，后面我们还要单独讨论，此处不烦。

（三）以法宽民

《安民》篇又曰：

> 附法以宽民者赏，克法以要名者诛。宽民者赏，则法不亏于下；克法者诛，而名不乱于上，则民必安矣。
>
> 以法宽民者不赏，克民为能者必进，下力尽矣而用之不已，若是者民危。

傅玄这番议论是针对曹魏一朝刑法弊端而言的。据《晋书·刑法志》记载，魏明帝继位之初，下诏命陈群、刘劭等人改定刑制，颁布新律。魏法是由汉代律令增删而成，“烦杂”“苛秽”，不但轻重失宜，而且执法“轻枉者相继”。当时，卫觊指出：“刑法者，国家之所贵重，而私议之所轻贱；狱吏者，百姓之所悬命，而选用者之所卑下。王政之弊，未必不由此也。”后来，蒋济《万机论·刑论》分析道，由于“狡黠之民”“崇饰”“告白”，“求媚之臣”知情而行刑，“遂使无罪并门族矣”，因成“狡猾之狱”；杜恕《体论·法》分析说，“今之听狱，求所以杀之也”，“未讯罪人，则驱而致之意，谓之能；下不探狱之所由生，为之分，而上求人主之微旨，以为制，谓之忠”，“驱世而陷此”，“名利随而与之”，狱吏不求其实，反而饰其实。蒋济、杜恕分析的情形，正是曹魏时期法制“苛秽”的状况。

傅玄的这番议论也是为司马氏酝酿中的改定法律提供参考的。魏末司马昭执政后期，贾充等人受命改律，泰始三年（267年）方成，四年（268年）颁布。泰始律令以“益时”、“从人心”为准的，减、除、省、去魏律条例，也有革弊宽民的成分。

傅玄主张以法宽民求安民，这在《治体》、《法刑》、《问刑》诸篇里，也有相近的表述。但《安民》篇的主旨在于，以赏罚手段纠正执法官吏枉法的时弊。治狱之吏“要（邀）名”“克民”，苛法为能，这不利于安民而治，需要整治。这是司马氏执政时期应该认真对待的问题。

（四）量时省吏

《安民》篇又曰：

> 量时而置官，则吏省而民供。吏省则精，精则当才而不遗力；民则供顺，供顺则思义而不背上。上爱其民，下乐其上，则民必安矣。
>
> 吏多而民不能供，上下不相乐，若是者民危。

这是关于精简官吏以减轻人民沉重负担的一项对策。前面说过，晋初，傅玄主张将冗散无职的官吏下放到农业生产的行列里，“亲耕”“务农”。这是分流冗官的建议，是对官吏队伍急剧膨胀后俸禄无法保证的应急权宜之计，并不是从根本上省吏的方针。因为省吏（官员）首先要省官（职位）。有晋开国立制，不可能一下子省官，因而省吏归农只能从解决供养问题着眼，并非长久之计，而且事实上行不通，并未予以贯彻执行。冗官之累始终是西晋王朝不能克服的难题。

但是，入晋之前司马氏执政时期，省吏却是值得考虑并不难兑现的。首先，曹魏时期有过省吏的举措。《晋书·荀勖传》披露，“魏太和中，遣王人四出，减天下吏员，正始中亦并合郡县，此省吏也”。其中正始中合并郡县一事，在《三国志·夏侯玄传》中有较详记载。夏侯玄当时认为，州、郡、县三级，可以省郡官除郡吏，“便民省费”。此议虽为司马懿否决，但从后来荀勖所言来看，正始中作为改制活动的一项内容，曾经一度实行过。曹爽集团被诛后，于嘉平五年（253 年）“俄或还复”（《三国志·齐王芳纪》），郡级设置又行恢复。其次，曹魏帝国一套班底，司马氏权臣另设一套班底，从中央到地方，官员人数的相应增加，就是不可避免的事。比如，宰相事权就有三公与尚书的重复，地方事务既有地方官所司，又有屯田官、校事官[①]的参与干涉。因此，“吏多而民不能供”，在曹魏后期司马氏掌权以后，变得日益突出，省吏以安民，确为当务之急。

---

① 校事官是中央派往各地的监督官吏。《三国志·程晓传》记载，嘉平中“校事放横”，程晓曾上疏言其弊。校事官估计是嘉平初始设的，大概于魏末与屯田官同时罢去。

（五）乡间教化

《安民》篇又曰：

> 笃乡间之教，则民存知相恤，而亡知相救。存相恤而亡相救，则邻居相恃、怀土而无迁志。邻居相恃、怀土无迁志，则民必安矣。
>
> 乡间无教，存不相恤，而亡不相救，若是者民危。

傅玄此议，与《贵教》篇所言“修礼让”、《通志》篇所言“和众定民”的意思是相通的。重视教化，培养百姓之间互相关心的社会风气，这是安民怀土、各守其业的重要保证。

但是，问题是乡间宗族亲人“怀土无迁志”在当时仅凭笃行教化，已经不起作用了。因为曹魏时期规定屯田户是不服兵役的，繁重的徭役就落在了乡间百姓身上。这样，士民播迁，离开本土，去充当政府的屯田客或私家大地主的佃客，以求免役，就势所难免。司马氏执政以后，屯田户也被召募当兵，只有赏赐私家的田客可以获得免除徭役的待遇。① 所以，魏晋之际，很难形成一种稳定的乡间结构，汉末以来“人无定处”（《晋书·李重传》）的状况始终存在。土断一直不能进行，选举不由乡论而行九品中正之制，就是由于士民

① 《三国志·毌丘俭传》注引毌丘俭表文，其中举“募取屯田，加其复赏”为司马师十一罪之一，可为证据。

真实乡里与实际居处所在之间极其混乱造成的。这一问题到入晋以后也无法清理。傅玄看到魏末民不乐土、居不相恃的情形，以为可通过笃教来稳定民心，实现安定团结的目标，这只是空想而已。

(六) 量民役赋

《安民》篇又曰：

> 度时宜而立制，量民力以役赋。役赋有常，上无横求，则事事有储而并兼之隙塞。事有储，并兼之隙塞，则民必安矣。
>
> 不度时而立制，不量民而役赋无常，横求相仍，弱穷迫[①]，不堪其命。若是者民危。

这段文字里讲到“民危”的情状，正是司马氏执政以来曹魏境内的实际形势。这是御蜀、防吴、征淮南内外用兵的政局决定的。役赋无常，横求不已，民不堪命，实在是严重的危机。所谓“并兼之隙”，应指淮南一次次的武装冲突，它加重了役赋，并不是役赋导致了“并兼”。“并兼”是统治集团内部的争夺征伐，只有先塞其“隙”，才能减少役赋的程度。

关于役赋问题，傅玄还写了一篇《平役赋》，专门予以讨论。他说：

---

① “弱穷迫”句，文义似不全。严可校注曰：“‘弱’字上下有脱。”(《全晋文》卷四八)

昔先王之兴役赋，所以安上济下，尽利用之宜。是故随时质文，不过其节，计民丰约而平均之，使力足以供事，财足以周用。乃立一定之制，以为常典，甸都有常分，诸侯有常职焉。万国致其贡，器用殊其物。上不兴非常之赋，下不进非常之贡，上下同心以奉常教。民虽输力致财而莫怨其上者，所务公而制有常也。

对于统治者来讲，国家有事、局势危难之际，要“务公”而行；国家无事、内外治平之世，就得“制有常”。傅玄举例说明了这个道理。前者如黄帝平赤帝、蚩尤之难，大禹治水，“役烦赋重”，而民不怨；后者如周立典制，“役简赋轻”，而民安乐。相反，战国之际“民困”，暴秦兴役民反，是“弃德任威”、“灭先王之制”造成的。因此，傅玄提醒道：“后之为政，思黄帝之至平、夏禹之积俭、周制之有常，随时损益而息耗之，庶几虽劳而不怨矣！”

《平役赋》举例言理，虽以前代兴废得失为鉴，却无疑是警戒“后之为政”特别是当前司马氏执政之失的。所谓“非常之赋”、“非常之贡”，这是有所指的。请看下面这段文字：

先王之制，九州异赋。天不生，地不养，君子不以为礼。若河内诸县，去北山绝远，而各调出御上党真人参，上者十斤，下者五十斤。所调非所生，民以为患。（《太平御览》卷九九一）

严可均怀疑这段文字为《平役赋》之佚文①，或有道理。上党郡在太行山以北，今山西省境内；河内郡在太行山以南、黄河以北，今河南省境内。让河内诸县百姓户调出上党真人参，只得翻山越岭去求，这显然是“非常之赋”。据唐长孺先生考察，西汉以来，“调”作为人民经常的负担，上交物随政府需要，可以随时随地任意征发；魏晋户调是汉代“调”与“赋”的沿袭与结合，各地所纳户调随土产而异，南方征收绵绢，北方则输疏布或织布用麻，调发上交后，主要用于助边费。② 现在，我们从傅玄的记述中可知，曹魏后期的户调有既非本地所出、又非助边费之用的例子，是御用之物不说，数量也不小。这说明“非常之贡”确实成了一种“民患”。傅玄于司马昭执政以后，出任过河内郡温县令，他了解民情，“民以为患”的实际情形，他是有体会的。《安民》篇讲的“不度时而立制，不量民而役赋”的问题，是客观存在的。

（七）图远兴事当慎

《安民》篇还曰：

> 图远必验之近，兴事必度之民。知稼穑之艰难，重用其民如保赤子，则民必安矣。
>
> 视远而忘近，兴事不度于民，不知稼穑之艰难而转用之。如是者民危。

① 《全晋文》卷四九，《傅子》补遗上，此段后按语。

② 参阅《魏晋户调制及其演变》一文，见《魏晋南北朝史论丛》。

“图远”“兴事”指内外用兵。战争是人力、物力的较量，抽调民丁当兵，征运军需粮草，必然加重人民的负担。嘉平以来，东西战事频频，内外双方兵力数字难悉其详，试举可知者为例。据《通鉴》记载，嘉乎五年（253 年）魏、吴于淮南交锋，吴将诸葛恪发兵 20 万入寇，魏太尉司马孚督军 20 万抵御，历时 3 个月。甘露二年（257 年）诸葛诞于淮南反，支持他的军队，除了他所部正规军不详，东吴援兵有 6 万（全怿等所率 3 万，朱异增援 3 万）而外，他还临时将淮南淮北屯田兵 10 余万，扬州新附新兵四五万，合计十四五万非正规军混入编制，总计在一起，诸葛诞势力估计在 30 万左右。所以司马昭征讨时所督诸军有 26 万之众，扑向淮南。双方 50 余万人自相厮杀，历时 9 个月。仅就这两次战役而言，对曹魏国力的消耗就相当巨大，更何况关中御蜀战事一直不停，淮南又连续反叛，屯田生产遭受彻底破坏，执政的司马氏面临的困境可想而知。

傅玄所言“不知稼穑之艰难而转用之”，是写实之笔。司马氏不停征讨，“不度于民”，“民危”的境况日益加深。傅玄建议图远兴事要验近度民，意在提醒司马氏应当慎于用兵。

综上所述，傅玄议论民之安危，不仅仅是从民本论、富民论的意义上泛泛而言，更重要的是，他有感于现实政治、经济、军事诸方面的相互影响，“民危”是客观的存在，民生问题已成为“不可以不留意”的“为治之要”。他指出：

> 民富则安乡重家，敬上而从教；贫则危乡轻家，相聚而犯上。饥寒切身而不行非者，寡矣！（《意林》卷五）

> 利天下者，天下亦利之；害天下者，天下亦害之。利则利，害则害，无有幽深隐微，无不报也。仁人在位，常为天下所归者，无他也，善为天下兴利而已。（《傅子》无篇名段①）

他提出的分民业、选良吏、宽民法、省官吏、重乡教、平役赋、慎远事等七条安民之策，都是针对“民危”的现状而言的。安民的核心问题是“民富”。对于统治者来讲，“善为天下兴利”，就能“常为天下所归”。“兴利”而“民富”，“民富”而安，“安民”而“上安”。这是再清楚不过的道理。然而，曹魏后期的政局却出现了一连串的变故，战事接二连三，役赋横征无敛，官吏苛责不已，农业凋敝不堪，百姓流离失所。这一切使得司马氏执政困难重重，应接不暇。因此，傅玄认为首先要重视民生，求得“安民”而治。《傅子》里不仅《安民》篇专门讨论这个问题，而且他篇或专题或涉及，都离不开这个问题；入晋后傅玄上疏晋武帝，仍然强调这个问题，道理就在于此。

三、上疏言务农四事

在前面第二章讨论傅玄生平仕履时，我们已说明，泰始五年（269年）二月，傅玄上疏晋武帝，陈便宜五事。这五事

① 此段文字在《群书治要》里，置于《安民》篇文字后另段。叶德辉《傅子》按语指出，这段文字或即《安民》篇之末段。

中，除有关胡烈出任秦州刺史涉及边防事宜外，其他四事都跟农事有关。当时傅玄新出任御史中丞，负责纠劾百官，言农事不是他职分内的事。但是，上年即泰始四年（268 年）九月，淮北青、徐、兖、豫四州大水，“伊、洛溢，合于河，开仓以振之”（《晋书·武帝纪》），原先的主要产粮区发生了灾荒，武帝又下诏求“于事不便者，皆不可隐情”（《晋书·武帝纪》）。紧接着，泰始五年（269 年）二月，“青、徐、兖三州水，遣使振恤之”（《晋书·武帝纪》），灾荒在淮北之地进一步加剧。在这种情况下，傅玄上疏言农事，不是讲救灾之急，而是针对农业生产中影响务农的另外四个问题，提出了相应的对策。此疏于《晋书》本传有载，历来受到历史学家的重视，是了解魏晋屯田制废止前后农业经济状况的极珍贵资料；同时，我们也可从中看到傅玄对晋初民生问题的深切关注，值得单独予以探讨。

（一）减轻课田剥削率

> 其一曰：耕夫务多种而耕暵不熟，徒丧功力而无收。又旧，兵持官牛者，官得六分，士得四分；自持私牛者，与官中分。施行来久，众心安之。今一朝减持官牛者，官得八分，士得二分；持私牛及无牛者，官得七分，士得三分。人失其所，必不欢乐。臣愚以为，宜佃兵持官牛者与四分，持私牛与官中分，则天下兵作欢然悦乐，爱惜成谷，无有损弃之忧。

这段文字，前面讲多种无收，后面讲官民分成，似乎没有什么联系，其实大有关系。要了解其中含意，得对魏晋间屯田制的演变情形作点解释。其中涉及到课田、占田、州郡兵等内容，比较复杂。以往学术界在这些问题上理解并不一致。我们这里主要参考唐长孺先生的有关论述①，并结合我们的理解，对傅玄所议之事加以说明。

《晋书·食货志》曰：

> （泰始）五年正月癸巳，敕戒郡国计吏，诸郡国守、相、令、长，务尽地利，禁游食商贩；其休假者，令与父兄同其勤劳；豪势不须侵役寡弱，私相置名。

这道命令正是在傅玄上疏前夕下达的。它告诉我们：泰始五年（269 年）以前，督责农事的职权下放给了郡县地方官；许多人离开土地，从事商贩，土地荒芜不种，不尽地利；“豪势”乘机占地荫客，不向政府交纳租税，影响到政府的收入。显然，这是讲的屯田制废止以后的情形。

汉末建安初年，曹操于许下实行屯田，土地与劳动力掌握在政府手里；屯田户直属农官管理，地方官无权插手。每年的收成按使用耕牛的协定，执行上交的比例：租用官方耕牛的佃户，向政府交纳总收获量的 60%，自留 40%，即四六

① 参见《西晋田制试释》（载《魏晋南北朝史论丛》一书），《魏晋南北朝时期的客和部曲》、《魏晋州郡兵的设置和废罢》（同载《魏晋南北朝史论拾遗》一书）。

分成；自己有耕牛者，上交一半，自留一半，即五五分成。曹魏屯田，在关中、淮南、洛阳近畿等地也实行过，但主要经营的是淮北之地。屯田制度是强迫农民从事农耕，多打粮食，供应军队。同时，它又可起到抑制地方豪强的作用。可以说，是一举两得的措施。曹操死后，屯田制逐渐遭到破坏。司马氏执政以后，作为政府佃农的屯田户被赏赐给豪门大族，成了私家的田客，他们可以不服徭役，而原先不服徭役的屯田户却不再享受免役的特权，这又吸引了大批流亡客户投身依靠大族。屯田户脱离了屯田机构，屯田制也就该废止了。魏晋交替之际，即咸熙元年（264年），“罢屯田官以均政役，诸典农皆为太守，都尉皆为令长”（《三国志·陈留王纪》），这件事开始实施。晋武帝泰始二年（266年）“十二月，罢农官为郡县”（《晋书·武帝纪》），前令重申，从此以后，屯田制不复存在。

屯田制废止前后，贵族贪占官田的事普遍发生了。例如当时的司隶校尉李熹奏劾尚书台官吏裴秀、武陔、司马睦、山涛等人，就是如此。《晋书》多处记录了这次风波。相信这次风波虽涉尚书台数人，但乘机抢占政府良田的达官贵人不在少数。他们贪占良田的同时，还会将种田的农户据为己有，不向政府交纳租税。政府要想保证财政收入，只得向郡县地方官施加压力，要求他们“勤心”督课。课田制规定：丁男耕种50亩，丁女耕种20亩，次丁男半之即25亩。这是必须完成的份额。但是，丁男丁女实际耕种的田亩却超过了规定数。为什么呢？劳力因服役抽调或转为商贩或流向私家在不断减少，地方官督课的总数又是不能减少的，所以务农的“田兵”就得承担除自己应耕数以外的属于他人应耕而不耕田亩的额外摊派数。所谓“耕夫务多种”，不是自愿进行的，而带有强迫性质。这样一来，课田制的结果，“徒丧功力而无收”，就成了必然的事。

晋初，普通农户无力占田，课田又费力无收，这是一层意思。那么，课田的情形如何呢？史书没有明文交代。傅玄的上疏可补其缺。这就是在原先屯田制规定的五五分成或四六分成的基础上，提高田租的标准，实行三七分成或二八分成，增加20%的剥削率。这又是一层意思。

傅玄认为：第一，耕夫课田而多种，这不是好办法；第二，佃户、地方兵课田所得，现行的分成办法不合理，不可行；第三，眼下应恢复实行以往屯田制下的分成方案。

(二) 严明郡县督农之责

> 其二曰，以二千石虽奉务农之诏，犹不勤心以尽地利。昔汉氏以垦田不实，征杀二千石以十数。臣愚以为，宜申汉氏旧典，以警戒天下郡县，皆以死刑督之。

魏末，屯田制“诸典农（中郎将）皆为太守，都尉皆为令长”。晋初郡县两级长官其实大多是屯田官出身，都有过督农的经验。“两千石”代指郡太守、县令（长），因为汉代郡太守、王国都尉俸禄为二千石。至于杀二千石的“旧典”，说的是东汉光武帝刘秀的故事。《后汉书·光武帝纪》记载，建武六年（30年），刘秀下诏：“今军士屯田，粮储差积。其令郡国收见田租三十税一，如旧制。”即采用西汉成法，五五或四六分成。十五年（39 年），“诏下州郡检核垦田顷亩及户口年纪，又考实二千石长史阿枉不平者”。十六年（40 年），“河南尹张伋及诸郡守十余人，坐度田不实，皆下狱死”。

傅玄此议告诉我们：晋初郡县两级地方政府都“奉务农之诏”，但他们没有认真履行自己的职责。当时，州刺史、郡太守一般都加将军号，统领州郡兵，军民合治。州郡兵作为地方常驻军，晋初境内平静，他们也得务农。这就是傅玄讲课田中有“佃兵”的原因。“佃”指佃农户，“兵”指州郡兵。我们有理由相信，当时的州郡兵对务农是采取抵触的立场的。这样，佃农不务农，转而“游食商贩”，地方军士也不以务农为意，恢复发展农业生产以“尽地利”就只能落空。屯田制废止了，务农的督责之职由郡县承担，要想办好农业，只有警戒郡县长官，使他们“勤心”而为。

（三）增置水官掌水利之功

其三曰，以魏初未留意于水事，先帝统百揆，分河堤为四部，并本凡五谒者，以水功至大，与农事并兴，非一人所周故也。今谒者一人之力，行天下诸水，无时得遍。伏见河堤谒者车谊不知水势，转为他职，更选知水者代之。可分为五部，使各精其方宜。……窃见河堤谒者石恢甚精练水事及田事，知其利害，乞中书召恢，委曲问其得失，必有所补益。

泰始四年、五年，淮北连续发生水灾，这跟水利设施遭受战争破坏，长年失修有关，也跟晋初不重整修水利，忽视水患隐情有关。傅玄讲，“魏初未留意于水事”，这是事实。但是，曹魏水事而兴，不在魏末，而在正始初。据《三国志·邓艾传》记载，正始二年（241年），司马懿根据邓艾建议，于淮北“开广漕渠”，引水浇灌，又通运漕，“资食有储而无水害”。《晋书·职官志》关于“都水使者”的沿革不是很准确的，中华书局点校本据《通典》的资料作了补充。现在，我们又可据傅玄提供的情况，进一步弄明白魏晋之际水官兴废的大概情形。

正始初，淮北屯田兴修水利之时，水官应该同时增置，即《通典》所出魏官品中出现了都水使者、参军、令使之职。傅玄疏中所出“先帝”，估计应是从司马懿算起的。后来，淮北淮南屡兴内战，魏末又改定官制，很可能将五谒者削成“河堤谒者”一人，晋初仍是这样。水官隶属御史台管辖，傅玄有责任提出建议。他的建议是：将河堤谒者由一人增加到五人，分管东西南北中五部水事；将现任谒者车谊撤换，由曾经担任过谒者的石恢主管水事。《晋书·职官志》所称晋武帝“置都水使者一人，以河堤谒者为都水官属”，应属泰始五年（269年）傅玄上疏以后的设置状况，确切的时间不清。

入晋之前，即“先帝”司马昭执政时期，农田水利不被重视的记载，无明文。不过，《傅子》中有一段文字可供推敲：

> 陆田者，命悬于天也，人力虽修，苟水旱不时，则一年之功弃矣。水田，制之由人，人力苟修，则地利可尽。（《意林》卷五）

这是说尽地利见功效应加强对“水田”的管理，大力兴修水利。傅玄这样讲，似乎就是有鉴于人力不修的事实的。水田的分布，重点在淮北，其次在淮南与洛阳近畿。司马师开始将屯田户赏赐给私家为客户，又召募为兵，农田水利的经营就会出现漏洞，这是魏末应有之事。

（四）减少实际课田亩数

> 其四曰，古以步百为亩，今以二百四十步为一亩，所觉过倍。近魏初课田，不务多其顷亩，但务修其功力，故白田收至十余斛，水田收数十斛。自顷以来，日增田顷亩之课，而田兵益甚，功不能修理，至亩数斛已还，或不足以偿种。非与曩时异天地，横遇灾害也，其病正在务多顷亩而功不修耳。

这段话是什么意思呢？同样是课田，魏初收成可得十余斛或数十斛，晋初只有数斛，竟不足偿种，田租不能交纳不说，连养活劳动者自己也成了问题。因此《晋书·武帝纪》里多次记载赈济灾民、减免田租的诏命，说明农业生产的不景气状况。傅玄分析指出，收成减少的原因，不是自然灾害造成的，而是“务多顷亩”导致的。

以丁男而论，课田 50 亩，交租四斛，平均每亩上交八升。汉代以降，一亩地的面积，宽一步，长 240 步，与今亩略近。晋初课田亩数，对丁男而言，实际上大大超过了 50 亩的限额。一部分农业人口弃农经商，从农户中抽调人力从事徭役，使务农的“田兵”人数自形减少。但是地方官承担的课田总数不会因人口流失作相应调整，只有摊派到现有“田兵”身上，因此丁男实际耕种的课田亩数就要增加，精耕细作就不可能做到。另外，官田中的水稻田被豪强抢占，“田兵”只能垦荒种植，这也不能保证好收成。豪强富了，国家的收入减少了，课田耕种的农夫负担加重了，收成减少到无法生存的地步。傅玄所谓“其病在务多顷亩而功不修耳”，既不是讲每亩实际面积增加的意思，也不是说“田兵”在课田限额以外自行占田（他们无田可占，无力去占）而扩大了耕种面积，而是他们实际耕种的“课田”无法像屯田制下那样，得到有效的保障，负担太沉重了。解决这一弊端的办法，就是减少“田兵”实际课田亩数，保持魏初严格的限额，以保证“修其功力”，达到增加产量的目的，使国家与个人都获得利益。

总之，从傅玄上疏中，我们可以认定：晋初已不再实行屯田制，而推行课田制；课田制的实施，由郡县地方官负责，对管辖区域内的垦田总数按照应课田的人口数计算，并没有也不可能严格按丁分配。因此，不能简单以为这就是当时存在的劳役地租的形式。[①] 所谓高额的三七或二八分成，是按应有劳动力与应垦土地相配合而征收田租的结果。一方面，人口在流失，耕地在减少，农田管理和水利建设“不能修理”；另一方面，实际务农的“田兵”耕种的面积在扩大，负担在加重，收成在大幅度减少，生活境况在日益恶化。

还有一点，傅玄上疏所言，是从“人事”的角度提出救

---

① 侯外庐等著《中国思想通史》第三卷（人民出版社 1957 年版）中第一章第二节，特别引用了傅玄上疏“五事”之一、四两段文字，认为其中“功力”就是“劳役的代名词”，而劳役地租的形态又反映的是“屯田制下的剥削率”。这两点判断，我们以为似乎与傅玄疏文之意不很切合。

济农业的建议的，重点是改善耕夫的生存条件。这与晋武帝的想法是不尽一致的。据《晋书·食货志》记载，晋初武帝频频下诏务农，是出于平定江南的考虑，以筹集军粮为急。虽然他在诏文里也指出了不利于农业生产的一些问题，比如豪势"私相置名"，富商挟利游食，农夫苦其业等，但他不认为农业生产本身存在什么弊端，因此他想用平籴法扭转农商间的轻重局面，想通过建造常平仓以调节丰俭年成，想责成郡县"务尽地利"以增加粮食产量。而傅玄则从农业自身发展碰到的严重障碍分析，主张先要调整政策，减轻负担，使课田制得到农民的拥护，才能真正改变农业生产不景气的状况。这仍然是以利民、安民、富民为前提的。傅玄不仅从理论上论述过安民之策，而且在实际政治活动中也提出了安民的具体建议，这是值得重视的。

综上所述，傅玄政论、上疏对入晋前后的民生问题，表现出一种极为关注的积极态度。他围绕着"安民"这个重点，提出详细的对策和具体的建议，是有感于时事、有鉴于政局而"匡正"司马氏执政治国之失的。①"安民"的目的是"上安"，前提是"民富"。因此，《安民》篇强调："国以民为本""民富而安，贫则危"；"民安而上危，民危而上安者，未之有也"。泰始五年上疏中又指出："人失其所，必不欢乐。""民危"、"不欢乐"的情形是存在的，这是不能掉以轻心的。

---

① 胡寄窗《中国经济思想史》中册（上海人民出版社 1963 年版）第七章，有一节为《傅玄的经济思想》。其中讲了四个方面的问题：一，分民定业论；二，财政观点；三，农业问题；四，货币概念。胡著是从经济思想史的角度考察的，这与我们本章所论的角度不同，某些看法也不尽一致。可参见。

四、后 论

以上三章，我们从谋“君人南面之术”的角度，主要对《傅子·内篇》的思想意义及其价值，作了一些探索和解释。归纳起来，有如下要点。

第一，《内篇》的理论意义，在于提倡“有为”而治、“无为而化”的一套南面术。

在傅玄看来，“有为无不成”，不能用“无为而治”的方法理世治乱，统御天下；但是又要“恭己慎有为”，不能是“无不为”，为所欲为；所谓“无为而化”是“慎有为”的结果，而不是去“有为”的产物。《内篇》所论，当时人王沈评价是“经纶政体，存重儒教”；清人纪昀的评语是“关切治道，阐启儒风”。二者共同指出《内篇》的主题跟政教有关，不谋而合。傅玄要论证的是：“政体”的主体是君、臣、民，关键在君；“治道”的要领是“通儒达道”，首先要“尊儒尚学”。对于君主而言，“恭己”而“慎”，止欲宽下，以著恩信，这是明君“有为”的前提；御臣要有术，治民要兴利，统政要儒法兼济，这是明君“有为”的内容，也是手段；“上下相奉”，“无为而化”，这是明君“有为”的目标。

傅玄主张“无为而化”，却不赞同“无为”而治；主张“通儒达道”，即援法入儒，儒法兼济，却特别诋斥“以法术相御”的暴政。前者是针对道家思想影响时代思潮的现象而言的，后者是有鉴于魏末政治的现状而言的。傅玄入晋后的名言“魏武好法术，而天下贵刑名；魏文慕通达，而天下贱守节”，就有批评这两种倾向的用心。这两句话也可谓《傅子·

内篇》理论意义的佐证。

第二，《内篇》的政治意义，是为司马氏政权谋求篡政而立服务的。

从《晋书》本传的记载可知，《内篇》的完成时间在入晋之前，不可能在入晋之后；写作时间主要在司马昭执政时期，其中有的内容也有可能写于此前，甚至有明帝末年、齐王正始年间写成的可能性，但修订成篇的时间仍应以司马昭执政、傅玄出任地方官这一期间为依据。这是一点。

另外一点是，本传载录傅玄入晋之初向晋武帝先后所上三疏，其指导思想、主要观点仍与《内篇》所论相近，尽管《内篇》详论"为治"之道，上疏直谏"为政"之失，建言当务之急，出发点不尽一致，但彼此颇有一脉相承之处，又是值得注意的。我们前面几章虽以《内篇》为主，又多处援引傅玄入晋后的上疏，相互参照，就是有鉴于此的。

傅玄政治上倾向司马氏，拥护司马氏，态度是明朗的。但是，入晋前后司马氏的统治政策与所作所为，又是让傅玄感到十分担忧的，弊端不少，为政多失，所以他要"匡正"、直谏，用心亦在于维护司马氏政权。

第三，《内篇》所论、上疏所言，其现实意义是很突出的。

关于这一点，上述两点里已有涉及。我们要强调的是，傅玄立论的基础是从现实政治出发的，不是纯粹从理论上构架自己的思想体系的。他所要阐述的道理，提出的主张、建议，以儒为主，兼取法、道，明显地具有荀子思想的特点，也吸收了汉魏以来主张儒法兼综的政论家的思想成分。我们在前几章的论述中，充分注意到这一倾向，说明傅玄作为一名政论家，其立论的渊源所自。但是，我们更注重联系现实政治来证明其中蕴含的意向。王沈引述汉文帝评论贾谊政见的话有“今不及”之论，这也正是傅玄政论的显著特点之一。

最后，我们还想指出，《内篇》是《傅子》中最重要的组成部分，是傅玄作为一名思想家的主要依据。今所见《傅子》存文，《内篇》并不完整，有的内容散失不见了，现存成篇较充实者与零散段落之间的有机联系，也很难完全沟通。这当然很可惜。但是，他主要的思想观点可见，他的真实用心可知，这又使我们有可能对他的现有政论文字作出实事求是的估价与评论。正因为如此，我们没有采用孤立切割的传统方法，将傅玄思想分成政治思想、经济思想、法律思想、民本思想等等单独的结构去剖析，而更着眼于他所论内容与司马氏政权之间息息相关的特征，从“南面术”的层面上分析其中的意蕴。为现实政治服务，这当然是古代思想家、政论家共同的意愿。他们立论倡言，绝不是仅仅停留在理论的探索上，都有当时的考虑，不过有的直接，有的间接而已；有的能看出来，有的不甚明显、不够清楚罢了。傅玄的《内篇》属于前一种情形，这是很重要的线索，我们当然不能忽略。

接下来，我们想就傅玄所论“南面术”的时代意义及其对后世产生的影响，作些补充说明。

傅玄的政论、上疏所及，换个角度讲，又是最早批评司马氏政权的文字资料。虽然作为政论文的《傅子·内篇》成于禅魏之前，是讨论新政权如何谋求禅代而立的“南面术”的，正面立论的色彩浓重，策略性很强，但是问题的提出却是有针对性的，这就是《晋书》本传言及的“多所匡正”的意思。换句话说，凡是《内篇》着意强调的内容，都是司马氏所作所为不大经意甚至倒行逆施的地方。入晋之初，傅玄又利用谏官身份，直言进谏，批评时弊。这前后的用心是一致的，立论也好，陈事也好，都是从治国安民的意义上探索如何拨乱反正的有效途径的。然而，鉴于主客观诸多因素的影响、限制，有晋禅魏前后，没有也不可能实现拨乱反正的根本转变。别的不说，就君王而言，傅玄热切拥护的司马昭，就不可能完全按照傅玄希冀的方式行事，更不可能更弦改辙，弃旧图新。司马昭热衷暴虐，用人不当，已经为晋王朝的建立奠定了不良的基础。司马昭死于禅代前夕，他的儿子司马炎更不是有为之君，有晋伊始，政权建设以及当务之急中暴露出的种种弊端，晋武帝司马炎无力克服，而且他本人贪欲不正，又优假士族，在晋初表面升平繁荣的背后，隐藏着更深刻的危机。“刚劲”“峻急”的傅玄，虽然有“匡正”之意，却无回天之力。我们发现，泰始五年（269年）以后，傅玄对政局的批评趋于缓和，甚或不再坚持原先的立场，恐怕就是一种无可奈何的表现。

其实，“南面术”是大一统的中央集权下的政治理论的规范。它对汉代以后有为之君特别是建基开国的明君，更具有强烈的吸引力。但是，君明必须臣贤，臣贤又要求明君要敢于识佞。孔子虽然很早就注意到“恭己正南面”需要“远佞人”（《论语·卫灵公》）的问题，但是“远”之首先得“识”之。从“识佞”的意义上加以强调，这是傅玄政论中很独特的内容。傅玄力图援引秦亡的教训和“汉魏之失”的实例，以引起司马氏的警惕，呼吁“用直臣”，以开创一种“有道”的政治局面，可惜没有实现。真正认识到这一卓越见解的理论意义，并付诸实践的，是唐初唐太宗与魏徵形成共识，运用于“贞观之治”中，才得以实现它的价值。

西晋王朝在傅玄死后，很快实现了灭吴而统一全国的鼎盛局面。但是好景不长。武帝一死，昏庸的惠帝即位，西晋王朝的下坡路就急转直下，内乱外祸导致了它的灭亡。傅玄之后，批评西晋积弊的诤臣有刘毅、傅咸、鲁褒、裴頠等人。他们的言论很激烈，批评很直接。西晋灭亡以后，从总结西晋亡国的教训方面切中肯綮的史论家有葛洪、干宝、范宁等人。他们认为，玄学误国，惠帝不才，导致了西晋的速亡。当然，批评时弊、总结亡国教训，西晋后期的诤臣和东晋时的学者确实有相当精当的言论，后世史学家对此一致首肯，一再引述，说明其认识价值和理论意义具有昭示性质。但是，我们将傅玄早期言论与上述诸家于西晋后期乃至隔朝之议取来对比，会很惊奇地发现：后者议论所及的实质性问题，正是傅玄早年急切指陈的老问题。虽然这些议论指事更直接具体，陈情更具锋芒，论理更不容动摇，确有更可观照的参考价值，但要害并不出傅玄当初所议及的范畴。因此，从超前性上讲，傅玄的政论、上疏是认识西晋衰亡的可贵文献，至少可以证明：西晋政权的腐败在立国之初就已显示，它的病入膏肓是必然的，其衰亡只是迟早的事。惠帝不惠，外戚干政，八王之乱，外族介入，以及玄风大畅、士族清谈等等，都是一连串的偶然拍合，其实只是腐败的链条上的环节，要说其中某一端是腐败的原因或征兆，固然不错，似乎也讲得通，但要从根本上认识，都不够深刻。如果我们从傅玄入晋前讨论“南面术”的时代意义上去认识西晋的衰亡史，似乎更能追溯到大厦必倾的深刻原因。可以说，历史上任何一个王朝或政权的衰变，其原因都隐藏在它貌似强盛的背后，发轫于它的上升时期，绝不能仅仅着眼于后期明显的一蹶不振的诸多现象之中。《傅子·内篇》讨论的“南面术”，并没有为司马氏建基立业所采纳；入晋初，傅玄直谏的“王政之急”，也没有受到认真的对待和严格贯彻。“亡秦之病复发”，“汉魏之失未改”，蒸蒸日上和欣欣向荣的时刻，傅玄如此唱反调，不是危言耸听，而是一种清醒的认识使然。他的理论纲领未被采纳，他的预见性的直言未受重视，不等于没有价值。在中国思想史上，像傅玄这样，于王朝政权未立将立、始兴而盛的时期，孜孜于内在的弊端，清醒认识到危机的存在，并建言上疏的思想家，认真推究起来，不是很多；特别是他指出的危机为后来的历史事实所证实，得到应验，这更应引起我们的重视，给他应有的历史地位。

傅玄的“南面术”没有应用于西晋，却受到唐代君臣的高度重视，这是很值得回味的事。我们很熟悉唐初的“贞观之治”，唐太宗励精图治，魏徵犯颜直谏，已成为家喻户晓的前代佳话之一。“贞观之治”确可谓拨乱反正的历史范例，也可谓“南面术”自觉成功应用的少见的样板。唐太宗命魏徵编纂《群书治要》，首先取决于唐太宗真心重视学习借鉴历代封建政治学说的迫切愿望；魏徵摘要汇集前代典籍中有益于治国安民的内容，也首先出于他完全为着唐王朝的根本利益。中国古语讲“君明臣贤”，但真正造就这种君臣关系的历史时期，为数很少，“贞观之治”可谓难得的一次结合。《群书治要》里大量摘引《傅子》文，说明魏徵极为重视傅玄的意见，唐太宗也从中学到了为君治国的有益东西。因为唐太宗懂得，天下“取之或可以逆得，守之不可以不顺”（《通鉴》卷一九二），他很重视秦朝特别是隋朝速亡的教训，深知“水则载舟，水则覆舟”的道理，因而清醒地决定采取“去奢省费，轻徭薄赋，选用廉吏，使民衣食有余”的方针，并把“任贤能，受谏诤”作为两条根本的措施。这些正是他作为“明君”的难能可贵之处。同时，唐太宗强调：“为政之要，惟在得人。用非其才，必难致治。今所选用，必须以德行学识为本。”（《贞观政要·崇儒学》）这又是像魏徵这样的直臣能够被选中并始终得以直言无隐、犯颜切谏的背景与条件。所以，“君明臣贤”中，关键在于“君明”。只要“君明”，正如《傅子》中所说的那样，贤臣“求无不得”。傅玄虽是刚直之臣，可惜他没有遇到真正的“明君”。魏徵既是直臣，又恰逢像唐太宗这样一位英明之主，这是他比傅玄幸运的地方。“贞观之治”中“君臣论治”的政治局面的形成与持续维持，是中国历史上“南面术”真正贯彻而不是一厢情愿的书生议论的少见的例子。傅玄于魏晋之际向司马氏勾画的“南面”蓝图，时隔近400年后，才在唐初切实引入政治生活中来，为魏徵奉为至宝，为唐太宗视若鉴戒经典，真正发挥出应有的作用。是幸还是不幸？其实是既幸又不幸，二者兼而有之。历朝历代的君主，包括被后世公论是“昏君”者，在位时无不以“明君”自视自处，臣僚们或阿谀，或希求，或规谏，都自觉不自觉地将当朝君王当作“明君”看待，因而奸佞当道而忠直被黜的悲剧一演再演。“南面术”在理论上再完善，在实际政治生活中却难以有效实施。被罢官被杀头的直臣何其多!，傅玄被罢官而未遭杀头之祸是其幸，他的一套“南面术”在唐初总算受到唐太宗、魏徵的赏识，也是身后之幸。初唐君臣，从傅玄政论里获得有益的启示，这也是有道理的。《傅子·内篇》是从总结前代之失，为新王朝的建立，贡献大计方略的。

这与初唐的开国新政面临的选择，是很近似的。当后来盛唐时纵横家赵蕤在《长短经》中再一次大量引录《傅子》文时，赵蕤没有得势，《傅子》也未再次引起盛唐君主的重视，其中多少还是有点必然性的。皇权巩固了，盛世出现了，歌舞升平中继续老调重弹，说什么励精图治一类的惩戒话，顶多是点缀，还需要认真当回事吗？赵蕤想“救弊”，他的学生、大诗人李白想匡世，可以说都不识时务。

第八章　学术思想综述

《晋书》本传讲，傅玄“撰论经国、九流、三史故事，评断得失”。他所著《傅子》内、外、中篇，涉及的问题比较广泛。内篇尽管是政论文，是为司马氏政权谋求“南面术”的，但其中内容无疑又反映出他的思想倾向与体系；外篇、中篇以及诗文作品里，也有他对历史现象与现实生活的诸多评论，自有独到之处。这些又是我们不能忽略的。本章拟从学术思想这个角度，对傅玄思想作些综合性的考察，并补充有关内容。

一、唯物主义的哲学观点

我们说过，傅玄是政论家，不是哲学家。而且，正如张岱年先生指出的那样，从现存《傅子》材料中，找不到有关自然观的见解，因而“很难断定傅玄也是一个唯物主义者”[①]。这也是事实。不过，我们仍可从傅玄的全部文字资料中，发现他具有唯物主义的思想倾向。

(一)“元气”生万物

“元气”这个概念，先秦还没有提出来，它始见于汉代，《春秋繁露》和《淮南子》里正式使用开。两汉哲学思想讨论中，围绕着宇宙、自然生成这个问题，争论本原到底是神灵的上帝还是物质的“元气”，反映出唯心主义与唯物主义两种截然不同的体系。前者的代表人物是董仲舒，后者的代表人物是王充。王充认为，“万物之生，皆禀元气”（《论衡·辨崇》）人也是由气构成的，“阴气主为骨肉，阳气主为精神”（《订鬼》），“阴阳之气，凝而为人”（《论死》），除了“元气”之外，不存在什么神灵之天的作用。这是唯物主义的元气一元论的思想。

傅玄提到“元气”，是在诗作里。如《两仪》诗曰：

> 两仪始分，元气上清。列宿垂象，六位时成。日月西迈，流景东征。悠悠万物，殊品齐名。圣人忧世，实念群生。[②]

---

① 参阅《〈物理论〉和〈傅子〉是否一家之学》，载中华书局 1963 年版《文史》第 3 辑。

② 这首诗见于《初学记》卷一、《艺文类聚》卷一。《诗纪》卷二二所出，与此稍异，为七言五句。

又，乐府诗《羽铎舞歌》曰：

昔在浑成时，两仪尚未分。阳升垂清景，阴降兴浮云。中和合氛氲，万物各异群。……浩浩元气，遐哉太清。五行流迈，日月代征。随时变化，庶物乃成。

这两首诗探讨宇宙万物的生成是从“元气”升降变化而来的。天地“两仪”之分，日月星辰之行，都跟“元气”有关。“元气”是客观的存在，由于阴阳的作用，万物“殊品”，运作有序，形成规律。这显然是一种朴素的唯物主义的认识。

(二) 顺应天时，重视人力人事的作用

在人与自然的关系上，董仲舒的天人感应思想对两汉思想界的影响是相当深刻的。这种思想宣扬，“天”有声志，自然界的灾异变化和人世间的祸福转换都是受制于上天的主宰，而人是无能为力的。王充的“天道自然”(《自然》)说也没有摆脱这种神秘主义的束缚，认为事物产生、发展及其终结，都不需要考虑原因与条件，只能任其“自然之化”(《自然》)，反映出他的唯物主义立场不彻底的局限。

傅玄认为，客观规律是不能违背的。他说：

夏令披裘，冬令披褐，虽有严令，终不肯从者，逆时也。(《太平御览》卷二七)

可见，逆时而动，严令责成，以主观意志一味孤行，不按客观规律办事，那是行不通的。但是，人在自然面前，又不应该是无能为力、无所作为的。有的情况下，人力是可以胜天的。比如，他讲“陆田”（即旱田）是“命悬于天”，靠天吃饭的，由于“水旱不时”，人们修以功力，却不能获得地利。这是当时生产力低下、劳动力奇缺情况下无法改变的实际。然而，“水田制之由人，人力苟修，则地利可尽”（《意林》卷五），“人力”是完全可以利用自然、改变自然的。不顾水旱之客观实际，硬要在旱田里徒费功力，是不可行的；看不到水田具有旱涝保收的条件，不懂得“人力”能使“地利”发挥作用的道理，更是不可取的。所以傅玄提出：天地之道是“以异致同”，即四时有异，昏明有常；圣人之治是“因物制宜”（《假言》），即如水火相灭而善用之则“不相害”一样，全在人力的措置。这些认识富有辩证色彩。

对待自然灾害，不仅人力可修，而且人事更可修。强调人的主观能动性，突出人君为政的进取精神，这正是荀子“制天命而用之”的思想。傅玄在自己的政论、上疏及文学作品里，都多次重复这样的观点。比如，《傅子·问政》篇就以“尧水、汤旱”与“晋饥、吴懈”为例，说明同是自然灾害，人事的不同，竟可导致截然相反的后果。再比如，入晋以后傅玄上疏晋武帝，面对淮北大水伤农，提议最重要的是要像唐尧、商汤那样，“济之以人事”。还有，《喜霁赋》也同样讲，“洪水”、“炎旱”之灾并不可怕，只要“敷皇道”就能战胜它。“人事”也好，“皇道”也好，对于统治者而言，就是指“善为政”而言。“善为政”的内容很多，傅玄主要强调去私立公，受到百姓的理解和拥护，则“天地不能害也”（《问政》）。

这样的主张，不仅是唯物主义的，而且是具有进步意义的。

（三）高度赞扬机械发明制作的作用

可以说，在傅玄之前的思想家，没有不对机械发明制作采取轻视甚至反对态度的。他们将手工艺视作“奇技淫巧”，把工匠看得很低贱，工、商二业同被当成“末业”对待。这是自从奴隶社会分工出现以后，一直沿袭下来的一种传统偏见。这种偏见不但在傅玄以前的封建社会存在，而且在傅玄以后的封建社会也长期存在。儒家“上智下愚”的观念，宋明理学的“道统”意识，塑造出一批又一批重经典轻实践的封建士大夫。直到近代，西方科学技术传入中国以后，他们中的不少人仍然抱残守缺，甚至对文明进步采取一种仇视的态度。比如，辛亥革命以后，甘肃有位忧国忧民的学者刘尔炘（1865—1931），认为欧美先进的科学技术、机器制造“与吾国圣人宗旨两不相容”。他晚年写出一部《拙修子太平书》[1]，竟然胡说“机器劫”、“科学劫”导致了中国祸乱，要“以理驭气”致太平。像刘尔炘这样的卫道士，在中国长期的封建社会里不乏其人。傅玄在《马钧传》里提到的裴秀、曹爽等人，就是刘尔炘的老祖宗。

我们前面已指出，傅玄将“工以足其器”的手工业提高到与农业并列的地位，这是一个很了不起的提法。傅玄唯物主义的认识，不仅表现在“农工之业”并称的这一概念上，而

---

① 该书著成于1931年。刘尔炘同年病逝。次年即1932年，其书由陇右乐善书局出版。

且反映在他对待新技术、新制造的鲜明态度上。在中国科技史上，曹魏时期机械制造的新成就，有赖于傅玄所记《马钧传》这一珍贵文献。[1] 傅玄不仅仅热情洋溢地记叙了马钧其人一项项发明创造，而且更具体地反映出他本人为马钧鸣不平，为马钧的天才发明叫好力争的活动。傅玄与人争辩讨论，前后奔走游说，显示出既重视机械发明之巧，又惋惜马钧不被时人所识这样双重的思想倾向。应该说，这在当时的历史条件下，是十分难得的，在中国古代史上，是绝无仅有的例子。通过机械发明发挥人力，这是对先秦墨子学说中重工艺思想的继承发扬，也是对两汉唯物主义思想的极大深化和提高。

（四）观行验实，贵学轻言

在认识论上，傅玄也是唯物主义的。他的见解与汉代杰出的思想家王充的观点，既有相似的地方，也有相异的地方。

王充是在力图摆脱两汉之际盛极一时的神学经学的思维模式束缚的同时，通过“知实”的理性思考，系统地批判谶讳迷信那一套荒谬结论的。他提出“考察前后，效验自列”（《论衡·语增》）的原则，以检验一切知识和结论，包括圣贤之言和经学之论，并从逻辑上揭露了神学的自相矛盾，表现出无神论的战斗精神。

---

① 杜石然等编著的《中国科学技术史稿》上册（科学出版社 1982 年版）第五章第九节，介绍马钧及其成就时，就是利用傅玄提供的资料。其中特别讲到，马钧所作的翻车，即后世沿用了一千多年的龙骨翻车；“在近代水泵发明之前，翻车是世界上最先进的提水工具之一，它对于灌溉农田，发展农业生产，发挥了巨大的作用。”

傅玄则是在魏晋之际以“卫道士”的面目出现的。他攻击玄学是“虚无放诞之论”，力图挽救传统儒学济世救时的地位，目的是为司马氏政权服务。他认为儒学是“王教”、“至教”，是不能怀疑的；礼教“三纲”是“大本”，而玄学则是“巧言”、“空言”。因此他一方面提倡“贵教”、“贵学”，另一方面主张严格审验“饰辩”之言。傅玄忽视了玄学方法论在理性认识上的巨大贡献，一味强调“校其实”，“考其迹”，“责其实事之效”，仍然停留在感性认识的范围里，未能摆脱经验论的束缚，这与王充的认识局限是一致的。王充针对的是神学，傅玄针对的是玄学，都具有批判社会思潮的性质，这也有相似的地方。但是，傅玄固守经学传统，他没有对儒家学说提出任何怀疑，只是主张援法入儒、儒法兼济，并吸收其他学说中合理的成分，没有像王充那样敢于对儒家经典的神圣性提出怀疑。傅玄重视实事求是的精神，推崇道德和知识的力量，这与王充的理论也是相近的，都是唯物主义的认识。但是，从方法论与目的论的意义上看，傅玄不像王充那样更具批判色彩。另外，王充思想中的无神论与黄老自然思想，也是傅玄不具有的。傅玄认识论上的指导思想是“有为”论与儒法思想。

关于傅玄对人性论、社会伦理、历史观等方面的有关论述，我们前面已作过充分的分析，这里需要强调指出的是，其中同样反映出他的唯物主义思想倾向的特点。

二、兼容各家的思想特点

（一）傅玄政论思想的基础

前面多次提到过，傅玄政论以荀子思想为宗，又吸收了汉魏思想家、政论家的思想成分，显示了儒法兼济的特点。我们知道，荀子是先秦儒家的集大成者，他批判地继承了先秦学术思想中诸子的成就，兼综各家之长，构成了自己的思想体系。荀子沿着孔学传统，论“礼”，论“天人之分”，总的是近于君主专制的思想。其中道、墨、法等各家学说中的许多内容，也被他吸收并融合于自己的思想体系之中。因此，荀子的理论既不是纯粹法家，也不是像孔孟那样的儒家，而是新的历史条件下的儒学。条理化，逻辑性强，更具唯物主义精神，这是荀儒理论的特色。至于汉魏进步思想家、政论家，是在批判经学的神学迷信、批判现实政治的斗争中，提出扭转世风、改变现状的积极主张的。他们要恢复儒学本来的面目，想通过吸收先秦诸子中有益的东西，改造经学。因此，这一时期法、道、名、纵横各家学说甚为流行，与传统儒学融合的倾向是十分明显的，同时向传统儒学的挑战的意味也是不容忽视的。

傅玄生活的时代，汉末以来的动乱局面并未彻底扭转，思想界的混乱情形也没有太大改观。儒学不振，玄学正盛，“无为”之风弥漫。他站在司马氏的立场上，既拥护司马氏的代魏篡立之举，又不满司马氏施政为治之行，主张“慎有为”而实现君主专制。“慎”就不可专用法家的那一套；“有为”义得借用法家的一些做法，而不能沿用道家的那一套。所以，傅玄入晋前的政论与入晋初的上疏，归根到底，是讨论新的司马氏政体如何谋求、如何巩固的问题。他的立场和出发点，当时的政治形势和思想界的情形，这些因素决定了他只能从儒法兼济的荀子思想中寻求支持，也必须借鉴汉魏以来思想界已经讨论或正在讨论中的积极内容。

但是必须看到，傅玄并不是简单地取法荀子思想，也不是随心所欲地将汉魏思想中各种思想成分或弃或取。比如，荀子主“性恶”，傅玄没有照搬这一观点，而是充分吸收了汉代讨论中深化了的认识，提出了“水性说”。再比如，傅玄重工艺发明的思想观点，不仅是荀子没有论及过的，而且也是汉魏思想中很突出的独到见解。还有，傅玄从政治上对玄学的评论，也为我们提供了一种新的视角，与他同时代的人几乎再没有第二人像他那样发表类似的意见。总之，他在继承前代思想的同时，经过独立思考，增加了新的内容。

（二）兼容各家之长

在考察傅玄思想的特点时，应该注意到他对各家学术思想如何认识的问题。他说：

> 见虎一毛，不知其斑。道家笑儒者之拘，儒者嗤道家之放，皆不见本也。（《意林》）

又说：

> 设所修出于为道者，则言自然而贵玄虚；所修出于为儒者，则言分制而贵公正；所修出于为纵横者，则言权宜而贵变常。九家殊务，各有所长（《长短经·大体》）

还说：

> 圣人之道如天地，诸子之异如四时，四时相反，天地合而通焉。（《意林》）

以上这些言论清楚地表明，傅玄对各家学说采取兼容并蓄的态度。“各有所长”，显得通达而不偏狭；“合而通”，所通为“圣人之道”，则有偏重而无偏废。在这一点上，傅玄也比荀子豁达大度。钱钟书先生讲，“术之相非者各有其是，道之已分者原可以合”，而“荀（子）门户见深，伐异而不存同”，傅玄的“合而通”之论颇有《庄子·天下篇》的“遗意”。①

现在，我们从几个方面考察说明《傅子》是兼容各家之长的这一特点。

第一，从引用前哲先贤的言论来看。傅玄不仅摘录了夏禹的话（《举贤》）、《虞书》上的话（《通志》、《安民》）、《周书》上的话（《法刑》）、《易传》上的话（《礼乐》）、《诗经·大雅》中的诗句（《正心》）、孔子的言论（《仁论》），而且还

---

① 参见《管锥编》第一册，中华书局1979年版，第390页。

用了老子的话（《义信》）、孟子的话（《三国志·荀攸传》注引）、韩非子的话（《长短经·知人》），以及汉末荀悦《申鉴》中的文字（《仁论》）。另外，傅玄还转引过当时人的一些意见，如钟繇论肉刑（《意林》引），皇甫谧论管宁（《三国志·管宁传》注引），曹羲论法刑（《意林》引）。所有这些引用文字，傅玄都是表示赞同的，是作为论证或说明中的正面主张加以采用的。

第二，从内容上来看。班固在《汉书·艺文志》里说，诸子百家“其言虽殊，辟犹水火，相灭亦相生也。仁之于义，敬之与和，相反而皆相成也”。在学术发展过程中，各家学说往往互相补充，绝对不会有截然有别的界限，这是十分正常的。战国时期百家争鸣的情形是这样，魏晋之际各种学说纷纭而兴的现象也是如此。傅玄受荀儒影响较深，而荀子上承田齐法家，下启韩非、李斯等法家主张，改造了儒家的“礼”，加进了“法”的内容，“礼”“法”并称，儒法兼济，这一特点在《傅子》里体现得十分清楚，毋庸重复多讲。现在我们要着重讲一下《傅子》里反映出的其他几家学说的内容。

道家学说是讲“君人南面之术”的，它提出的“道”、“本末”、“无为”的概念，在傅玄的政论、上疏里常常使用。不过，傅玄是从古今“成败存亡祸福”的历史经验教训的总结中，吸取道家学说中“秉要执本”、“清虚自守”的积极成分，与儒法家“有为”而治的思想相贯通，提出新的“南面术”的；他扬弃了道家“卑弱以自持”的一面，批判了其中“绝去礼学，兼弃仁义”，“清虚可以为治”（班固语）的“放者”之论。所以他不赞成自称儒者的人笼统地嗤笑道家“放”的消极一面。

墨家学说在认识论上，强调经验，重视感性认识。傅玄关于知人识人方面重实效事功的言论，关于对玄学抽象思维中“虚无”不实之论的反感态度，无疑是受到这一学说直接或间接影响的。但是，他也不赞成墨家的“兼爱”、“短丧”的主张，认为前者是“废亲”之论，后者是“忘忧”之论，坚持的又是儒家立场。

名家学说侧重于“名位”、“礼数”。汉魏时代名理学十分盛行，循名责实，辨名析理，推进了逻辑学的发展。《傅子》中有关名理方面的内容也不少。比如下面这段记载：

> 汉末有管秋阳者，与弟及伴一人避乱俱行。天雨雪。粮绝。谓其弟曰：“今不食伴，则三人俱死。”乃与弟共杀之，得粮达舍。后遇赦，无罪。此人可谓义士乎？孔文举曰：“管秋阳爱先人遗体，食伴无嫌也。”荀侍中难曰：“秋阳贪生杀生，岂无罪邪？”文举曰：“此伴非会友也。若管仲啖鲍叔，贡禹食王阳，此则不可。向所杀者，犹鸟兽而能言耳。今有犬啮一狸，狸啮一鹦鹉，何足怪也！昔重耳恋齐女，而欲食狐偃；叔敖怒楚师，而欲食伍参，贤哲之忿，犹欲啖人，而况遭穷者乎！”（《意林》卷五）

这段围绕着管秋阳杀同伴而食的传说故事，荀彧与孔融之间展开有罪无罪的辩论，正反映了汉末名理学被用于诡辩的事实。这段文字他处无载。傅玄特别记录下来，大体上是揭露名士如孔融其人是如何违背常理，在逻辑上制造混乱的。我们以为，这段记载可以跟傅玄有关玄学讨论的意见联系起来分析。玄学的社会基础是士族，它的思想方法就是运用名理学在名词概念上作抽象的理论推衍。孔融的诡辩术不一定就是后来玄学家讨论名理的看家本领，却也反映了一种脱离实际的基本倾向。利用名理诡辩，傅玄是不赞成的。他说：

树上悬瓠非木实也，背上披裘非脊毛也。此似是而非。(《意林》卷五)

积薪若山，纵火其下。火未及燃，一杯之水尚可灭也；及至火猛风起，虽倾竭河海，不能救也。秦昭王是积薪而纵火其下，至始皇燃而方炽，二世起风而怒也。秦人视山东之民，犹猛虎之睨群羊，何隔惮哉！(《意林》卷五)

类似这样道及名理的例子，在《傅子》中所在多有。其显著特点是，通过形象的比喻，揭示一种深刻的哲理，显示出思辨的理论意义和现实意义。有的文字甚至可以视作高度概括的格言来看待，例如《口铭》便是①。傅玄认为，名理不能脱离实际。所以他说，“国典之坠”、“位之不建”就是“名理废”的表现。在他的心目中，“校练名理”(刘勰语)的世风下，傅嘏是个好榜样，“见理识情”，“清理识要”，“好论

① 《口铭》有句曰：“蚁孔溃河，溜川倾山(按，一作“溜穴倾山”)。病从口入，患自口出。”又如，傅玄曰：“人之涉世，譬如弈棋；苟不尽道，谁无死地，但[幸]不幸耳。”钱钟书《管锥编》第三册第1139页，特举此条申述道：“傅氏……不以军事比棋艺，而以棋局比人事”，是一种“变赋为兴”的新手法。

才性”而“精微”，出任河南尹而吏民安（《三国志·傅嘏传》注引）。

纵横家是言“权事制宜”（班固语）的。傅玄就主张“因事制宜”是为治之要。他多次讲到“应机”而变的原则。比如，他讲，尊卑、贵贱的“分数”，需要“万机运于上，百事动于下”（《检商贾》），才能确定。再比如，傅玄称道蜀汉诸葛亮为“一时之异人”，就有“事得其机”（《意林》卷五）一项。曹操手下谋士荀彧“谋能应机”（《三国志·荀攸传》注引），曹操也讲“应机而变化”（《三国志·武帝纪》注引）。所谓“应机”，除了指遇事善于审时度势的含义外，还包括事前预测到变化的走向。论“机”是汉魏时期“乘时”之士经常的话题。傅玄以为，“权宜”与“变常”二者不可缺一。他批评“善论纵横”的刘陶时说：“天下之质，变无常也。”（《三国志·刘晔传》注引）这正说明刘陶只顾“权宜”之得，却不悟“变常”之理。傅玄正是从纵横家学说的要义上点出刘陶的“穷”态的。

此外，《傅子》里还杂有兵家、阴阳家、五行相术方面的零星文字。如兵家言：

> 兵法云，内精八阵之变，外尽九成之宜，然后可以用奇也。（《太平御览》卷三〇一）

> 我欲战而彼不欲战者，我鼓而进之，若山崩河溢，当其冲者，摧值其锋者破。所谓疾雷不暇掩耳，则又谁御之！（《意林》）

昼战目相见，夜战耳相闻。得利同势，失利相救。(《意林》)

又如阴阳家方面的内容：

象天地以立制。(《北堂书钞》卷一六)

宋建椎牛祷赛，终自焚灭。文钦日祠祭事天，斩于人手。诸葛诞夫妇聚会神巫，淫祀求福，伏尸淮南，举族诛夷。此天下所共见，足为明鉴也。

显然，傅玄认为淮南反叛的失败原因是“牵于禁忌，泥于小数，舍人事而任鬼神”(班固语)造成的，批评了阴阳家中“拘者”的荒诞行径。再如相术之议曰：

相者曰：三停九候，定于一尺之面；智愚勇怯，形于一寸之目；天仓金匮，以别富贵贫贱。(《意林》)

以上这些议论或引述文字，在《傅子》中存留不多，更深入的意见不能测知。但是，这也确实反映出《傅子》原本中涉猎的内容比较广泛，对诸子百家之学均有过相关的评议。

总之，《傅子》兼容各家的内容这一特点是明显的。这决定着它的思想风貌。

(三)《傅子》应为“杂家”类著作

《傅子》不仅内容上兼容各家，而且就其思想倾向而言，也应该归入“杂家”类。《隋书·经籍志》就是这样做的，是很有道理的。

我们先看《隋志》是怎么归纳“杂家”的特点的：

> 杂者，兼儒、墨之道，通众家之意，以见王者之化无所不冠也。古者司史历记前言往行、祸福存亡之道。然则，杂者盖出史官之职也。放者为之，不求其本，材少而多学，言非而博，是以杂错漫羡而无所指归。

这一归纳于《汉书·艺文志》的分类有着显著的修正之处。班固以为，“杂家”源出议官，“道家”源出史官；“成败存亡祸福古今之道”的“君人南面之术”，属于道家学说的要义。《隋·志》是将班固分列的“道家”与“杂家”相揉而并，使得新确定的“杂家”面目更具班氏“道家”积极一面的特色。这样，“杂家”源出史官，是论“祸福存亡之道”、“王者之化”，亦即言“君人南面之术”的。以此相绳，既符合傅玄的史官出身的身份，又符合《傅子》思想内容的实际情形。此其一。

其二，《隋·志》是经过唐初魏徵之手而成的，而魏徵是十分熟悉《傅子》一书的，由他编集的《群书治要》里大量采辑《傅子》，这是个很重要的线索。《治要》所辑入的《傅子》文，其实只限于内篇，这是魏徵最感兴趣的部分。《隋·志》将《傅子》放在“杂家”类，是否考虑到外篇、中篇的内容，这不大清楚；仅就内篇而言，说《傅子》应入“杂家”，也是符合条件的。在这点上，魏徵不会含糊。

其三，魏徵之后，盛唐初的黄老派纵横家赵蕤采辑前代诸子杂著而成《长短经》（又称《长短要术》），也大量收入了《傅子》文。据他本人作序宣称，他辑录的指导思想在于“救弊”，感兴趣的主题是霸道。因此，辑入最多的要数《荀子》、《淮南子》和《傅子》。谋“南面之术”，论君主专制，言知人善任，这正是《傅子》里最具特色的内容。赵蕤作为纵横家，既不赞成孔孟之儒，又不欣赏法家，而是出入于儒道，偏好于兼容之长的杂家。《傅子》虽以儒法兼济为主，儒、法二家中又偏于儒，有荀子思想的特性，但是，《傅子》有别于荀子，兼综各家之长，既不能简单归之于儒家，又不能贸然划入法家，而应该是杂家。从赵蕤的思想倾向上，我们也只能得出这样的结论。

对《傅子》的思想性质产生误解，而且影响很大的分类，是清代《四库全书》造成的。《四库全书》将《傅子》列入儒家类著作，这完全不符合实际。它改变了《隋·志》以来的著录分类，而这跟它粗疏草率采辑很不完善的缺陷有关，也跟它审之不慎的弊端有关，因而是不可凭信的。清末文廷式、叶德辉对此发表了重要意见。文廷式曰：

是其学亦兼取诸家，真杂家者流耳。纪文

达入之儒家，非是。[①]

叶德辉曰：

《傅子》，隋、唐《志》及宋《崇文总目》、《宋史·艺文志》入杂家，最合流别。今《四库》入儒家，则以所存二十余篇“皆关切治道，阐启儒风”，故进而与《中论》、《中说》相参乘欤？[②]

我们认为，《傅子》应归杂家，《四库全书》的归类不当，文廷式、叶德辉的意见是对的。即便以《四库全书》所辑《傅子》而论，归入儒家也是不妥当的。

三、“评断得失”的史学见解

傅玄曾为史官，编撰过《魏书》，评论过“三史故事”，现存《傅子》里保留了大量有关内容，《三国志》裴松之注文引用较多，且较为完整；其他典籍里零星散见，多是摘引片断，缺少上下文的照应。联系起来看，从中可见傅玄对历史人物、典籍方面的不少独到见解，这同样值得我们重视。

---

① 据余嘉锡《四库提要辨证》一书讨论《傅子》时引用。这段文字为《纯常子枝语》卷三六所出。“纪文达”指《四库总目提要》的总撰者纪昀。

② 参见《傅子·叙》。文中提到的《中论》，为汉末徐幹所撰；《中说》为隋代王通所撰。《隋书》或《唐书》将这两种著述置于儒家类，与《傅子》不在一类。

（一）关于历史人物、事件方面

傅玄在自己的政论文里，经常举引历史故事，作为论证问题的重要论据，涉及到的人物多达30余人。这种引史为证的说理方法，亦为前世当时的思想家、政论家以及文人政客普遍使用，傅玄沿用此法而已，无需特别在意。当然，他有时能根据论题角度，对同一人物作出相应的评价。例如，对辅佐秦国的商鞅、法家代表人物韩非，傅玄就既议其非又论其是，显示出一种通达的特点。再比如，傅玄对曹操这位乱世枭雄，肯定的地方较多，《傅子》里赞扬的文字不少，但也批评他疑诈任法的另一面。类似的例子还有。这说明傅玄的历史观中辩证的思想是较为明显的。《傅子》里这方面有价值的内容，略可见数端。

首先是对古史记载的一些新颖见解。比如他说：

> 若谓黄帝后乃有舟楫，庖牺之时长江大河何所用之？（《意林》）

这是对《世本》记载的质疑。《世本》曰："共鼓、货狄作舟。"（《艺文类聚》卷七一引录）《说文解字》曰："古者共鼓、货狄刳木为舟，剡木为楫，以济不通。"据传说，共鼓、货狄是黄帝二臣，活到尧、舜时代。所以一般认为，舟楫的发明应用是在"黄帝后"。傅玄不相信这一记载的可靠性，认为在黄帝之前的远古时代，例如人类传说中的"庖牺之时"，就应该有舟楫的利用。古史邈远，文献不足，考古难证。我们今天已无法确认傅玄的怀疑是否有道理，但他提出问题的角度却是新颖的，值得考虑。类似的例子，又如：

虢是晋献所灭。先此百二十余年，此时焉得有“虢”？则此云“虢太子”，非也。（《史记·扁鹊仓公列传》“虢太子死”句下，唐司马贞《索隐》引。又，同篇裴骃《集解》亦引，文字与此稍异。）

是时，齐无桓侯。（《史记·扁鹊仓公列传》“扁鹊过齐，齐桓侯客之”句下，《索隐》引）

这两条文字是对司马迁的记载提出质疑的。神医扁鹊在世，当在赵简子专国时期，即春秋时晋昭公、顷公、定公在位期间（前531年后）。而虢的灭亡是在晋献公在位时（前676—651年）的事。所以傅玄说，扁鹊当时不可能与已灭120年的虢之太子及不存在的齐桓侯发生任何瓜葛。

以上这些片断评论，对我们认识古代史不无参考价值。

其次是对历史人物的评价或议论，别具只眼。比如他说：

孟轲、荀卿若在孔门，非唯（子）游、（子）夏而已，乃冉（伯牛）、闵（子骞）之徒也。（《意林》）

这是将孔门后学孟子、荀卿与孔子弟子进行比较的。《论语·先进篇》记录孔子学生各有所长的情况是：“德行：颜渊，闵子骞，冉伯牛，仲弓。言语：宰我，子贡。政事：冉有，季路。文学：子游，子夏。”闵子骞、冉伯牛是孔子早期学生，孔子称赞过闵子骞的孝（《先进篇》），探望过冉伯牛并对他病重不愈深深叹惜（《雍也篇》）。子游、子夏是孔子后期学生，专心教学，有学问而不做官。傅玄这里是对孟子、荀子表示敬意的，认为二人不但有学识，而且有德行。孟子重义，荀子重礼，都对孔子重仁的学说有继承有发展；孟、荀生前游说诸侯，不合当世，愤疾异说坏政，退隐著书，都显示出一种“不相与谋”的君子本色。所以傅玄以为“卷而怀之”（《论语·卫灵公篇》）的这种德行表现，其实是孟子、荀子身上更可贵的一面。又如他说：

> 或问：刘歆、刘向孰贤？傅子曰：向，才学俗而志忠；歆，才学通而行邪。（《太平御览》卷五九九）

刘向刘歆父子是西汉末年的大学者。刘向好《谷梁春秋》，著成《洪范五行传论》，重灾异变化，以此解释人事政治，迷信思想十分浓厚；但是此公在元帝、成帝之世，却上疏直言，敢于同外戚许嘉、史高以及王凤等人的放纵行径作斗争，痛斥宦者弘恭、石显的弄权作乱，虽迭遭下狱免职的打击，但其志不移，于社稷“言多痛切，发于至诚”（《汉书》本传语）的初衷不变。刘向之子刘歆既通《谷梁春秋》，又好《左氏春秋》，在学问上主张“兼包大小之义”，不可“偏绝”“守残”（《汉书》本传语），显得不同异常，因而“诸儒皆怨恨”（《汉书》本传语）；但是他不肖其父，缺乏斗争精神，害怕人生风浪，当王莽篡政以后，他竟屈事奸佞，成为“国师”。

傅玄对刘氏父子二人的评价，兼顾德行与学识两个方面，认为各有优长之处，很难一概而论。

傅玄对前代拨乱反正的帝王为政特点，也有言简意赅的评价。比如：

> 三皇贵道而尚德，五帝先仁而后义，三王先义而后辞。（《意林》）

> 汉高祖度阔而网疏，故后世推诚而简直；光武教一而网密，故后世守常而礼义；魏武纠乱以尚猛，天下修法而贵理。（《意林》）

《傅子》里多处用到“势”与“机”这两个字眼，所谓“势使然也”、“应机而变”云云，就是强调要顺应时势，成无定法的意思。三皇五帝也好，汉魏开国之君也好，他们成就王治霸政的功绩虽然近似，但手段策略各异。从这个意上来讲，傅玄的概括也比其他史家之论有独到之处。《韩非子·功名》篇曰：“明君之所以立功成名者四：一曰天时，二曰人心，三曰技能，四曰势位。”傅玄所谓“势”、“机”之义，似乎有综合韩非四方面内容的意味，区别只在于：“势”侧重于外部客观的因素，“机”侧重于内在主观的因素，所以“势”可“使然”，“机”要谋运。试看：

> 鸿毛一羽在水而没者，无势也；黄金万钧在舟而浮者，托舟之势也。（《意林》）

> 二汉之臣焕烂如三辰之附长天，长平之卒拓落如秋草之中繁霜，势使然也。(《意林》)

> 存亡之机，开阖之术。口与心谋，安危之源；枢机之发，荣辱随焉。(《意林》)

“势”要借，“机”要发，审势而运机，这是胜败安危的关键。《傅子》里记载郭嘉为曹操分析打败袁绍的十条有利条件，正是这一原则成功应用的典范。傅玄为司马氏谋“南面术”时，也有借鉴历史的成分在其中。

傅玄对帝王用人的得失，也有所评议。比如，《举贤》篇就提到刘邦创业，困于巴汉，萧何荐了韩信这位“饿夫”“怯子”，使刘邦的事业如虎添翼。又如，《傅子》记三国事，主要突出曹操周围聚集的人才，不单有豫州故旧，还“多辟召青、冀、幽、并知名之士”(《三国志·郭嘉传》注引)，征用荆、扬、雍诸州名士，确实有“不间远近”、“至心待人”(郭嘉语)的气量。在这一点上，刘邦、刘秀都远不及曹操。傅玄对刘秀用人是这么说的：

> 光武凤翔于南阳，燕雀化为鹓雏。(《意林》)

东汉开国，刘秀对南阳乡里感情太深，功臣外戚几乎是青一色的义军故旧网络。这种模式在东汉前期凝固不变，大大地限制了这个政权的生机。“燕雀”得志而尊，实际上是新王朝的劫数。

最后，《傅子》所记，有不少内容可补正史之缺，它的史料价值是值得注意的。比如：

> 蒯躬，字叔孝，性方严，有容仪。人望而畏之，有过其门者，皆整衣改容。(《太平御览》卷三八〇)

蒯躬其人，史书无传无名。从《傅子》的这段记载里，虽仍不得其详，但反映出傅玄选材记事时自有体例的特点。裴松之在《三国志》中大量注引《傅子》文，正是注意到它在当时超越他处所见的优长，引用50余处，七八千字。后来，选材谨严的《资治通鉴》在反映三国政治、军事的历史时，不少材料直接取自《傅子》，而且大段移用，几乎一字不动。比如：郭嘉陈述袁、曹十败十胜之言，傅幹说马腾、谏曹操南征，刘晔巧诈言伐蜀，马钧发明指南车等，这些极重要的资料都是《傅子》中独有而他处不见的。除正史资料外，《通鉴》记叙建安至正始一段史事，取材裴注《傅子》的文字，在数量上是最多的。

此外，我们还能注意到《傅子》中关于风俗、交往方面的逸事记录。例如：汉宣帝时范延寿奏处三男娶一女之讼事，汉末西域火烷布、苏合香相继传入中原事，曹操倡节俭表现在王公服色简易、嫁女不奢等细微之处，魏明帝时竟有已死去30年的妇人复生的可疑事在京城传扬，等等。这些内容引起了傅玄的注意，大概在《傅子》中原有大量采撷，略可见记录怪异的另一特点。①

---

① 与傅玄同时或稍晚的张华著《博物志》、《杂记》，葛洪著《抱朴子外篇》，亦多记怪异。《隋书·经籍志三》列入“杂家”类著作，同《傅子》。

以上我们只能从《傅子》现存文大体推测判断其史料性质。大量的文字不存，使我们无法深究。我们可以确信，傅玄的《魏书》是独立完成了的，它在《傅子》中或为中篇里的主体部分，其篇幅肯定远远超过今可见到的零星记载。为什么这么说呢？根据唐刘知几《史通·序传》所议，傅玄曾写下过一篇“自伐”、“夸尚”的“自序”。刘知几看到过这篇序文，今存《傅子》文中有述及傅玄自身家世的文字，按照严可均的意见是《魏书》的组成部分。按照惯例，自序是《魏书》的压篇之作，说明《魏书》已成，出于傅玄一人之手。我们现在能够看到的，只是其中的一部分而已。

（二）关于历史典籍方面

傅玄对前代典籍的异同、优劣的辨证意见，学术水平是很高的。下面分项介绍。

1.《国语》的作者

傅玄曰：“《国语》非邱明所作。凡有共统一事而二文不同，必《国语》虚而《左传》实。其言相反，不可强合也。”（《左传正义·哀公十三年》引）

这是现在可知的最先否定左丘明作《国语》的文字资料。司马迁《报任安书》曰：“左丘失明，厥有《国语》。”汉代以来，相传《国语》和《左传》都是左丘明所作。其实根据后人研究的结果，这两部史书都不是左氏之作。傅玄当时是通过对比二史所记同事不同文、一虚一实的相异特征，发现了其中破绽的，认为二者“不可强合”，如果《左传》是左氏之作，则“《国语》非邱明所作”。

2.《论语》、《孟子》的成书

傅玄曰："昔仲尼既没，仲弓之徒追论夫子之言，谓之《论语》。其后邹之君子孟子舆拟其体，著七篇，谓之《孟子》。然子舆，孟子之字也。"（《文选》卷五四，刘孝标《辨命论》注引）

关于《论语》的成书情形，《史记》记载没有具体反映。《汉书·艺文志》讲，这部书是孔子与弟子间"相与言而接闻于夫子之语"，"当时弟子各有所记，夫子既卒，门人相与辑而论纂，故谓之《论语》"。也就是说，《论语》一书成于孔子死后。傅玄的意见基本上沿袭班固之论，不过他突出了仲弓的作用。仲弓即《史记·仲尼弟子列传》中所出冉雍的字，他比孔子小 29 岁，在《论语·先进篇》列入"德行"名单里，《雍也篇》多涉有关他的言行。今人杨伯峻先生在《论语译注·导言》里，引用了傅玄的话，认为《论语》出自孔子不同学生及再传弟子之手。值得注意的是，列入"德行"的四位弟子中，颜渊、冉伯牛死于孔子之前，而有关闵子骞的言论，又是他的学生追记而成（据杨伯峻《导言》），他比孔子小 15 岁，似乎没有着手记载他与孔子间的交往言谈。因此傅玄以为应从仲弓算起，虽不详依据何在，但确有合理的成分。

关于《孟子》的成书情形，《史记》说是孟子"退而与万章之徒"合作而成的。傅玄认为：第一，孟子本人亲自著成七篇；第二，其书受《论语》影响，是"拟其体"的产物。今人杨伯峻先生研究的结论是：《孟子》"大概是万章、公孙丑二人所记"，"全书文章风格一致，可能经过孟子亲自润色"；《孟子》仿《论语》而作，取题、成章的格式完全相同，汉代将二书同视作“传记”并立博士，可见后人也认为是同类之作。[①]这实际上跟傅玄的意见出入不大。只是傅玄提到孟子有字子舆一事，不知何所出。因为《史记》未出孟子有字，东汉赵岐、徐幹也不知其字，曹魏时王肃、傅玄却凿凿而言，说孟子有字“子舆”。这或有所本，但后世学者大多持怀疑态度。

3.《管子》的作者问题

傅玄曰：“管仲之书，过半是后之好事者所加，乃说管仲死后事。其《轻重》篇，尤复鄙俗。”（《困学纪闻》卷一〇引）

关于《管子》一书的真伪和成书年代，傅玄的怀疑意见，可以说是相当有眼光的。在《四库全书》编纂以前，学界普遍认为《管子》是管仲所撰，[②]很少有人怀疑。《总目提要》引述了傅玄的文字，也引了南宋学者叶适的文字，结论是折中含混的，认为管仲手撰与他人记述笺疏，并“由后人混而一之”。真正使问题深入明朗的研究工作，是当代前辈学者罗根泽、郭沫若等人进行的。罗根泽考出战国以前没有私家著作的结论，[③]可以当作定论。管仲生活的时代尚属春秋前期，诸家看法虽有前后差异之别，却都赞同《管子》书的全部或一部分，均不可能有管仲自著的文字。至于《管子·轻重》篇，郭沫若认为“成于汉文、景之世，皆确凿有据”（《〈管子集校〉校毕书后》）；也有人认为是西汉末王莽时所成。[④]因为《轻重》篇是讲理财问题的，涉及到货币的流通管理，因此

---

① 参见《经书浅谈·〈孟子〉》，载《文史知识》1982年第2期。

② 《汉书·艺文志》：“《莞子》八十六篇。”（“莞”与“管”同）属于道家类。《隋书·经籍志》：“《管子》十九卷。”属于法家类。二志均题为管仲所撰。

③ 参见《战国前无私家著作说》一文，载《诸子考索》。

④ 参见马非百《管子轻重篇新诠》，中华书局版。

它不可能成于汉代以前，也是有根据的。

傅玄于1700多年前发表的关于《管子》一书的总体意见，为当代学者所证实，这反过来可以证明傅玄在当时学术上的独具慧识。傅玄之后，他的这一真知灼见少有人注意，长期被埋没。南宋学者朱熹、叶适虽持论与傅玄相近，[①] 但是否受傅玄启发，就不得而知了。

4.《世本》的成书时间

傅玄曰："楚汉之际，有好事者作《世本》，上录黄帝，下逮汉末。"[②]（《意林》卷五）

《世本》一书是一部重要的先秦史籍。司马谈、司马迁父子写作《史记》，从《世本》中借鉴其体例，利用其史料，这是《隋书·经籍志》等多处记载的事实。《汉书·艺文志》著录有《世本》15篇，这是西汉末刘向校定而成的。这部书的作者，刘向说是"古史官明于古事者之所记也"[③]，不免笼统，而与傅玄同时代的皇甫谧在《帝王世纪》里说是"左邱明所作"[④]，则反映出刘向以后附会的流行看法。

令人佩服的是，傅玄又是独发高论，提出了新的见解。所谓"楚汉之际好事者所作"，不仅为唐代刘知几认同，而且时至

① 朱熹《朱子语类》卷一五七、叶适《水心集》都以为《管子》非管仲所著，既非一人之笔，亦非一时之书。

② 严可均《全晋文》卷五〇，于此段文字下加按语："'汉末'字当有误。或兼《续世本》言之。"但是，据唐刘知几《史通·古今正史》所载，《世本》"终乎秦末"。刘氏很可能是引述傅玄这段话的大意，则"汉末"应为"秦末"之误。

③ 见《史记集解·序》中《索隐》所引。

④ 见《颜氏家训·书证篇》所引。

今日似乎仍不失为的论。[1]

5.《桓子新论》的内容评议

傅玄曰："桓谭书烦而无要，辞杂而旨诡，吾不知其博也。"（《北堂书钞》卷一〇〇）

桓谭于《后汉书》有传。他是西汉末、东汉初一位知名学者，曾受业于刘歆、扬雄，晚年仿刘向《新序》、陆贾《新语》，著成《新论》29篇，呈送给光武帝刘秀，"光武读之，敕言卷大"（《后汉书》本传引《东观记》）。《隋书·经籍志三》"儒家类"著录："《桓子新论》十七卷。"清严可均《全后汉文》辑录而成三卷。

《新论》一书问世后，不仅光武帝"善焉"称道"卷大"，而且同时代的学者，例如刘歆、扬雄、班固都各在自己著作里征引其中不少内容；王充在《论衡》一书中，更是多处推崇，认为当代著作里"君山（桓谭字）为甲"。总之，桓谭《新论》在东汉初年赢得盛誉，号称博学多通。

傅玄对《新论》评价不高，第一说它烦杂，第二称它"旨诡"。从现存《新论》遗文来看，其中有论政事的，有述见闻的，有读书笔记，也有随笔杂感，还有不少自矜的文字，确实涉及面广泛。桓谭在政治上主张尊王贱霸，个人经历上有过屈事王莽担任掌乐大夫的一段发迹史，并在自己的著作里津津乐道。这可能是让傅玄反感的原因所在。漫无边际的

---

① 另外，清人秦嘉谟在《世本辑补·诸书论述》里按语曰："《世本》为周初至战国时史官相承而作。"此说亦有一定影响。相比较而言，傅玄之说显得稳妥一点，因为他当时见到的资料比后人要多。"相承说"从时间跨度上讲有数百年之久，可能性较小。

烦杂内容，在《新论》一书里是存在的；言行相诡的内在缺陷，质诸桓谭，也是不可否认的。[①]

通过以上的介绍，我们可以得出这样的结论：傅玄对前代典籍的评议，大大超出了当时人的认识，其中不乏真知灼见，这对后人仍具有不能低估的参考价值。

（三）“三史”得失

傅玄在世时，“三史”指《史记》、《汉书》与《东观汉记》。他对这三部史书特别是后二史发表了相当出色的见解，从中可见他的史学观。下面让我们先来看他是怎么说的：

班固《汉书》，因父得成，遂没不言彪，殊异马迁也。（《意林》卷五）

吾观班固《汉书》，论国体则饰主阙而抑忠臣，叙世教则贵取容而贱守节，述时务则谨词章而略事实，非良史也。（《意林》卷五。又《史通·书事篇》所引，去首尾二语）

观孟坚《汉书》，实命代奇作。及与陈宗、尹敏、

① 关于傅玄评论《新论》的意见，钱钟书认为尚难令人信服。《管锥编》第三册第976、977页指出：“通观《新论》，桓氏识超行辈者有二：一、不信谶纬，二、不信神仙”；“窃意《新论》苟全，当与《论衡》伯仲”；“傅玄……自应持之有故；然据残存章节，吾尚未甘傭耳赁目，遽信斯评”。

杜抚、马严撰中兴纪传，其文曾不足观。岂拘于时乎？不然，何不类之甚者也！是后，刘珍，朱穆，卢植、杨彪之徒，又继而成之。岂亦各拘于时而不得自尽乎？何其益陋也！（《史通·核才篇》引）

以上这三段话联系起来看，傅玄的看法是：《汉书》既是一部有成就的“命代奇作”，又有严重的缺陷，与《史记》相比，“非良史”；《东观汉记》历次修撰，每况愈下。这些看法有没有道理呢？我们就傅玄所言，逐项考察一番。

第一，班固《汉书》讳言其父修撰之功，盗名作弊。《史记》与《汉书》修撰过程有一个共同点，即都是父子二人相续而成的。但是，司马迁《自序》里明确交代，他完成《史记》的一个重要原因，是继承其父司马谈的遗志；而班固《叙传》不仅只字未提其父班彪修史之功，而且在《汉书》中多处作手脚，冒为己功。史家于此多有揭露。《后汉书·班固传》讲，班固是在其父死后，“以彪所续前史未详”，“欲就其业”的，后来他因事下狱，其弟班超向明帝“具言固所著述意”，又得以继续完成《汉书》。刘知几在《史通·古今正史》里指出，班彪“作后传六十五篇”，班固“以父所撰未尽一家”，续修当中入狱，“固弟超诣阙自陈，明帝引见，言固续父所作，不敢改易旧书。帝意乃解，即出固，征诣校书，受诏卒业”。因此，后人统计《汉书》中有 90 余人篇是因袭《史记》之文的，加上班彪所撰 65 篇，合计 150 余篇，占了纪、传人数的一半。现可知出于班彪之手者，韦贤、翟方进、元后三传赞明标其名，而《元帝纪·赞》、《成帝纪·赞》所称“外祖”、“姑”显然是班彪口吻。杨树达《汉书所据史料考》指出：

“观固叙传中于彪续《史记》六十五篇，绝不叙及，而记己撰《汉书》事，亦绝不言秉承先志，与太史公《自序》迥乎不同，则固之攘善盗名，殆无可道。”此可谓一针见血之论。

第二，从三个方面力贬《汉书》非“良史”。傅玄虽然从整体上充分肯定了《汉书》的成就为“命代奇作”，至于“奇”在哪里，他并没有具体言及，我们不好细论；但是从内容上贬低它的价值，却是明确有所指的，认为“论国体”、“叙世教”、“述时务”，都是有意用曲笔，掩盖事实真相的。

班固著述《汉书》的宗旨是“旁贯五经，上下洽通”（《叙传》语）。他力图以“天人感应”、“皇权神授”的唯心史观去评论、总结西汉一代历史的得失，因而只能写出“宗经矩圣之典，端绪宏赡之功”（《文心雕龙·史传》评语）的王朝正史。这与司马迁《史记》“是非颇谬于圣人”的“一家之言”是正相反的。因此在体例上，《汉书》以帝王为中心，一帝一纪，删掉《史记》中有的《项羽本纪》，增入了《惠帝本纪》以代《吕后本纪》，将汉末徒有其名的成、哀、平三帝也分别立纪“以显国统”（《史通·本纪》语）。在纪传里，掩盖各种社会矛盾，美化统治者，这是处处体现出来的。傅玄说《汉书》“饰主阙”，那是班固修史中有意使官方色彩变浓的倾向决定了的。至于“抑忠臣”，班固在《匡张孔马传》里猛烈抨击的韦贤、玄成、匡衡、张禹、翟方进等儒相，正是傅玄赞许的人物，例如匡衡、张禹，《傅子》里讲：“匡衡以善《诗》至宰相，张禹以善《论语》作帝师，岂非儒学之荣乎！”（《意林》卷五）还有，班固在《晁错传》里攻击晁错“为人峭直刻深”，比傅玄年岁稍小的张辅就极为不满，说班固“毁贬晁错，伤忠臣之道”（《晋书》本传）。

傅玄批评《汉书》"贵取容"、"贱守节"。这与后来刘宋时范晔的意见一致。《后汉书·班固传论》指出，班固"论议常排死节、否正直，而不叙杀身成仁之为美，则轻仁义、贱守节愈矣"！此下，唐李贤注引了《游侠传》里班固对剧孟、郭解的一番议论以为证，其中竟有"其罪不容于诛也"之语。相反，班固却将残害人民、作恶多端的张汤和杜周，从《史记·酷吏传》的体例里抽出，为之另立专传，表明了回护的倾向。类似的例子，又如《王莽传》，实际上是以传代纪，编年记事，俨然是帝纪的变通，洋洋洒洒，长达4万余字，反映出东汉初年班固、桓谭等一帮人对王莽新朝眷恋难舍之情。另外，班固将陈涉不入《世家》而入《列传》，他在诸《列传》的题目上或称名，或称字，或书官爵，在正文里有意剪裁，都是费心良苦的。这些都说明，班固修史出于维护封建正统秩序的目的，不但体例变了，而且行文措词中褒贬取舍间的感情也变了，正史的面目再清晰不过了。

傅玄还批评《汉书》统御文字"谨词章而略事实"的弊端。《汉书》后来赢得了"详赡"的盛誉，原因就在于其中大量引用奏疏、赋文等文字，占的篇幅不小。当然这在保留史料方面是有价值的，应该肯定。但是作为史书，资料引述过多，而记事部分却很薄弱，又不能不说是严重的缺陷。我们读《汉书》，不难发现一些传记除了引用文字外，正文少得可怜，几乎可视作串词看待。还有一种情形，傅玄没有明确讲到，晋代张辅说到了，即"中流小事，亦无足取焉，而班皆书之"（《晋书》本传），这也同样是"略事实"的表现。

由上可知，傅玄指出《汉书》的三不足，并非罗致不实之词，而是它在指导思想、体例以及书法上客观存在的问题。

傅玄说得并不过分。

第三，《东观汉记》写得很拙劣。关于《东观汉记》的详细修撰情形，余嘉锡《四库提要辨证·东观汉记》有极为详尽的考证说明。这部史书在东汉一朝前后断断续续修撰过四次。第一次是在明帝永平年间（58—75年），由班固等人（傅玄提到的陈宗、尹敏、杜抚、马严均在其中）在兰台或仁寿闼修成《世祖本纪》及列传、载记28篇，称为《汉史》或《建武注记》，亦即傅玄所谓的“中兴纪传”。第二次是在安帝永初四年（110年）至元初之末（120年），由刘珍领衔续修，修史地点移至东观，任务是在班固等人第一次修出的基础上修改、补充、增加有关内容，国史的面目已具，称为《汉记》。《隋书·经籍志二》著录《东观汉记》，出以刘珍之名，由此而来。第三次是在桓帝元嘉、永寿年间（约151—155年），由伏无忌、边韶等人修撰（傅玄提到的朱穆就在其中），他们新成114篇，加上班固等第一次所成28篇，加目录1篇，合143篇，《隋书》所谓143卷之数已具备。第四次是在灵帝熹平年间（172—177年）直到献帝初平元年（190年），修撰人有马日磾、蔡邕，还有傅玄道及的卢植、杨彪，任务主要是修订已成部分，增入的内容主要是《灵帝纪》。所以《隋·志》讲“起光武记注至灵帝”。

刘勰指出，“傅玄讥后汉之尤烦”（《文心雕龙·史传》）。所谓“后汉”，即指《东观汉记》。[①] 傅玄发现，《东观汉记》从

① 刘勰在同篇里，还写道：“至于后汉纪传，发源东观。”傅玄现存文字，只是批评《东观汉记》的体例不好，似乎不及文字“尤烦”的问题。刘勰当时或另有所见，可惜傅玄关于“尤烦”的具体内容，文字已不存了。

一开始就问题不少，与《汉书》相比，“尤烦”“不足观”，越到后来越不像样子，继成之文“益陋”。因此，傅玄认为这跟班固始修形态的关系很直接。如果说《汉书》可称为“奇作”的话，《东观汉记》只能说它是庸作。这是什么意思呢？傅玄没有深入说明，只怀疑“拘于时”是使其然的一个因素，言外之意，这不是主要因素。联系他批评《汉书》的意见，恐怕所指应在修史的根本指导思想上。因为《东观汉记》不存，我们已无法加以证实。

另外，据史书记载，董卓作乱时，献帝东迁途中，史书典籍“略无所遗”，“湮没不存”（《后汉书》的《蔡邕传》、《献帝纪》），因此有人认为《东观汉记》在这场浩劫中遭厄全亡。我们从傅玄的言论中可知，或许蔡邕撰集部分多失，而《东观汉记》总体上是较完整地保存了下来。因此傅玄于曹魏正始年间得以阅览全稿，这是一个有力的证据。后来《隋书·经籍志》载录143卷之数，也是真实情形。

（四）傅玄的史学观

傅玄不仅有关于对历史人物、前代典籍以及“三史”得失成败方面的言论，而且他有撰写《魏书》的实践，从中可见他唯物求实的史学观。他认为，“良史”应该具有直笔的特点。他不满《汉书》、《东观汉记》的书法，就是因为其中曲笔太重，“拘时”陋习太浓，以致歪曲了历史真相，颠倒了忠奸是非。他的这些看法，在中国史学史上可谓首发之论。晋代张辅、刘宋时范晔、唐代刘知几等批评班固及其《汉书》之失的意见，实际上都没有超出傅玄议论的思想高度。而且他们并没有像傅玄那样，兼及《东观汉记》。如果说《汉书》还多少受到《史记》的影响，只是"续前史"而作出增删调整的话，那么《东观汉记》就是另起炉灶，从中更能反映班固史学思想的偏失。因此，观察《汉书》应该而且必须联系《东观汉记》编修的指导思想。傅玄这样做了，而上述其他几位史学家却缺少这一环节，尽管他们当时都有条件看到《东观汉记》。

傅玄撰成的《魏书》，今可见存文不多。刘知几大概看到过这个完本。他在赞同傅玄批评《汉书》意见的同时，讥讽道："笑他人之未工，忘己事之已拙。"（《史通·书事》）这话既针对班固，又有挖苦傅玄的意味。刘知几总的倾向是崇扬《汉书》的，他捎带着批评了傅玄，是说傅玄所成《魏书》也并不见得高明。这里应该先说明白，评论与写作是两码事，相提并论不合逻辑。但是，我们还是有必要就《傅子》中所记三国事，作点粗略考察。

傅玄记叙三国人物，内容较完整的，今存《刘晔传》和《马钧传》。刘晔在曹操时作为谋士，发挥过重要作用；在明帝时作为辅臣，心计太盛，自我暴露。傅玄记这个人物，既显示其机智的一面，又揭示其巧诈的一面，赞其美而叹其伪，写得很有特色。至于马钧其人，巧于工艺，拙于言辞，功不可没，用不可妄，立传书其事，就很不寻常。通过这两人的传记，我们能够发现傅玄传人重事实的特点。刘晔也好，马钧也好，各有其所长，各有其所短，既不应以长护短，又不能以长攻短。

再看其他零星记载。如记曹操，写他南征孙权失利之误，记他北伐袁绍前"欲讨之，力不敌"的犹豫，表现他广延有识之士又事事咨询的虚心态度，反映他在“天下凶荒”之时裁帛为帢的简易处境，点出他受人（丁仪）离间诛杀名士的草率行径，等等，这些内容是《三国志》未载入的，从中句见曹操其人既为统帅又为凡人，既是英雄又是枭雄的双重性格特征。又如记魏明帝，写他防范大臣，下令改变舆服之制；傅玄攻击何晏好着妇人之服为“服妖”，其实也是言及魏明帝的，因为这是明帝癖好，此风是他刮起来的。再如记吴、蜀之事，写东吴孙策、孙权治下人才济济，境内安宁；叙蜀汉，刘备手下有“三杰佐之”，而诸葛亮又是“一时之异人”。这些记载客观地反映出天下三分的历史实际，并不因曹魏挟天子之重而轻贬其他割据政权。傅玄还对这一时期的历史人物加以褒贬评论，如管宁之“醇德”、胡昭之好学、荀彧荀攸之贤、袁涣华歆之清、郭嘉之谋、傅嘏之识、曹仁之勇，以及何晏、邓飏一伙的朋党无行，等等，有的材料充实，有的仅留只言片语，但不管怎样，这些点滴所见仍是我们了解把握这些风云人物的少见线索，也是理解曹魏史实的重要依据。

因此，仅从《傅子》今存有关曹魏史事的记载来看，傅玄秉笔直书的这一特点也是显而易见的。这跟他唯物求实的史学观是很有关系的。

四、礼乐典制方面的议论

傅玄一生曾为曹魏史官，又参与后来司马氏政权制定礼乐方面的活动，在《傅子》中较多地保留有关于礼乐典章方面的议论文字。这些内容今天看来，似乎对讨论他的思想没有太大的价值，但是从学术意义上讲，这正反映出他远宗荀儒而重礼的思想倾向，而且在历史上曾经很有影响。沈约《宋书》、萧子显《南齐书》，以及唐代修成的《晋书》、杜佑所撰的《通典》，在诸志里大量吸收傅玄的议论，可见重视的程度。下面我们分项摘录他这方面的重要言论。

（一）关于礼制服丧原则

傅玄曰：

母舍己父，更嫁他人，与己父绝，甚于两夫也。又，制服恐非周、孔所制，亡秦焚书以后，俗儒造之。（《通典》卷九〇，《意林》卷五引。文前尚有"礼云，继父服齐衰"数字，疑非《傅子》正文。）

先王之制礼也，使疏戚有伦、贵贱有等，上下九代，别为五族。骨肉者，天属也，正服之所经也；义立者，人纪也，名服之所纬也。正服者，本于亲亲；名服者，成于尊尊。亲尊者服重，亲杀者转轻，此远近之理也；尊崇者服厚，尊降者转薄，此高下之叙也。《记》曰："其夫属乎父道者，妻皆母道也。其夫属乎子道者，妻皆妇道也。"① 人纪准之，兄不可以比父，弟不可以为子。嫂之与叔，异族之人。本之天属，嫂非姊，叔非弟也，则不可以亲亲理矣；校之人纪，嫂非母也，叔非子也；稽之五服，体无正

① 这段话见于《仪礼·丧服传》。

统，定其名分，不知所附。(《通典》卷九二，“叔嫂服”)

征南军师、北海娇公智父，前娶夹氏女，生公智，后而出之。未几，重娶王氏女，生公曜。父终之日，谓公智曰：“公曜母年少，必当更嫁，可迎还汝母。”及父卒，公智以告其母。母曰：“我，夹氏女，非复娇氏妇也。今将依汝居，然不与娇氏家事。”夹氏来至，王氏不悦，脱缞绖而求去。夹氏见其如此，即还归夹舍。三年丧毕，王氏果嫁。夹氏乃更来。每有祭祀之事，夹氏不与。及公智祖母并姑亡，夹氏并不为制服。后夹氏疾困，谓公智：“我非娇氏妇，乃汝母耳，勿葬我娇氏墓也!”公智从其母令，别葬之。公智以父昔有命母还，于是为服三年。公曜以夹氏母始终无顺父命，竟不为服。(《通典》卷九四，“出母，父遗命令还，继母子服议”条)

以上这三段文字讨论的问题，是关于服丧原则如何遵守的问题。周代宗法制度的基本精神是亲亲之道，由此形成了等级森严的家族统治体系。后来儒家专门将丧服制度写入《仪礼》这部经典中，服丧轻重的名目体现着贵贱亲疏的分别，以此强化宗族内部的凝聚力，维护社会的秩序，巩固封建统治。这是封建统治者十分重视的问题。但是，汉末大乱，曹操执政以后，丧服制度遭到了破坏，不再遵守。这种状况在曹魏时期仍然沿袭而行，没有恢复旧传统。西晋政权建立后，以孝治天下，着手推行原先实行过的服丧规定。可是由于中断了几十年的缘故，一时实行起来，自会出现种种意想不到的复杂情况，需要解释，需要明确。前面我们说过的晋初武帝服丧事，傅玄曾对羊祜作过一番阐述，就是一个例子。这里涉及到的不为继父服丧、叔嫂无服、后妻子应为前妻子之母服丧的议论，应该是在入晋以后的事。由于其中有些特殊的情形，按《仪礼》规定又没有明文交代，怎样对待就要看如何理解了。傅玄所议，是从服丧原则中的出入、名服、从服的角度出发，以严格的男尊女卑的父权制为依据的。具体细节无需深入讨论，只需指出：傅玄是站在儒家礼制这一“大本”的立场上说话的。

（二）关于乐制乐器的记载

傅玄曰：

律吕本于天地，岂关昆仑？凤雌雄，声能定之哉？此好远之谈也。（《北堂书钞》卷一二〇）

琵琶体圆柄直，柱十有二，其他皆充上锐下，曲项，形制稍大。本出胡中，俗传是汉制。兼似两制者，谓之“秦汉”，盖谓通用秦汉之法。（《通典》卷一四四，“琵琶”）

《世本》不载作者。闻之故老云：汉遣乌孙公主嫁昆弥，念其行道思慕，故使工人知音者载琴、筝、筑、箜篌之属，作马上之乐。今观其器，中虚外实，天地之象也；盘圆柄直，阴阳之序也；柱十有二，配律吕也；四弦，法四时也。以方语目之，故云琵琶，取其易传于外国也。杜挚以为嬴秦之末，盖苦长城之役，百姓弦鞉而鼓之。二者各有所据，以意断之，乌孙近焉。（《琵琶赋·序》，载《宋书·乐志一》）

神农氏造琴，所以协和天下人性，为至和之主。齐桓公有鸣琴曰"号钟"，楚庄有鸣琴曰"绕梁"。中世司马相如有琴曰"绿绮"，蔡邕有琴曰"焦尾"。皆名器也。（《琴赋·序》，载《北堂书钞》卷一〇九）

世以为蒙恬所造。今观其器，上崇似天，下平似地，中空准六合，弦柱拟十二月。设之则四象在，鼓之则五音发。体合法度，节究哀乐。斯乃仁智之器，岂蒙恬亡国之臣所能关思运巧哉！（《筝赋·序》，载《宋书·乐志一》）

以上这些文字，描述几种乐器形制，讨论其起源、流传、改造的过程，说明乐制的准则及其作用，在音乐史上具有很高的学术价值，受到后世极大的重视。研究中国音乐史，从傅玄提供的音乐史料中，能够得到重要的收获。傅玄作为一位杰出的音乐史家，这已早成定论。曹魏时，比傅玄年岁稍小的嵇康（224—263），好"鼓琴"，"晓音"（《三国志》卷二一注引）。今存其文《琴赋》、《琴赞》、《声无哀乐论》等，主旨在于讨论音声与情志的关系，偏于理论探讨。这与傅玄重在提供有关资料的情形不尽相同，各有优长，具有互补性。

此外，《傅子》存文中，还有关于舆服方面的一些内容，涉及到汉魏时期车制（如舆车、轺车、云母车、金根车、蹋楮车、追锋车等）、服制（如汉末著帽、帢的时尚，魏明帝对服饰的改革等）的变化情形，意义不是很大，不再一一引出。

综上所述，傅玄作为一位思想家，除了他政论文中反映出的为司马氏谋"君人南面之术"的主要思想倾向外，从学术思想的角度分析，他具有唯物主义的思想成分，儒法为主而又兼容各家，显出杂家的特点。同时他的史学观是进步的，不少见解独步当时；有关机械制作、礼乐典章方面的论述，给后世留下了宝贵资料。因此，傅玄在中国思想史上的地位，不仅要注意到他的政论文的倾向和特点，还要顾及到他对中国史学史、科技史和音乐史所作的不可磨灭的贡献。

第九章　文学思想及其创作（上）

傅玄一生“著述不废”，不但写下了“数十万言”的《傅子》内、外、中篇，而且还有不少于“五十卷”[①] 的文集行于世。后世论者对傅玄其人的评论，往往集中在他的文学成就方面，特别是乐府诗的创作，更引人注目。傅玄作为文学史上一位有地位、有影响的文学家，他的文学思想及其创作中反映出的思想内容，是他全部思想中不可或缺的有机组成部分。

一、文学思想

从现存傅玄全部文字资料中，我们可以发现他有关文学创作方面的一些言论。其中有两项内容，一是关于“创作

---

① 《晋书》本传讲“并文集百余卷行于世”，其中或包括《傅子》在内。《隋书·经籍志四》著录中注明《傅玄集》“梁五十卷”之数，当近乎实际。

论”的，一是关于“风格论”的。

(一)“宗经”、“通变”的创作思想①

“宗经”、“通变”，这是刘勰在《文心雕龙》里提出的创作原则。前者“因文而明道”，主张从儒家经典里探索创作的规范和方法；后者“辞奇而不黩”，提出新变要“参古定法”，使创作向好的方面去变。

早于刘勰 200 多年的傅玄，也发表过这方面的意见。他说：

> 《诗》之雅、颂，《书》之典、谟，文质足以相副，玩之若近，寻之若远，陈之若肆，研之若隐，浩浩乎其文章之渊府也。(《太平御览》卷五九九引《傅子》文)

这段话是讲宗经的。傅玄生活的时代，《诗》、《书》、《礼》、《易》、《春秋》这五部典籍，称为“五经”，是儒家教育中的重要科目。其中《诗》、《书》两种，更是必读物。《诗》即《诗经》，诗三百篇起初分成风、雅、颂三类，是从音乐得名的，“风”是各地区的俗调，“雅”是正声，“颂”是用于祭祀宗庙的乐歌。这是近代学者研究的一致看法。不过，

---

① 这部分内容，参考了罗根泽《中国文学批评史》(古典文学出版社 1957 年版) 第一册和王运熙、杨明《魏晋南北朝文学批评史》(上海古籍出版社 1989 年版) 这两部著作中关于傅玄的论述。

汉魏时期，从体制和内容上解释风、雅、颂意义的《毛诗序》，影响更大。《毛诗序》认为："雅者，正也。言王政之所由废兴也"；"颂者，美盛德之形容，以其成功告于神明者也"。比傅玄略长的王肃，认为《诗序》是孔子得意门生子夏所作，采取尊崇的态度。傅玄评论《诗经》，是站在《诗序》的立场上阐发的，他赞扬雅、颂，从内容性质和风格特点的角度立论，这是清楚的。

《书》即《书经》，又称《尚书》。曹魏时《古文尚书》显于世，尊的是"圣道王功"，王肃作注后，立于学官，并于正始年间刻入了"三体石经"中。《尚书》是上古的史书，它重在记言，即史官根据统治者的讲话所作的记录。《尚书》流传中损坏错乱的情形十分严重，傅玄见到的《尚书》，实际上是先秦儒家根据自己的政治理想改造古史系统的一部汇编著作；儒家宣传自己主张的内容，集中反映在记载虞夏时代的《尧典》、《皋陶谟》这两篇里。

很清楚，傅玄认为欣赏与写作都应该宗经，而诗以《诗经》中的雅、颂为佳，文以《尚书》中的典、谟为好，它们"文质足以相副"，是"文章之渊府"。所谓"文"，指的是辞采，即诗文的文辞风格，属于表现形式；所谓"质"，指的是意旨，即诗文的思想内涵，属于表现内容。我们今天知道，《诗经》中的好作品主要在十五国风部分，并不在雅、颂部分；《尚书》号称难读，汉代司马迁就已看不懂了，后来唐代韩愈评之以"佶屈聱牙"，点明了此书的特点。傅玄偏偏挑选"《诗》之雅、颂，《书》之典、谟"作为称美对象，就是从内容纯正、风格典雅的意义上考虑"正言"、"盛德"的圣人之政的。这种评论标准也一直为儒家士大夫津津乐道。比如，汉代扬雄就很推崇“典、谟之篇，雅、颂之声”“乃玉乃金”（《解难》），荀悦称“圣人之文”有“幽深”、“理微”、“数博”、“辞约”、“章成”这五奥之美（《申鉴·杂言下》）；与傅玄前后相近的李密说《尚书》的典、谟“简雅”（《晋书》本传），陈寿也说“咎繇之谟略而雅”（《表上诸葛氏集》，见《全晋文》卷七一）；还有宋代朱熹称雅、颂“其语和而庄，其义宽而密，其作者往往圣人之徒，固所以为万世法程而不可易者也”（《诗集传·序》）。由此看来，选中既难懂又没有多少文学意味的庙堂之作当成“文章之渊府”大肆吹捧，这是为封建政治服务的宗经思想决定了的。傅玄的“宗经”思想很浓重。比如，他在《傅子》里说：“君子审其宗而后学，明其道而后行。”提到匡衡善《诗》、张禹善《论语》乃“儒学之荣”，认为《论语》是“圣人之至教，王者之大化”，大论贵教、好德、修行之道，把经书中宣扬的圣人之“道教”比作天地日月，前面我们论之已详。入晋以后，他也不遗余力地宣扬儒家礼教通过文艺作品表现的问题。例如他说：

乐以移风，与德礼相辅，安有失其所。（《云门篇》）

声教所暨，无思不顺。
教以化之，乐以和之。
礼慎其仪，乐节其声。（《食举东西厢歌》）

及至嘒嘒笙磬，喤喤钟鼓，琴瑟安歌，德音有叙。乐而不淫，好朴尚古。四座先迷而后悟，然后

知礼教之弘普也。（《辟雍乡饮酒赋》）

“礼教之弘普”跟乐歌的内容、形式都有关系。所谓“乐而不淫，好朴尚古”，仍是取“《诗》之雅、颂”之义。

以上是讲傅玄文学思想中“宗经”的一面。但是，傅玄文学思想中还有另一面，承认“新变”也是创作中的一条法则。傅玄的《桔赋·序》是这样说的：

诗人睹王雎而咏后妃之德，屈平见朱桔而申直臣之志焉。（《全晋文》卷四五）

这段话前一句仍是“宗经”言论，后一句却有“通变”之旨。《关雎》是《诗经》中的开篇之作，《诗序》曰：“《关雎》，后妃之德也。”这是儒家释诗中以史证诗的比附说法，硬要把这篇表现男女爱情的作品说成是歌颂周文王后妃德行之作，无疑是曲解。这一曲解有意穿凿，教化的意思是主要的。汉魏晋学子对此深信不疑，傅玄也不例外。

现在我们着重要说的是后一句话。这里傅玄赞美的是屈原《九章》中《桔颂》这篇作品。《桔颂》是屈原遭谗见疏后写的体物写志的作品，作者赞美南国之桔“受命不迁”的性格、“文章烂兮”的外表、“类可任兮”的才质，意在自喻，即傅玄指出的“申直臣之志”。[①] 屈原开创的骚体，按刘勰的解

① 本世纪40年代，郭沫若创作的历史剧《屈原》，就有大段朗诵词，直接用《桔颂》里的文字。该剧表现屈原忧国忧民的思想，用意在于借古讽今。

释，是“风雅寝声”后，“郁起”的“奇文”（《文心雕龙·辨骚》），是“宗经”基础上发生的“通变”，即所谓“变乎骚”（《序志》）。这一变化的显著标志是，由咏颂王政盛德转而申抒个人怨恨之志。傅玄是肯定屈原辞赋的这一“通变”现象的。我们从傅玄的政论、上疏中，也可以看到他对直言劝谏主失的“直臣”是十分称许，甚至以此自命的。他写的《桔赋》的正文已看不到了，从序文反映的倾向来看，其赋应是自况之作。傅玄今存作品里还有两篇文赋，即《拟〈天问〉》和《拟〈招魂〉》。《天问》、《招魂》，也是屈原的作品。前者就天地万物提出170多个问题，后者假托巫阳口气铺叙楚国本土生活习俗，大体是后期再放江南时所作，其中想象之大胆、夸张之超奇、语言之华美、句式之参差，最为显著。傅玄拟写屈原的这两篇诡奇之作，从内容到形式都取法借鉴，这从今存的佚文里不难看出。比如《拟〈天问〉》有句：“月中何有？白兔持药。”既有发问，又是四言句；《拟〈招魂〉》既有四字句的段落，当是招魂正文，又有省略“兮”字的七字句，应为“乱辞”。这都显示出摹拟屈原作品的痕迹，很值得注意。

我们知道，傅玄是制作乐府诗的大家。他在赞扬魏晋之世善歌旧曲的孙氏、善击节唱和的宋识、善清歌的陈左、善吹笛的列和、善弹筝的郝素以及善琵琶的朱生这六人时说：

> 虽伯牙之妙手、吴姬之奇声，何以加之？人若钦所闻而忽所见，不亦惑乎！设此六人生于上世，越古今而无俪，何但夔、牙同契哉！（《艺文类聚》卷

四四，《宋书·乐志一》）

当时诗乐一体，相和歌正是“丝竹更相和，执节者歌”（《晋书·乐志下》）的。傅玄对相和一类俗乐伴奏下演唱的叙事抒情的歌词产生娱乐的作用，是作了充分肯定的。这也说明他的文艺观中有趋新好俗的成分。他的乐府诗中不少优秀篇章写得婉丽新巧，也可证明这一点。

因此，傅玄文学思想既有“宗经”的明确主张，又有“通变”的趋新见解，二者是相辅相成、互为补充的。

（二）拟作时品评议论的见解

王瑶先生考证认为：“魏晋间人诚有许多依托或作伪的情形，但其动机主要还是为了拟古和补亡，并不是故意作伪欺世的。”[①] 傅玄今存诗文作品里就有一些拟古之作，有的明出“拟”字，有的用旧篇名，都是当时创作时尚下写出的或模仿风格或较其短长的产物。他在有的拟作前作序，追溯文体演变，评论前辈得失，真实用意恐怕是要引起他人注意，显示己作的不凡；然而我们从中更注意的是他的文学批评思想。

1. 论赋体中“七”制之作

南朝梁代萧统编撰的《文选》，将文学作品分了 38 类。其中，“七”作为单独一体，排在赋、诗、骚之后，置诸他体之前，颇为显著。后代人常议其非，认为名不正。因为“七”只

---

① 参阅《拟古与作伪》一文，收载《中古文学史论集》，上海古籍出版社 1982 年版。

是题中以"七"字起头的赋体，它不具有独立成体的性质。但是，也应该承认，自汉初枚乘写出《七发》以后，到萧统编《文选》的时代，拟作并结集的情形蔚为大观，将"七"制之作独立出来固然不尽合理，可也反映出它创作中自形分张的实际。对"七"制作品结集的始作者，就是傅玄。晋代挚虞《文章流别论》里曰：

> 傅子集古今"七"而论品之，署曰《七林》。（《艺文类聚》卷五七）

这部《七林》集子后来可能不存在了，《隋书·经籍志》就没有著录。

傅玄今存文里有一篇《七谟·序》，大概就是挚虞所讲的"集古今'七'而论品之"的内容。其文曰：

> 昔枚乘作《七发》，而属文之士若傅毅、刘广世、崔骃、李尤、桓麟、崔琦、刘梁、桓彬之徒，承其流而作之者纷焉：《七激》、《七兴》、《七依》、《七款》、《七说》、《七蠲》、《七举》、《七设》之篇。于是通儒大才马季长、张平子，亦引其源而广之：马作《七厉》，张造《七辨》[1]；或以恢大道而导幽滞，或以黜瑰奓而托讽咏，扬辉播烈，垂于后世者，凡十有余篇。
>
> 自大魏英贤迭作，有陈王《七启》、王氏《七

① 《七辨》，应为《七辩》。

释》、杨氏《七训》、刘氏《七华》、从父侍中《七诲》，并陵前而邈后，扬清风于儒林，亦数篇焉。

世之贤明多称《七激》工。馀[①]以为：未尽善也；《七辨》似也，非张氏至思，比之《七激》，未为劣也。《七释》佥日妙哉，吾无间矣。若《七依》之卓轹[②]一致，《七辨》之缠绵精巧，《七启》之奔逸壮丽，《七释》之精密闲理，亦近代之所希也。（《全晋文》卷四六）

关于这篇序文，需要说明以下几点。

第一，此序约写于曹魏正始年间。序文称“大魏英贤”，说明是在曹魏时期所写，而且应在高平陵事变之前。文中称及的“从父侍中”，指傅巽，即傅嘏的伯父，其《七诲》今存，他“文帝时为侍中，太和中卒”（《三国志·刘表传》注引《傅子》）；“刘氏”指刘劭，其《七华》今存，他活到正始年间（《三国志》本传），是傅玄列举“英贤”里去世最晚的一位。

第二，傅玄列举到了汉代以来名家写成的“七”制作品，共计 16 人篇，近乎搜罗无遗。为了便于观览，兹列表统计如下：

① 按，“馀”字当为“余”之误，此傅玄自谓之称。《太平御览》卷五九〇作“余”。

② 按，“轹”字当为“烁”之误。《文心雕龙·体性》：“高论宏裁，卓烁异采者也。”

作　者	篇　名	存佚情况
枚　乘	《七发》	见严可均《全汉文》第 237 页
傅　毅	《七激》	《全后汉文》第 706 页
刘广世	《七兴》	《全后汉文》第 708 页
崔　骃	《七依》	《全后汉文》第 714 页
李　尤	《七款》	《全后汉文》第 747 页
桓　麟	《七说》	《全后汉文》第 623 页
崔　琦	《七蠲》	《全后汉文》第 720 页
刘　梁	《七举》	《全后汉文》第 826 页
桓　彬	《七设》	《全后汉文》第 624 页
马融（季长）	《七厉》	佚
张衡（平子）	《七辩》	《全后汉文》第 775 页
曹　植	《七启》	《全三国文》第 1 141 页
王　粲	《七释》	《全后汉文》第 963 页
杨氏（杨修?）	《七训》	佚
刘　劭	《七华》	《全三国文》第 1 233 页
傅　巽	《七诲》	《全三国文》第 1 247 页

由上表可知：西汉 1 人（枚乘），东汉 10 人（傅毅至张衡），献帝建安十三年（208 年）曹操自为丞相至曹魏明帝之末（240 年）计 5 人（“陈王”曹植至“从父侍中”傅巽）。这比曹植《七启·序》中提到的 6 人 5 篇①要多出 10 人 11 篇。

① 曹植序曰：“昔枚乘作《七发》，傅毅作《七激》，张衡作《七辩》，崔骃作《七依》，辞各美丽。余有慕之焉，遂作《七启》。并命王粲作焉。”其中王粲所作篇名未出。

傅玄列举诸作中，马融《七厉》、杨氏（杨修?）《七训》今不存。漏举的作者及其作品，可确定的是徐幹《七喻》[①]。至于今存汉代东方朔《七谏》、崔瑗《七苏》，曹魏时曹植《七忿》、卞兰[②]《七牧》，这几篇或不见主客对答形式，或佚文零星，不能肯定必是“七”制之作。

第三，除《七发》外，傅玄所举模仿诸作，完整的是：傅毅《七激》，曹植《七启》；较完整的是：张衡《七辩》，王粲《七释》。其他有题存文均残佚不全。

第四，刘勰《文心雕龙·杂文》对“七”作有一段话，可为参照。其文曰：

> 自《七发》以下，作者继踵。观枚氏首唱，信独拔而伟丽矣。及傅毅《七激》，会清要之工；崔骃《七依》，入博雅之巧；张衡《七辩》，结采绵靡；崔瑗《七厉》[③]，植义纯正；陈思《七启》，取美于宏壮；仲宣《七释》，致辨于事理。自桓麟《七说》以下，左思《七讽》以上，枝附影从，十有余家，或文丽而义暌，或理粹而辞驳。观其大抵所归，莫不高谈宫馆，壮语畋猎，穷瑰奇之服馔，极蛊媚之声色，甘意摇骨髓，艳词洞魂识，虽始之以淫侈，而终之以居正，然讽一劝百，势不自反：子云所谓“先骋郑卫之

① 《七喻》中有“逸俗先生”与“宾”对答形式，应是“七”制之作。

② 卞兰为卞太后之侄，由《三国志·武宣卞皇后传》知，他大约死于魏明帝后期。

③ 按，《七厉》的作者是马融。崔瑗存文中无《七厉》。

声，曲终而奏雅”者也。唯《七厉》叙贤，归以儒道，虽文非拔群，而意实卓尔矣。

刘勰认为，“七”制拟作尽管风格上各具特点，但除了《七厉》一篇外，都陈陈相因，“义睽”“辞驳”，并不可取。这种倾向，扬雄早指出过；崔骃也说过“义不足而辩有余”[①]的意见。

第五，傅玄写过《七谟》，今存几段佚文；据叶德辉《傅玄集》卷三所辑，似尚有《七体》、《七社》二篇。[②] 刘勰评论中没有举及傅玄之作，大概认为其作品缺乏特色。

说明以上五点后，我们再来看傅玄的观点。从总的倾向上讲，傅玄论“七”作，侧重在形式方面，与刘勰重文义的倾向有别。他主要是从创新与风格两方面分别立论的。

在创新方面，傅玄认为：《七发》以后，张衡的《七辩》、王粲的《七释》是成功的。而曹魏时期普遍的看法是：傅毅《七激》为“工”，王粲《七释》为“妙”。傅玄不赞同前一看法，批评《七激》“未尽善”，称道《七辩》够得上“工”。据《后汉书》本传讲，傅毅《七激》是讽汉明帝求贤的。但《七激》完全由《七发》拟写而来，了无新意不说，还缺乏新的表现特色，所以傅玄对它评价不高。这与后来刘勰的看法不相同。张衡《七辩》则通过七人分别劝说“无为先生”由遁世而觉悟的过程，写出了追慕神仙与有益圣治的道理，要比宫

① 见《艺文类聚》卷五七。

② 叶本由原本《北堂书钞》卷四三、卷一一九，《太平御览》卷四六四辑得零星佚文，是否“七”作，不能十分肯定。

室、滋味、音乐、女色、舆服方面的享受，更能为“无为先生”接受。这样写，傅玄以为是“精巧”的，“非张氏至思”不可能达到的，因而说它“工”庶几相似。

在风格方面，傅玄认为：汉代崔骃的《七依》具有“卓烁一致”的特点，张衡的《七辩》具有“缠绵精巧”的特点；魏时曹植的《七启》具有“奔逸壮丽”的特点，王粲的《七释》具有“精密闲理”的特点。这几篇作品“扬辉播烈”，“陵前而邈后”，可谓不同风格的代表作。傅玄的概括与后来刘勰总结的特点是基本一致的，只是略去了傅毅之作不提，未及马融《七厉》“义正”之长。

应该指出，“七”制之作都是为封建统治者宣扬“德威”的作品，在艺术上铺张夸丽。傅玄也以赞许的口气讲到，“恢大道”、“托讽咏”是这类作品的本色，说明“宗经”是前提；但是写法上毕竟是“精巧”“壮丽”的，远非雅颂、典谟之古朴可比，傅玄如此大加肯定，又反映出他对“通变”的认同。

2. 论赋体中“连珠”之作

“连珠”在《文选》中，也是独立一体。其实它也是辞赋，特点是理论、比喻、事类相结合，而且体制短小。

同论“七”一样，首论“连珠”者，亦是傅玄。其《连珠·序》曰：

> 所谓“连珠”者，兴于汉章帝之世，班固、贾逵、傅毅三子受诏作之，而蔡邕、张华之徒又广焉。
>
> 其文体辞丽而言约，不指说事情，必假喻以达其旨，而贤者微悟，合于古诗劝兴之义。欲使历历如贯珠，易睹而可悦，故谓之“连珠”也。

> 班固喻美辞壮，文章弘丽，最得其体。蔡邕似论，言质而辞碎，然其旨笃矣。贾逵儒而不艳，傅毅文而不典。(《全晋文》卷四六)

关于这篇序文，也需说明几点。

第一，此序的写作时间，亦当正始中，似早于《七谟·序》。序中论及之作者，均为东汉文人。其中张华，容易使人误会，以为是西晋之张华（232—300)。其实不是。因为序中是将"蔡邕、张华"并列而称的。《后汉书·蔡邕传》讲，灵帝光和元年（178 年）七月，灵帝诏问灾异事，蔡邕、张华均为议郎，应诏对答。可见，灵帝时这位"张华"，正是傅玄所指的张华。此"张华"于《后汉书》无传，亦无诗文留存，但他曾写过《连珠》。至于晋代张华，比傅玄小 15 岁，又死于傅玄之后，即便傅玄将他与东汉蔡邕并称，姑且不说如此行文不合惯例，主要是不能称呼生人以"之徒"，这是讲不通的。而且，晋张华存文中也没有《连珠》文。因此，傅玄序中的"张华"是东汉灵帝时人。"张华"的疑问说清了，序文的写作时间就好确定了。此序论的是几位东汉文人写作《连珠》的情形，主要的对象是班固、贾逵[①]、傅毅，而蔡邕、张华是引来作补充的。这应该是傅玄于东观修史时"评断得失"的意见之一。

第二，序中所称班固等三人"受诏作"《连珠》事，史书无载，傅玄或有所据。

---

① 贾逵（30—101)，是东汉明帝、章帝、和帝时的著名学者。汉末魏初，还有一位贾逵（174—228)，乃贾充之父。此处所指，是汉章帝世之"贾逵"。

第三，序中“兴于汉章帝之世”中“兴”字，当作“兴盛”讲。“兴”或作兴起，或作兴盛，均可。罗根泽先生举沈约“《连珠》之作，始自子云”（《注制旨连珠表》，见《全梁文》卷二七）、刘勰“扬雄肇为《连珠》”（《文心雕龙·杂文》）等言论，及扬雄现存《连珠》之作的情形，认为“沈说是，傅说误”[①]。其实，傅玄不是从渊源演变方面作总体考察的。班固的题目是《拟连珠》，傅玄不可能不顾，他当然清楚班固只是拟作，班固之前有扬雄始作。

第四，傅玄未及东汉人的全部《连珠》作品，不提曹魏时期的这种作品。如后来刘勰在《文心雕龙·杂才》篇举到的东汉杜笃、刘珍、潘勖，除刘珍之作今不存外，杜笃、潘勖今尚可见题下佚句。至于曹魏时曹丕有《连珠》、王粲有《仿连珠》，今尚较完整可见。

第五，傅玄所及几位作者，唯班固的《拟连珠》完整。蔡邕之作有散佚现象，不尽完整；贾逵之作仅存佚句，傅毅、张华之作全佚。

以上是需要说明的几点内容。接下来再看傅玄之论。他通过解说“连珠”的特点，具体评论了东汉一代几位作者的得失。

最值得注意的是，傅玄提出了形式美的问题。他要求作品“可悦”，而不仅仅是儒家说诗中可以“兴、观、群、怨”的单一政教面目。所谓“辞丽”、“弘丽”、“喻美辞壮”云云，强调语言要修饰；所谓“历历如贯珠”、“言约”“易睹”，讲的

① 见《中国文学批评史》第一册第153页。此议前人亦发，如明徐师曾《文体明辨序说·连珠》曰：“傅玄乃云兴于汉章之世，误矣。”

是风格体制的特点。后来，沈约才讲“辞句连续，互相发明，若珠之结排也”（《全梁文》）；刘勰也讲“义明而词净，事圆而音泽，磊磊自转，可称珠耳”（《杂文》篇）。沈、刘之论仍然是重复了傅玄得出的结论，并没有新的发明。傅玄关于“辞丽”“可悦”这一美学思想的提出，显然是受到建安文学趋向词采华丽这一新风尚的影响的结果。傅玄之前，曹丕提出了“诗赋欲丽”（《典论·论文》）的主张；傅玄之后，陆机论创作过程，强调立意“尚巧”、修辞“贵妍”（《文赋》）。傅玄的观点正呈现出承前启后的特点。

还值得注意的是，傅玄指出了纯文学作品在反映思想倾向时不同于论说文的特点：“不指说事情，必假喻以达其旨。”不错，古诗有“劝兴之义”，古今中外的所有文艺作品都有倾向性，但是作者不要特别在作品中指出自己的思想见解，却是创作的要义。[①] 傅玄明晰地将这一要义表达出来，这在当时的历史条件下，可谓卓识！“假喻达旨”，让人“微悟”，不要将“辞丽”之体写成“似论”之作，这是很有创见的文学思想。在傅玄之前，似乎没有哪位中国古代作家、评论家如此说过。这就值得我们格外重视。

至于傅玄根据自己确定的原则，去评论几位作者作品的得失，却有不够如实的地方。因为贾逵、傅毅的作品已难论，是不是如傅玄所说的那样，或“儒而不艳”，或“文而不典”，我们不能肯定。但是，班固之作完整，蔡邕之作较完整，特别是从班固之作中，我们看不出如傅玄所讲的那样“最得其

① 参阅恩格斯《致敏·考茨基》（1885年11月26日），见《马克思恩格斯选集》第4卷第454页。

体”的特色。钱钟书先生指出，班固等“所作此体，每伤直达，不甚假喻”[①]。试看班固《拟连珠》首章：

> 臣闻公输爱其斧，故能妙其巧；明主贵其士，故能成其治。

如果把这样质木露骨的文字誉为“喻美辞壮，文章弘丽”，那显然不合适。

3. 论七言诗始作

傅玄《拟〈四愁诗〉·序》曰：

> 张平子作《四愁诗》，体小而俗，七言类也。聊拟而作之，名曰《拟〈四愁诗〉》。（《全晋文》卷四六）

在傅玄生活的时代，七言诗这种形式已经有人创作了。曹丕的乐府诗《燕歌行》就是例子。曹丕用的是乐府题，有人推测汉乐府中此题用七言，但今天无从证实。傅玄当时应该看到过曹丕此作。他只是在拟写《四愁诗》时，指出张衡之作为“七言类”。这在中国文学史上是最早言及七言诗始作的文字记载。这个问题在傅玄之前或同时代的文人里，再无其他人道及。后来沈约在《宋书·谢灵运传论》、萧子显在《南齐书·文学传论》里，才提到张衡《四愁诗》作为七言诗

① 《管锥编》第三册，第 1135 页。

“艳发”、“华篇”的事实,① 这比傅玄所议要晚得多。钟嵘《诗品》专论五言，不及七言。刘勰《文心雕龙·明诗》篇重点讲五言，谈到“三六杂言”，竟不提七言，实为缺憾。

除了首议七言诗存在的意义外，傅玄此序值得注意之处是，他还批评了张衡《四愁诗》“体小而俗”的缺点。张衡《四愁诗》四章，每章七句，故“体小”；表现的是缠绵的爱情，近乎民歌，有悖于屈原骚体的传统，故“俗”。曹丕的《燕歌行》15 句，也是一首情诗。傅玄是否对曹丕诗也不满，无法判断。他的拟作的情形是：每章 12 句，成偶数型；将单一的思美人或念游子之情，赋予了“多念心忧世”的新意。他以为张衡诗不尽完善，只是“七言类”，不能许以“七言诗”；他的拟作是想有所改进。这番用心，古今评论家没有注意到，这里特加发明。

总之，傅玄言及辞赋中“七”、“连珠”之制的写作特点，议及七言诗的始作问题，在中国文学批评史上均为首发之论；他评论了一大批前代前辈作者作品的得失，概括了各自的风格特征，并提出了自己的一些见解，大多中肯合理。因此，王运熙、杨明《魏晋南北朝文学批评史》一书认为：《七谟·序》、《连珠·序》、《拟〈四愁诗〉·序》,“说明某种文体的得名缘由、发展源流，列举和评骘作家作品，概括体制风格特点”，这跟刘勰《文心雕龙·序志》中所谓“原始以表末，释名以章义，选文以定篇，敷理以举统”的宗旨，已早见“具体而微”的意向，在文学批评史上，这是“大辂椎轮，不应

---

① 沈约曰：“若夫平子艳发，文以情变，绝唱高踪，久无嗣响。”萧子显曰：“桂林湘水，平子之华篇；飞馆玉池，魏文之丽篆。七言之作，非此谁先!”

忽视”的事。很可惜，傅玄的这些始发之论，以往很少受到中古论者的充分注意。

无疑，傅玄这些具体评议的意见，正是他“宗经”、“通变”的文学思想的反映。同时，更应该指出，傅玄的全部创作，包括他的政论文，也都体现着他的文学思想倾向。因此，更深入地了解他的文学思想，必须兼及他的作品。罗宗强先生说：“离开了对文学创作中所反映的文学思想倾向，仅只研究文学批评和文学理论的发展史，对于文学思想史来说，至少是不完全的。这种研究方法不仅不完全，有时甚至是不确切的。”[①] 他提出必须结合文学作品，才能更准确地把握文学思想。就是说，作品不能被忽略。我们十分赞同罗氏这一卓见，并认为，不仅研究文学思想史应该如此，而且考察一个作家的文学思想也应该如此。

（三）附议：傅玄不是太康作家

在讨论傅玄作品之前，有必要先说清傅玄应归入哪一作家群的问题。这里稍加辨明。

除了游国恩等主编的《中国文学史》将傅玄当成晋初作家外，其他文学史著作都把傅玄计入西晋太康作家里讨论。我们认为：晋初说不准确，太康说不正确。

拙文《傅玄是太康作家吗?》[②] 曾指出，傅玄是一位典型

① 参阅《隋唐五代文学思想史·前言》，上海古籍出版社 1986 年版。

② 发表于《甘肃师大学报》1981 年第 2 期。后收入拙著《中国古代文学论丛》，黄山书社 1992 年版。

的魏晋之际的作家，其实列入正始作家里讨论更有道理。原因是：第一，傅玄没有活到太康年间（280—289 年）；第二，傅玄与正始作家是同辈人，“竹林七贤”中只有山涛、阮籍稍长于傅玄，其他五人均小于傅玄；第三，傅玄今存作品中常为论者称引的一些乐府诗作，大都完成于入晋之前，即应属曹魏时期的作品。这三点里，前两点是清楚的，无须多讲。至于后一点，还有必要说明一下。

不可否认，后世论者习惯上将傅玄当成太康作家论列，是受了钟嵘、刘勰的影响。钟嵘《诗品·下》排列晋代诗人，有一组的顺序是：张载、傅玄、傅咸、缪袭、夏侯湛。这一排列的不合理处是：缪袭、傅玄是其他三人的长辈；而缪袭（186—245）又长傅玄 32 岁，卒于正始中，如何能称“晋侍中”？刘勰在《文心雕龙》的《乐府》、《时序》、《才略》三篇里，论及傅玄，主要是突出他的“创定雅歌，以咏祖宗”的庙堂类乐府诗，以及“义多规镜”的奏疏文。从这个角度讲，傅玄是晋代作家，没有疑问。可是应该注意，刘勰举及傅玄创作的成就，代表的是当时人的看法。傅玄入晋后“创定雅歌”，是西晋文坛首屈一指的高手，数量之多，他人莫比；而这部分作品，在现存傅玄全部诗作中，占绝对优势。相信这一情形在刘勰时代亦然。只要翻翻沈约《宋书·乐志》,看看其中傅玄作品大量引录的状况，就不难推想人们赞许傅玄的着眼点在哪里。但是，我们今天讨论傅玄，并不首肯他这些庙堂之作，也不留意他的奏疏文字，文学史著作于此不论，而是从他的其他作品（如：诗《秦女休行》、《豫章行·苦相篇》等，文《马钧传》）立论的。这样，仍然沿袭钟嵘、刘勰的意见，不仅角度不对，内容有异，而且相应地会出现判断傅玄创作时代的失误。

辨明傅玄不是西晋太康作家，这对文学史研究是有意义的。曹魏正始文学里增入傅玄这样一位作家，或者将傅玄置前于魏晋之际的作家队伍里，讨论的结论恐怕就不会是以往我们所认识到的情形，一个作家在文学史上的地位，置前置后，中间相差三四十年，这不是个小问题，需要认真对待。下面讨论傅玄作品时，我们还将补充说明这个问题。

二、赋文类作品

（一）辞赋60篇

程章灿同志所著《魏晋南北朝赋史》[①]，将建安赋作分成自然、社会、人三类，每一类里又分成细目，列为三表，作了统计。我们仿其格式，兹将傅玄的辞赋表示如后（见下页）。

程著将汉末迄西晋灭亡所见赋作，分成建安赋、魏晋之际赋、西晋赋三个段落，并总结出各个段落的赋作特点，很有道理，我们是大体赞成的。但是，其中对西晋赋的分析，没有充分考虑到有的作者在入晋以前写过作品这样一个事实，不能不说是一大缺憾。而最典型的例子，正是傅玄。

程著列举西晋辞赋名家有：张华、左思、潘岳、陆机、陆云、傅玄、挚虞、成公绥；认为张华、傅玄、成公绥主要创

① 江苏古籍出版社1992年版。下面省称“程著”。

类别	自然							社会			人		[其他]
	时序	气象	动物	植物	河海	珍奇器物	[乐器]	行役征战	射猎游览	[都城朝会]	人物	情志	
作品(60篇)	阳春赋 述夏赋 大寒赋	风赋 喜霁赋	鹰赋 雉赋 蝉赋 鹦鹉赋 山鸡赋 斗鸡赋 鹰兔赋 猨猴赋 走狗赋 良马赋 乘舆马赋 驰射马赋	蓍赋 菊赋 桔赋 桃赋 李赋 枣赋 瓜赋 柳赋 郁金赋 紫华赋 蒲桃赋 桑椹赋 蜀葵赋 芸香赋 朝华赋 宜男花赋 安石榴赋		笔赋 砚赋 团扇赋 相风赋 弹棋赋 投壶赋 叙酒赋	琴赋 筝赋 节赋 笳赋 琵琶赋	叙行赋		正都赋 元日朝会赋 辟雍乡饮酒赋		矫情赋 大言赋 正声赋 潜通赋	七谟 七体 七社 拟天问 拟招魂 连珠
	(3篇)	(2篇)	(12篇)	(17篇)		(7篇)	(5篇)	(1篇)		(3篇)		(4篇)	(6篇)

说明：此表中“类别”栏凡有“[ ]”者，于程章灿表列中不出，系新增项目。其中“乐器”，在程表中，其篇目置于“珍奇器物”栏；因傅玄此类作品较多，故单另设项。另外，除《七体》、《七社》二篇名系由叶德辉《傅玄集》补出外，其他各篇均依严可均《全晋文》卷四五所出。第三章统计辞赋之作，不计《七体》、《七社》，故为58篇。

作活动在晋世，属于前期代表。入晋前，张华（232—300）写过《鷦鹩赋》(261年作)，成公绥写过《乌赋》、《天地赋》(251年作)、《啸赋》(263年作)，[①] 均在高平陵事变以后，说成是魏晋之际崭露头角，当作西晋赋作的早期代表，还说得过去。但是，比张华、成公绥年长十四五岁的傅玄的情况就不一样了。他在魏明帝青龙年间就开始写赋，《正都赋》就是他17岁时的作品；[②] 正始中写过《七谟》，编过《七林》集。他崭露头角正像成公绥一样，是在20岁前后，这就提前得多了。

我们再利用前面列的表，说明傅玄创作辞赋主要在正始前后。从表中可知，傅玄赋作中动物、植物、器物（包括乐器）合计41篇，占其全部辞赋作品的68%，即2/3以上。这与建安赋中大量写征战、射猎，写人物、情志的倾向，有明显的区别，是清楚的；同时，也与西晋赋中大量涉及天象、吊古、怀旧方面的题材，很不相同，亦需看到。至于傅玄大量写作的动物、植物、器物类赋作，建安作家、魏晋之际作家、西晋作家都写得不少，有的题目（如《鹦鹉赋》、《酒赋》等等）一直在用；但是总的变化也很大：建安作家常写的鹖、鹞、鹤、龟，槐树、迭迷香，扇子、玛瑙等，傅玄的作品中不见了；典型的西晋作家开拓表现对象，如写蜘蛛、苍蝇、蔗、荠，等等，傅玄的作品亦不见这类琐碎的题材。这些事实大体反映出傅玄赋作具有承上启下的特征。

---

① 诸赋的创作年代，据陆侃如《中古文学系年》。

② 参见本书第三章的说明。青龙年间大治宫室，置崇文观，表现都城建筑的赋作写得不少。《文心雕龙·时序》篇有一段话概括青龙至正始年间“征篇章之士”，“并驰文路”的情形，亦可参观。傅玄赋中提到“天子”亲征东吴事，在明帝以后的魏晋“天子”中，再无他例。

而且，傅玄承上的特征更明显。不仅他的《正都赋》受到太和青龙中韦诞、何晏，缪袭、刘劭同类赋作的影响，而且他的许多篇名（如《投壶》、《弹碁》、《笳》、《桔》等等）更直接继承了建安、黄初以后曹丕、曹植、杜挚、邯郸淳等人的传统，体物写志的味道更浓。傅玄在正始年间不得志，正始以后，嘉平、正元年间在司马昭军府任职，西进南征的军旅生活长达七年之久。这段经历在他的赋作中有反映。例如：《阳春赋》“乐仁化之普宴兮，异鹰隼之变形”，当与嘉平元年（249 年）春高平陵之变有关；《乘舆马赋·序》称曹操为“太祖”，不可能写于入晋后，甚至也不可能写于司马昭执政时期；《山鸡赋》有“南州之令鸟”，《鹰赋》有“思击厉于中原”，《驰射马赋》、《良马赋》诸篇，也能看出他从军转战的体验，绝不是呆在京城能写出来的。

因此，我们认为：傅玄辞赋之作，绝大部分写于青龙二年至正元二年（234—255 年）这 20 多年间；他是正始前后的辞赋作者。他入晋后写过一些作品，如《元日朝会赋》、《矫情赋》、《辟雍乡饮酒赋》、《相风赋》，这前面第三章已有说明；此外，《风赋》、《喜霁赋》[①] 等，也可能是入晋以后的作品。但总的来讲，傅玄入晋以后写的赋，数量不多，风格也与入晋以前的作品有很大差异。

还有一点，程著列举的魏晋之际赋家，与傅玄相比，似者多而异者少。傅玄始作赋的时间，与何晏、刘劭错先错后；

---

① 《风赋》写“开元”、“定位”云云，似晋初之作；《喜霁赋》写“炎旱历岁”、“我后神圣”等情，似与泰始七至九年（271—273 年）连续大旱有关，《晋书·五行志中》有记载。

傅玄的年龄比应贞（220？—269）、嵇康（224—264）、钟会（225—264）要长，他开始创作时，他们中有的还是不懂事的学童；应贞活到入晋以后，比傅玄早死几年，可何桢（约220—289年左右）[①] 生得迟，死得也迟，应、何计入魏晋之际，傅玄划进西晋赋家行列，这是讲不通的。所以，不能单纯考虑作家的卒年，还要考虑他的生年，更重要的是顾及到创作的实际时间。一个作家跨越两代，文风上前后会有变化，不能一刀切。

傅玄所作辞赋，从现存篇目来看，是汉魏晋三代作家里数量最多的。汉末大家蔡邕不过 15 篇，建安作家曹丕 29 篇、曹植 56 篇、王粲 26 篇，西晋作家傅咸 38 篇、成公绥 25 篇、夏侯湛 25 篇。其中曹植所作接近傅玄之数，他人尚远不及。但是，他的这些作品今存完整的不多，深入考察已不可能。兹略举其中较有特色者，作点解说。

1.《正都赋》片断

抚琴瑟，陈钟虡；吹鸣箫，击灵鼓；奏新声，理祕舞。乃有材童妙妓，都卢迅足，缘修竿而上下。既形变而景属，忽跟挂而倒绝，若将坠而复续。虬萦龙蜒，委随纡曲。杪竿首而腹旋，承严节之繁促。手戏绝倒，凌虚寄身；跳丸掷堀，飞剑舞轮。于是神岳双立，冈岩岑崟；灵草蔽崖，嘉木成林。东父翳青盖而遐望，西母使三足之灵禽。丹蛟吹笙，文豹鼓琴。素女抚瑟而安歌，声可意而入心。倔佺起而

① 据谭正璧《中国文学家大辞典》。

鹤立，和清响而哀吟。(《全晋文》卷四五)

这段赋文是写杂技表演场面的。在歌舞演奏的欢乐气氛里，少年男女攀竿上下，翻腾造型，奇绝惊险，千变万化，使人目不暇接。文中虽有比喻、夸张之语，却更具纪实直叙的特点。傅玄青年时目击洛下杂技演出场面，热烈的气氛、新鲜的感受，给他留下了深刻印象。写法上，三字成对，四言排列，六、七言穿插相间，用字又平易通俗。京都大赋如此写法，很少见。此赋还有一段较详实的文字，写魏明帝亲征出发的场面，也没有虚饰渲染之辞。

此赋又在多处出题《三都赋》、《西都赋》、《北都赋》等。严可均按语，以为皆为《正都赋》之误。此赋写法与刘劭《许都赋》、《洛都赋》，卞兰《许昌宫赋》等，十分近似。《三国志·刘劭传》曰："时外兴军旅，内营宫室，劭作二赋，皆讽谏焉。"但从傅玄此赋中，看不出讽谏的意思。

2.《斗鸡赋》

前看如倒，傍视如倾。目象规作，嘴似削成。高膺峭峙，双翅齐平。擢身竦体，怒势横生。爪似炼钢，目如奔星。扬翅因风，抚翮长鸣。猛志横逸，势凌天廷。或踯躅蜘蹰，或蹀躞容与；或爬地俯仰，或抚翼未举；或狼顾鸱视，或鸾翔凤舞；或佯背而引敌，或毕命于强御。(《全晋文》卷四六)

此赋特点，如曹道衡先生所言："虽用了铺张的写法，但无堆砌之感，也没有生僻的字，把斗鸡时的种种动作，写得十分逼真。”①

3.《瓜赋》

调土下种，播之有经。应运俟时，员甲徐生。遂日就而月将，既成母而盘萦。次落莫之密叶兮，交逶迤之修茎。敷碧绿之纯采，金华炳其朗明。育之以人功，养之以六气。白者如素，黑者如黬；黄逾金缃，青侔含翠。虽貍首之甘美兮，未若东野之奇美。旧有蜜筩，及青栝楼。嘉味溢口，异类寡俦。一啮之顷，至三摇头。选美芳园，重简其珍。被以吴刀，承以朱盘。中割而破，虽分若完。质兼三美，气美芳兰。愈得冷而益甘兮，颐神爽而解烦。细肌密理，多瓤少瓣。丰旨绝异，食之不餶。（《全晋文》卷四五）

此赋写了种瓜、育瓜、切瓜、品瓜的过程，倒像是一篇说明文。建安作家刘桢也有一篇《瓜赋》（《全后汉文》卷六五），写他在曹植那里吃瓜消暑，行文呆板，内容单一，缺乏新意。而傅玄赋因写了育养之劳，又写了入园挑选、亲手切割之情，故品之“嘉味溢口”，就很真实；一口下去，“三摇头”之语，更是传神。

4.《走狗赋》

① 《汉魏六朝辞赋》，上海古籍出版社1989年版。

既乃济卢泉，涉流沙，逾三光，跨大河，希代来贡，作珍皇家。骨相多奇，仪表可嘉。……然后娱志苑囿，消遥中路，属精采以待踪，逐东郭之狡兔。裔洋洋以衍衍，逞妙观于永路。既迅捷其无前，又闲暇而有度。乐极情遗，逸足未殚。抑武烈而就罗兮，顺指麾而言旋。归功美于执绁兮，其槃瓠之不摅。感恩养而怀德兮，愿致用于后田。聆辎车之鸾镳兮，逸獡狝而盘桓。（《全晋文》卷四六）

钱钟书先生指出，这里"走狗"是美称，非后世所用为刺词。[①] 此赋写异域进贡的良种狗，虽有"轻迅""猛捷"之奇，却无法施展，成为皇家苑囿中的点缀品，"顺指麾"，"感恩养"，闲处不用。说的是"走狗"的遭遇命运，感慨的恐怕是人事的乖谬离奇。

傅玄写了大量咏物赋。值得注意的是，不少作品借题发挥，是有寓意的。如《鹰赋》中所云"虽消遥于广厦，思击厉于中原"，《乘舆马赋》中所云"气盖青云，势凌万里"，《驰射马赋》中所云"岂骥德之足慕，晞万里之清尘"；以及《蝉赋》中又云"体自然之妙形"，"泊无为而自得"，等等。其中显然有抒发个人情志的倾向。除了《桔赋》明言"申直臣之志"外，他赋中亦可见类似用语。如：《投壶赋》讲"矫懈而正心"，《紫华赋》讲"嘉其华纯耐久"，《芸香赋》讲闵其"捐弃黄壤"；《桃赋》有句"辟凶邪而济正"，《蓍赋》有语"以类万物之情，以通天下之故"；《砚赋》谓"配法象乎

① 《管锥编》第三册，第1134页。

二仪”，《团扇赋》谓“象日月之定形”；《相风赋》赞“体正直而无挠”，《筝赋》誉“体会法度”之“仁智之器”。如此等等，不一而足。正邪之分，爱憎之情，在傅玄咏物赋中处处可见。

曹道衡先生《汉魏六朝辞赋》一书指出，傅玄《鹰兔赋》佚文颇似曹植黄初年间所作《鹞雀赋》，而其《拟〈招魂〉》七言句佚文又似对西晋作家夏侯湛、湛方生等介乎诗赋间的作品有一定影响。这一看法很有道理。确实，傅玄赋大多句式灵活，用语通俗，与建安赋、魏初赋极为相似；像《拟〈招魂〉》这样的诗赋体，在他现存赋作里为仅见之例。当然，他入晋后写的《元日朝会赋》、《喜霁赋》、《辟雍乡饮酒赋》等，又显得典雅持重，也是事实。这说明，他是一位很典型的魏晋之际的赋家，体物而求征实，缘情而不绮靡。

傅玄的赋作数量可观，但刘勰并不赞许。《文心雕龙·诠赋》篇肯定的是铺张大赋，对汉魏时期的抒情小赋不大欣赏，所以举例中，前及王粲、徐幹，后及左思、潘岳、陆机、成公绥诸辈，注意的是他们“靡密”、“壮采”之作，许以“魏晋之赋首”。这也说明，傅玄赋除了他个人因素外，受到时代创作风气的影响，主要在前辈作家（如曹植、缪袭）那里。

（二）宣扬伦理道德观的铭赞类文字

除辞赋之外，傅玄存文还有一些赞、铭、颂、箴等文字。其中铭文、赞文最多。前面第三章已讲过，《魏德颂》、《华岳铭》、《永宁太仆庞侯诔》写于曹魏时期；《何曾、荀顗传论》写于魏晋之交；上武帝三疏，以及《太子少傅箴》、《吏部尚书箴》等，写于入晋以后。其实《古今画赞》也是曹魏景初、正始之际的作品，因所赞今人里有杨阜，卒于青龙三年(235年)；又称“太常赵咨”，说明当时此公在世，其生平事迹在《三国志·满宠传》、《王朗传》略有交代，估计卒年在景初末、正始初，不会太迟。

傅玄写的一些器铭，主要是突出“鉴戒”意义的，虽然“辞钝”(《文心雕龙·铭箴》语)，却反映出他为人处世所取的立场、观点，是理解他的思想不可不顾的材料，言简意赅，近乎格言。试看如下摘引：

道德不修，虽有千金之剑，何所用之！(《剑铭·序》)

人徒览于镜，止于见形。鉴人可以见情。(《镜铭》)

杖正杖贞，身正心安。不安则倾，不贞则危。倾危之变，厥身以随。(《杖铭》)

与其澡于水，宁澡于德。水之清，犹可秽也；德之修，不可废也。(《澡盘铭》)

闲居勿极其欢，寝处毋忘其患。居其安，无忘其危。惑生于邪色，祸成于多言。(《席铭》)

居高无忘危，在上无忘敬。惧则安，敬则正。(《冠铭》)

衣以饰外，德以修内。内修外饰，礼有制也。（《衣铭》）

戒之哉：念履正，无履邪！正者吉之路，邪者凶之征。（《履铭》）

被虽温，无忘人之寒。无厚于己，无薄于人。（《被铭》）

国有维辅，屋有栋梁。室之倾，尚可柱也；心之倾，不可辅也。（《栋铭》）

情莫多妄，口莫多言。勿谓何有，积怨致咎；勿谓不变，变出无间；勿谓不传，伏流成川。蚁孔溃河，溜穴倾山。病从口入，患自口出。存亡之机，开阖之术。心与口谋，安危之源。枢机之发，荣辱随焉。（《口铭》）

以上这些文字，以器物之用为喻，既警戒自身，又劝人正身修德，防患于未然，反映出他对伦理道德的重视。这与《傅子》里政论文申述的道理互为表里，可以看出傅玄对儒家传统思想奉为圭臬的一面。

与铭文“名目虽异，而警戒实同”（刘勰语）的箴文，傅玄也有两篇见存。其中亦见警语：

声和则响清，形正则影直。正人在侧，德义盈

堂。鲍肆先入，兰蕙不芳。(《太子少傅箴》)

君执常道，臣有定职。各有攸司，乂用不慝。贵无常尊，贱不恒卑。不明厥德，国用颠危。……修己以道，弘道以身。《易》贵好爵，《书》慎官人。官不可妄授，职不可暗受。能者养之致福，不能者弊之招咎。(《吏部尚书箴》)

另外，傅玄歌颂他祖父傅燮“不吐刚而谄上，不茹柔而黩下”，是他很敬仰的榜样。诸赞文褒贬人物，也能体现出作者的思想倾向。如在《古今画赞》里，称美兵家之祖孙武“奇正迭用，变化无形”之法，赞扬曹魏直臣杨阜“构潜谋以龙变，应事机而虎发”之勋；特举汉高祖“讨秦灭项”之功，点出汉明帝“专信俗儒”之失；嗟叹信陵君“虎视龙骧”之概，奖誉当今太常赵咨“仁风”、“礼让”之德；还褒赏班婕妤“匡君”之礼、“修文”之才、“退身”之志，以及马皇后“作后作母”、辅国训家之谋。这些内容，作为文学作品来看，确实无甚特色，不值一提，而作为了解傅玄的思想资料却是很有价值的。

(三) 关于《相风赋》

我们在前面第三章已介绍过，傅玄在晋泰始后期担任太仆卿期间，写过《相风赋》，并与他人之作共收，成七卷集，《隋书·经籍志》有著录。同时指出，今系于傅咸名下之《相风赋》文（包括序文与赋文），据叶德辉《傅玄集》采自原本

《北堂书钞》的来源，可认定是傅玄之作无疑。[1] 因此，我们将二作合计为傅玄之作来讨论。

相风，又称相风鸟、相风乌，是古代的候风器。据《三辅黄图》卷五所记，相风仪为东汉张衡所造，上有铜鸟，遇风而动。它是我国古代用以测风向的一项科学发明，但在实际使用上侧重于占吉凶之征，为皇室辨风向立准极的依据。

傅玄之赋是为太仆寺丞“武君”[2] 新成相风叫好的。创作的起因，又与张华之赋有关。中书令张华先写了一篇《相风赋》（见《全晋文》卷五八），对树于洛阳西城高台上的相风加以颂美，特别称道它“器不假饰”的地方，即不加羽毛、不涂丹漆的“不淫”之处。张华赋中所指的相风，是由太常寺太史令管理的，所在的位置偏远。在此前后，“武君”于太仆寺庭前树一竹竿，新成相风，上面“插以鸡毛”，并不费事，“简易之至”，而作用“与彼无异”。也就是说，论简易，“武君”之相风比太史相风有过之；论所起作用，“武君”“不日而成”之相风，因加饰羽毛，“莫精乎此”。因此，傅玄说“张氏之赋（相风），非其至者也”。言下之意是，“武君”增以羽毛的相风，才是又简易又先进的仪器。

傅玄此赋值得注意之处，在于他肯定新的发明改进的成绩。他在《序》中问道：“昔之造相风者，其知自然之极乎？其达变通之理乎？”又在赋中明言“武君”相风“插羽其首”、

---

① 参阅前第二章可知，傅咸于泰始九年（274年）方举孝廉，正式职任是在其父卒后袭爵授予的。他不可能于此前妄加评议中书令张华的作品。另外，今系于傅玄、傅咸名下的两段赋文同韵，均在“庚耕清青”部，亦值得注意。

② 叶德辉所出为“岱君”，严可均《全晋文》卷五一出“武君宾”。“岱”疑为“武”，形近所致；此“武君”是否名“宾”，史书无载，不能认定。

“厥用自然”之得。傅玄早年曾对马钧各项发明制作大加褒扬，晚年又对“武君”创新改进的成绩称道有加。或传或赋，为我们提供了极其珍贵的科技史料。这在思想史上，也是应该高度评价的唯物主义的事例。

兹将严可均《全晋文》中各属傅玄、傅咸之《相风赋》合并如下，供参考。

昔之造相风者，其知自然之极乎？其达变通之理乎？上稽天道阳精之运，表以灵乌，物象其类；下凭地体安贞之德，镇以金虎，玄成其气。风云之应，龙虎是从；观妙之征，神明可通。夫能立成器以占吉凶之先见者，莫精乎此。[①] 相风之赋，盖以富矣，然辞义大同。唯中书张令，以太史相风独无文饰，故特赋之。太仆寺丞武君宾，树一竹于前庭，其上颇有枢机，插以鸡毛，于以占事知来，与彼无异。斯乃简易之至，有殊太史相风。张氏之赋，非其至者也。[②]

翟翟竹竿，在武之庭。厥用自然，既修且贞。插羽其首，丹漆弗营。经之营之，不日而成。[③] 乃构相风，因象设形。蜿盘虎以为趾，建修竿之亭亭。体正直而无挠，度经高而不倾。栖神乌于竿首，候祥风

① 至此，为《全晋文》卷四五傅玄序文。

② 至此，又为《全晋文》卷五一傅咸序文。叶德辉《傅玄集》卷一据原本《北堂书钞》卷一三〇所录文字稍异，见前第三章录文。

③ 至此，为《全晋文》卷五一傅咸赋文。叶本录文稍异，见前第三章。

之来征。[①]

以上两段文字的排列，是否就是傅玄原《相风赋》的顺序，中间有无省略，这已经不能推究了。严可均辑录时，同时利用《北堂书钞》、《艺文类聚》及《太平御览》，但在校记中未出《书钞》与《御览》的互异现象，只根据后出《御览》卷九的记录，将其中两小段文字系于傅咸名下，忽略了《书钞》的原始记载。

① 至此，又为《全晋文》卷四五傅玄赋文。

第十章 文学思想及其创作（下）

三、歌功颂德的庙堂乐府诗

西晋王朝建立以后，庙堂雅乐歌诗绝大多数是傅玄所造。我们在第三章已作统计，傅玄此类作品现存有 61 首，另有“藉田歌诗”5 首有载无存，合计 66 首。而西晋其他几位参与创作的名家所作情形如下：

荀勖 5 首（其中郊庙 3 首[①]，舞曲 2 首）；

张华 11 首（其中郊庙 7 首，鼓吹 2 首，舞曲 2 首）；

---

① 逯钦立辑《先秦汉魏晋南北朝诗》中《晋诗》卷一〇，将荀勖、张华，成公绥各制《四厢乐歌》，以一章为一首计，各为 3 题 17 首、3 题 16 首、2 题 16 首。但统计傅玄之作，均按题计首，即一题多章以一首计。故此处统一计算数，与逯辑有异。

成公绥 2 首（郊庙 2 首）。

这三人的作品见存，合计 18 首；再加上《南齐书·乐志》所记“夏侯湛又造宗庙歌十三篇”（今已不存），四人总计不过 31 首，仍不足傅玄所造数的一半。由此不难看出傅玄入晋以后作为宫廷文人的显赫地位，刘勰说他是晋世“创定雅歌”的角色，良有以也。

傅玄“博学善属文，解钟律”（本传语），入晋后受命制作了绝大部分的庙堂歌诗，这仅仅是一方面的因素。还有一个重要因素是，他是热情拥护司马氏代魏篡立的。高平陵事变后，他坚定地站在司马氏一边，并为司马氏政权出谋划策，著书立言，一片苦心，一腔忠诚。所以他在魏晋禅代前夕迅速高升，成为有晋立国之初武帝身边的宠信之臣。他写就而成这么多庙堂歌诗，既说明他的文才出众，又说明他的地位不凡。

当然，庙堂歌诗是歌功颂德之作，虚美之词溢于篇章，真实感情难以表达，此乃通例。这类制作只能昙花一现，显名当世，隔代文人就不便也不能格外看重，评价不会很高；文学史著作更不会留意此类作品，干脆不提，顶多一笔带过而已。但是，我们要全面了解傅玄的思想，却不能忽略这部分文字材料。下面我们要重点介绍的，是“舞曲歌辞”中傅玄之作《鼙舞歌》五首。因为这五首歌诗尽管仍不脱郊庙之气，可它们是“施于燕享”（《晋书·乐志》语）这种场合的，抒情的成分稍有突出，遣词造句略有点主观色彩，所以从中能大体反映出傅玄的立场与思想倾向。请看：

1.《洪业篇》

宣文创洪业，盛德在泰始。圣皇应灵符，受命君四海。万国何所乐，上有明天子。唐尧禅帝位，虞舜唯恭已。恭已正南面，道化与时移。大赦荡萌渐，文教被黄支。象天则地体无为！聪明配日月，神圣参两仪。虽有三凶类，静言无所施。象天则地体无为！稷契并佐命，伊吕升王臣。兰芷登朝肆，下无失宿民。声发响自应，表立景来附。虓虎从羁制，潜龙升天路。备物立成器，变通极其数。百事以时叙，万机有常度。训之以克让，纳之以忠恕。群下仰清风，海外同欢慕。象天则地化云布！昔日贵雕饰，今尚俭与素。昔日多纤介，今去情与故。象天则地化云布！济济大朝士，夙夜综万机。万机无废理，明明见畴谘。臣譬列星景，君配朝日晖。事业并通济，功烈何巍巍。五帝继三皇，三王世所归。圣德应期运，天地不能违。仰之弥已高，犹天不可阶。将复御龙氏，凤凰在庭栖。

这首《洪业篇》歌颂司马氏篡魏“宏业”的成功，是这组诗的总纲。它简单回顾了司马懿创业立基，司马氏父子先后讨灭“三凶类”（即淮南的三次叛变）；重点是写有晋立国的“象天则地”景象：君明臣贤，政通人和，去旧图新，南面无为。下面四首，分别对司马氏三代四君的功德，加以有声有色的描述。

2.《天命篇》

圣祖受天命，应期辅魏皇。入则综万机，出则征四方。朝廷无遗理，方表宁且康。道隆舜臣尧，积德逾大王。孟度阻穷险，造乱天一隅。神兵出不意，奉天致天诛。赦善戮有罪，元恶宗为虚。威风震劲蜀，武烈慑强吴。诸葛不知命，肆逆乱天常；拥徒十余万，数来寇边疆。我皇迈神武，秉钺镇雍凉。亮乃畏天威，未战先仆僵。盈虚自然运，时变固多艰。东征陵海表，万里枭贼渊。受遗齐七政，曹爽又滔天。群凶受诛殛，百禄咸来臻。黄华应福始，王凌为祸先。

此一首历叙司马懿功绩：魏明帝在位期间，南擒孟达，西拒诸葛亮，北讨公孙渊，武功赫赫；明帝死前，遗命辅政；其后内诛曹爽党羽，外伐王凌异已，政绩累累。诗题《天命篇》，指司马懿应天命而出，开创了晋业。

3.《景皇篇》

景皇帝，聪明命世出，盛德参天地。帝王道，创基既已难，继世亦未易。外则夏侯玄，内则张与李，三凶称逆乱帝纪。顺天行诛，穷其奸宄。边将御其渐，潜谋不得起；罪人咸伏辜，威风振万里。平衡综万机，万机无不理。召陵恒不君，内外何纷纷，众小便成群。蒙昧恣心，治乱不分。睿智独断，济武常以文。顺天唯废立，扫霓披浮云。云霓既已辟，清和未几间。羽檄首尾至，变起东南蕃。俭钦为长蛇，外则凭吴蛮。万国纷骚扰戚戚，无下惧不安。神武御六军，我皇秉钺征。俭钦起寿春，前锋据项城。出其不意，并纵奇兵。奇兵诚难御，庙胜实难支。两军不期遇，敌退计无施。虎骑唯武进，大战沙阳陂。钦乃亡魂走，奔拂若云披。天恩赦存罪，东土放鲸鲵。

此一首张扬司马师执政后，诛杀夏侯玄、张缉、李丰"三凶"，"穷其奸宄"，激起淮南将领毌丘俭、文钦反叛，讨伐获得成功；讳言司马师废帝弑后、独断专行的行迹。

4.《大晋篇》

赫赫大晋，于穆文皇！荡荡巍巍，道迈陶唐！世称三皇五帝，及今重其光！九德克明，文既显，武又彰。恩弘六合，兼济万方。内举元凯，朝政以纲；外简虎臣，时唯鹰扬。靡顺不怀，逆命斯亡。仁配春日，威逾秋霜。济济多士，同兹兰芳。唐虞至治，四凶滔天。致讨俭钦，罔不肃虔。化感海外，海外来宾；献其声乐，并称妾臣。西蜀猾夏，僭号方域；命将致讨，委国稽服。吴人放命，凭海阻江；飞书告谕，响应来同。先王建万国，九服为蕃卫。亡秦坏诸侯，享祚不二世。历代不能复，忽逾五百岁。我皇迈圣德，应期创典制。分土五等，蕃国正封界。莘莘文武佐，千秋遘嘉会。洪业溢区内，仁风翔海外。

此一首重笔浓采赞颂司马昭立政创制，为大晋江山开辟了千秋大业的仁德之基、礼治之纲。傅玄写其恩威圣德，写其明智仁风；誉以三皇五帝重光，称以五百年后继绝。与前首《景皇篇》相比，显然这首《大晋篇》更见真情实感。

5.《明君篇》

明君御四海，听鉴尽物情。顾望有谴罚，竭忠身必荣。兰芷出荒野，万里升紫庭。茨草秽堂阶，扫截不得生。能否莫相蒙，百官正其名。恭己慎有为，有为无不成。暗君不自信，群下执异端。正直罹浸润，奸臣夺其权。虽欲尽忠诚，结舌不敢言。结舌亦何惮，尽忠为身患。清流岂不洁，飞尘浊其源。歧路令人迷，未远胜不还。忠臣立君朝，正色不顾身。邪正不并存，譬若胡与秦。胡秦有合时，邪正各异津。忠臣遇明君，乾乾唯日新。群目统在纲，众星拱北辰。设令遭暗主，斥退为凡民。虽薄共时用，白茅犹可珍。冰霜昼夜结，兰桂摧为薪。邪臣多端变，用心何委曲。便辟顺情指，动随君所欲。偷安乐目前，不问清与浊。积伪罔时主，养交以持禄。言行恒相违，难餍甚溪谷。昧死射乾没，觉露则灭族。

此一首虽题《明君篇》，通篇不及君主贤明所在，却大谈忠奸之理、邪正之情。虽然言理泛论前朝，举事不免“设令”吞吐，但出情寄在“君朝”，立意指斥“积伪罔主”。这是傅玄入晋后极为担忧的事，他于泰始二年（266 年）上疏晋武帝，开诚布公讲的也就是这件事，中心内容即“斥虚鄙”、“举清远”一类意思，呼吁此乃当务之急，刻不容缓。后面我们接触到他的其他诗作时，会再次看到他设喻清流飞尘、胡秦星辰的例子，表达他的这一政治思想。因此，这一首《明君篇》

不当忽略。明代陈胤倩、徐师曾就指出此诗“可资劝诫”，“剀切有足感者”①。

综上所述，傅玄在《鼙舞歌》五首里，回顾司马氏建基立业、代魏而治的全过程，虽然歌颂功德，反映了他拥戴司马氏的基本思想倾向和政治立场，但也在字里行间寄寓了自己的褒贬，流露出个人对国家政治的一些独特看法。这与他在郊庙、鼓吹歌辞中纯然典正的谀词，还是大有区别的。我们不惜篇幅，逐一征引介绍，就是为了进一步证明我们前面有关章节中对傅玄的政治态度与思想倾向的基本观点。

还有一个问题，在此略加介绍。傅玄“创定雅歌，以咏祖宗”的篇什，受到南朝政权的高度重视。沈约《宋书·乐志》、萧子显《南齐书·乐志》所以大量引录傅玄之作，是因为宋、齐乐歌歌诗是上承西晋之制，对傅玄作品改头换面后入乐的。西晋经永嘉之乱而亡，南方又立司马氏东晋政权。可是大乱中，“乐人悉没戎虏”，带到南方的部分乐器又存放府库，“遂至朽坏”，至于如何演奏，“音韵曲折，又无识者”，“遗声旧制，莫有记者”（《宋书·乐志一》），② 整个东晋一代，雅乐不奏。东晋末年，刘裕讨伐关中，收集并带回了乐制，刘宋初年才“设雅乐”，“撰立新哥（歌）”（《宋书·乐志一》）。当时只能借鉴前代之制，傅玄的这些作品就是现成的歌诗，稍加改动，即可入乐而奏。改动最多的，当然是“咏祖宗”的内

① 转引自萧涤非《汉魏六朝乐府文学史》，人民文学出版社 1984 年版，第 170 页。

② 《晋书·乐志下》亦记，东晋时“以无雅乐器及伶人，省太乐并鼓吹令”，直到太元中破苻坚，“四厢金石始备”。后来才使人增造歌诗，但仍“不设乐”，一直没有入乐。

容，但体式没有变。他们还发现了傅玄歌诗用韵的缺陷。《南齐书·乐志》曰：

……汉世歌篇，多少无定，皆称事立文，并多八句，然后转韵；时有两三韵而转，其例甚寡。张华、夏侯湛亦同前式。傅玄改韵颇数，更伤简节之美。近世王韶之、颜延之并四韵乃转，得赊促之中。

“改韵颇数”的问题，不仅在傅玄郊庙歌辞里存在，而且在他其他诗作里也较普遍。据《晋书·乐志上》记载，泰始九年（273年）荀勖“调声韵”，“以张华等所制高文，陈诸小管”，估计此后傅玄之作就不太受重视了。

四、叙事抒情的乐府诗

除了现存61首庙堂之制外，傅玄乐府诗尚有30余题（首）完整或较完整的作品是叙事抒情之作。这些作品是他文学创作中最有成就的部分，历代评论家注意的正是这些作品，文学史著作重点讨论的也是这些作品。

按照萧涤非先生《汉魏六朝乐府文学史》第四编第二、第三章的意见，傅玄叙事抒情的乐府诗有拟古与讽刺现实两种类型；前者“借古题咏古事”或“咏古意”，后者“借古题而叙时事”。这一类型划分我们基本赞成，以下分类介绍傅玄作品时，拟采用这一分法。但是，萧著将傅玄完全当作西晋作家看待，我们不能苟同；另外，萧著还忽略了傅玄乐府诗中尚有一部分“自为乐府”（唐吴兢《乐府古题要解》卷上）

的诗作，从体制上讲，是前两类所不能包容的。我们在下面另立一类，共成三种类型，分别讨论。

（一）借古题而叙时事

这是建安诗人创作乐府诗的一大特色。傅玄继承了这一传统，借古题而叙时事，作品数量较多，受到后人称道的篇章最多。不过，他写的此类乐府诗的题材，又有一些变化。

首先是集中反映妇女社会地位的低下和婚姻生活的不幸。《苦相篇》、《明月篇》、《历九秋篇》是代表作。《苦相篇》[①]曰：

> 苦相身为女，卑陋难再陈。男儿当门户，堕地自生神；雄心志四海，万里望风尘。女育无欣爱，不为家所珍；长大逃深室，藏头羞见人；垂泪适他乡，忽如雨绝云。低头和颜色，素齿结朱唇；跪拜无复数，婢妾如严宾；情合同云汉，葵藿仰阳春；心乖甚水火，百恶集其身。玉颜随年变，丈夫多好新；昔为形与影，今为胡与秦；胡秦时相见，一绝逾参辰。

这首诗写身为女子从出生到衰老的“苦相”（薄命）命运：一出生就得不到父母珍爱，长大了不为社会承认，出嫁后受到婆家上下的冷眼和丈夫喜怒无常的对待，过些年又得忍受

① 《玉台新咏》卷二，题作《苦相篇·豫章行》。《乐府古题要解》卷下，此诗亦题曰《豫章行》。

丈夫好新而嫌旧的熬煎。整个社会形成的重男轻女偏见，使女子一生在家庭生活中没有温暖，只有一连串的痛苦。这一现象不仅魏晋时如此，此前此后整个封建社会无不如此。萧涤非先生讲："傅玄此作，实为仅见。时至今日，犹觉读之有余悲也。"（《汉魏六朝乐府文学史》第193页）

《明月篇》[1] 曰：

皎皎明月光，灼灼朝日晖。昔为春蚕丝，今为秋女衣。丹唇列素齿，翠彩发蛾眉。娇子多好言，欢合易为姿。玉颜盛有时，秀色随年衰。常恐新旧间，变故兴细微。浮萍本无根，非水将何依？忧喜更相接，乐极还自悲！

这首诗写一新婚女子欢乐中的忧愁心理。年轻，貌美，打扮得动人，与"娇子"欢合亦无间，这是眼前喜乐的境况。但是，她同时就想到自己日后的"年衰"，提防起"变故"，担心着"新旧"，不幸的阴云又笼罩在心头，忧喜交加，不免自悲伤感。

《历九秋篇》[2] 曰：

历九秋兮三春，遣贵客兮远宾，顾多君心所亲。

---

① 《玉台新咏》作此题。《艺文类聚》卷四一作《怨诗》。陈沆《诗比兴笺》以为，"此泰始五年起用时所作"，"忧喜相接，乐还自悲"。如此解诗，牵强附会。

② 《玉台新咏》卷九，题作《历九秋篇·董逃行》，十二章合计一首。《乐府古题要解》卷上，此诗十二章"亦题云《拟董逃行》"。

乃命妙伎才人，炳若日月星辰。

序金罍兮玉觞，宾主递起雁行，杯若飞电绝光。交觞接卮结裳，慷慨欢乐万方。

奏新诗兮夫君，烂然虎变龙文，浑如天地未分。齐讴楚舞纷纷，歌声上激青云。

穷八音兮异伦，奇声靡靡每新，微披素齿丹唇。逸响飞薄梁尘，精爽眇眇入神。

坐成醉兮沾欢，引樽促席临轩，进爵献寿翻翻。千秋要君一言，愿爱不移若山！

君恩爱兮不竭，譬若朝日夕月，此景万年不绝。长保初醮结发，何忧坐成胡越！

携弱手兮金环，上游飞阁云间，穆若鸳凤双鸾。还幸兰房自安，娱心极意难原。

乐既极兮多怀，盛时忽逝若颓，寒暑革御景回。春荣随风飘摧，盛物动心增哀。

妾受命兮孤虚，男儿堕地称珠，女弱虽存若无。骨肉至亲更疏，奉事他人托躯。

君如影兮随形，贱妾如水浮萍，明月不能常盈。谁能无根保荣，良时冉冉代征。

顾绣领兮含辉，皎日回光则微，朱华忽尔渐衰。影欲舍形高飞，谁言往思可追！

荠与麦兮夏零，兰桂践霜逾馨，禄命悬天难明。妾心结意丹青，何忧君心中倾！

这首诗分成十二章。前六章追溯“初醮结发”时欢乐的场面，杯觞交接，乐舞翩翩，从新婚妻子的感受角度，写出婚姻的美满幸福；后六章刻画眼前“盛时忽逝”后的凄凉情景，独守“兰房”，“朱华渐衰”，从“妾心”期盼的痴想中，写出良时难再的无可奈何。唐吴兢《乐府古诗解题》卷上，言此诗“具叙夫妇别离之思”；明胡应麟《诗薮·内编》卷一，指出此诗“复托夫妇”，“遂为六言绝唱”；张溥《傅鹑觚集·题辞》称道此诗“诚诗家六言之祖”。这些评论说明了此诗在思想内容和艺术形式上的独到之处。

这里，我们想补充说明的是，从用韵特点来看，《历九秋篇》必是曹魏时写成。此诗各章，句句押韵。其中第六章“月”韵、“薛”韵通用，第九章“虞”韵、“鱼”韵通用，第十一章“微”韵、“脂”韵通用，还有第五、七章“寒桓删”合韵、“山仙”合韵与“先”韵通用，都反映出曹魏时期用韵的特点，近于汉韵，别于晋宋韵。[①] 类似的情形，在前举《苦相篇》也有。如“云”字在“文”韵，其他押韵字均在“真谆”合韵部。汉魏诗人“文”韵与“真谆”合韵是通用的，而晋宋人是分用的。因此，通过考察用韵情形，大体可以帮助我们确定，前面三首乐府诗是傅玄于曹魏时期写成的作品，是年青时代所为。当然，这一结论还需参照其他方面的因素，例如诗作内容、风格以及傅玄本人地位变化等等，我们后面还将补充说明。

在反映妇女婚姻生活不幸方面，除了写忧愁之情和忍受

---

① 详参于安澜著《汉魏六朝韵谱》，河南人民出版社 1985 年版。该书《韵部分合表》指出：“魏时‘元’韵与‘寒桓删山仙’同用。至晋‘元’与‘魂痕’合并，而与‘寒桓删’同用处，仍甚多。”但傅诗尚与“山仙”合用，这是典型的魏韵承汉韵的表现。

别离之苦外，傅玄的乐府诗也表现她们反抗的性格或坚贞的爱情。例如：《短歌行》、《昔思君》二诗，通过今昔对比，控诉了男子的负心绝意，用的是质问口气；《朝时篇》、《青青河边草篇》[①]二诗，用的是独白口吻，通过景物烘托，既写了对良人久出不归、音信杳无的种种期盼情态，又写了对自身华发已生、良辰永乖的唯一愿望："甘心要同穴"，"要君黄泉下"。这些诗篇也是很感人的。

其次是写到了社会的乱离景象和战争的进行场面。《放歌行》曰：

> 灵龟有枯甲，神龙有腐鳞。人无千寿岁，存质空相因。朝露尚移景，促哉水上尘。丘冢如履綦，不识故与新。高树来悲风，松柏垂威神。旷野何萧条，顾望无生人。但见狐狸迹，虎豹自成群。孤雏攀树鸣，离鸟何缤纷。愁子多哀心，塞耳不忍闻。长啸泪雨下，太息气成云。[②]

此诗所写战乱造成的萧条凄凉景象，与建安诗人笔下反映的内容，十分相似。如曹操《蒿里行》中"白骨露于野，千里无鸡鸣"，王粲《七哀》诗中"出门无所见，白骨蔽平原"等历来为人称道的诗句，与傅玄此诗中"旷野何萧条，顾望无

① 陈沆《诗比兴笺》，将《青青河边草》与《短歌行》都当成"被议归里之时"的作品，解为"家居怀主之思"的旨意。这不免附会。

② 此《放歌行》用韵，亦为"真谆"合韵与"文"韵通用，是汉魏诗的特点。

生人”，都是真实表现汉末以来社会现实的佳句。曹魏政权建立后，仍然四处用兵，人口继续减少，汉末以来的动乱情形并无显著改善。傅玄此诗的现实意义是很强的。

再看《长歌行》：

利害同根源，赏下有甘钩。义门近横塘，兽口出通侯。抚剑安所趋，蛮方未顺流。蜀贼阻石城，吴寇冯龙舟。二军多壮士，闻贼如见仇。投身效知己，徒生心所羞。鹰隼厉爪翼，耻与燕雀游。成败在纵者，无令鸷鸟忧！

这首诗无疑是写曹魏时期西线、南线战事的。因为入晋前，“蜀贼”已灭，只有“吴寇”尚存；而且同时向吴、蜀用兵，征发“二军”讨击，这是魏明帝与齐王曹芳在位期间的事，嘉平以后魏军主要在淮南自相攻伐，对外用兵只是防御性质，没有力量同时派兵主动在两条战线上挑战。因此，这是傅玄的早期作品。诗中表现出魏军昂扬的气概，反映出傅玄对战事的关心，语多激励，情有所寄。

在傅玄现存诗作中，写社会环境和战争的题材，篇数不多，因而常常为论者忽略。然而，这是不能忽略的！

最后要说的是抒写个人情怀的作品。《白杨行》是其中最有代表性的一篇。其诗曰：

青云固非青，当云奈白云。骥从西北驰来，吾何忆！骥来对我悲鸣，举头气凌青云。当奈此骥正龙形，踠足蹉跎长坡下；蹇驴慷忾，敢与我争驰。踯蹋盐车之中，流汗两耳尽下垂。虽怀千里之逸志，当时一得施？白云飘飘，舍我高翔；青云徘徊，戢我愁啼。上眄增崖，下临清池，日月西移。既来归君，君不一顾。仰天太息，当用生为青云乎？飞时悲当奈何耶，青云飞乎！①

全诗写生不逢时、有志难施的悲愁愤慨之情。诗中以龙骥、蹇驴作对比，借用了贾谊赋《吊屈原》中的形象："腾驾罢牛骖蹇驴兮，骥垂两耳服盐车兮。"这种贤愚易位、清浊不分的用人之道，造成"气凌青云"的有志之士蹉跎太息，令诗人借题发挥，为文则成自伤之作。贾谊是这样，傅玄也是这样。傅玄于正始中很不得意，写诗明志，绝非泛泛之情，亦非无病呻吟。

与《白杨行》抒情有联系的诗作，还有《何当行》、《鸿雁生塞北行》、《墙上难为趋》与《云中白子高行》。《何当行》写结交要"相知""由中"，没有"管、鲍"之士，宁肯不求"外合"之貌。而《鸿雁生塞北行》，以曹操《却东西门行》诗首句为题，肯定是在司马氏执政以前的作品。诗中所写凤凰千岁来翔、龙龟非云雨不升、兰草万里扬芳，都有作者自喻的成分。《墙上难为趋》通过咏史，写前贤"屈伸各异势，穷达不同资"，表达自己"体中庸"，不违天道的志向。再看《云中白子高行》：

---

① 傅玄另一首题为《云歌》的诗曰："白云翩翩翔天庭，流景仿佛非君形。白云飘飘，舍我高翔；青云徘徊，为我愁肠。"人们一般理解成情诗看待。此诗与《白杨行》甚相似，当为抒写不得志的愁苦心情，用的是比兴手法。

陵阳子，来明意，欲作天与仙人游，超登元气攀日月。遂造天门将上谒，阊阖辟见紫微绛阙。紫宫崔嵬，高殿嵯峨，双阙万丈玉树罗。童女掣电策，童男挽雷车。云汉随天流，浩浩如江河。因王长公谒上皇，钧天乐作不可详。龙仙神仙，教我灵秘；八风子仪，与游我祥。我心何戚戚，思故乡；俯看故乡，二仪设张。乐哉二仪，日月运移。地东南倾，天西北驰。鹤五气所补，鳌四足所支，齐驾飞龙骖赤螭。消遥五岳间，东西驰。长与天地并，复何为，复何为！

这是一首游仙诗。上谒天门拜玉皇问神仙，俯看故乡心戚戚思悠悠，无奈中驾龙逍遥，难遣惆怅眷恋之情。这正是屈原《离骚》诗中表达的上下求索的意境。句式的参差变化，用韵的频繁转换，形象的瑰奇超绝，都使得全诗富有很强的感染力。在魏晋诗坛上，这样的作品弥足珍贵！

总之，以上这几首诗与傅玄的其他诗作的风格迥然不同。内容上以抒写自身不得志而苦闷的情思为主，形式上不拘一格，手法多样，语言奔放，富有浪漫主义色彩。如果不了解傅玄曾在曹魏正始年间遭受迫害的处境，而误将这些作品置于西晋开基以后去索解，很容易漠视其中真实的意蕴，认为只是拙劣的模拟，不加理睬。这是我们特别要强调的一点。明清两代诗论家称誉傅玄诗作时，最流行的看法是“善言儿女之情”，如明张溥《傅鹑觚集·题辞》就是如此概括的。清陈沆《诗比兴笺》里虽不完全赞同这一概括，但他又从拟古上立论，也没有说到要领上不说，还乱加猜测，使人无法接受。傅玄生性刚直，又关心政治，写出了《傅子》中占据重要位置的政论文，如果说他写诗只是“善言儿女”，成了另外一副面孔，那就很令人奇怪。这个问题留待后面单独讨论。这里，我们只想指出：傅玄确实写了不少以妇女为题材的诗作，这是事实，而且这些诗作显得有特色，这也是事实；但是，他同样写了表现现实、反映个人情志的诗作，其中的思想意义不容忽视，这更是事实。

（二）借古题咏古事、咏古意

魏晋以后，乐府诗“借古题咏古事”，带有咏史的性质，而“借古题咏古意”，却显示出拟古的面目。前者在概括历史故事的同时，寄寓了作者的思想感情；后者在拟写前人之作时，力求在风格、语言等形式技巧上达到乱真的程度。所以，虽然同是借用古题，但诗作的面目是不相同的，彼此的性质是不能以同一尺度衡量的。这一点我们务必要认识清楚。

傅玄乐府诗“借古题咏古事”的作品，有《惟汉行》、《秋胡行》二首、《秦女休行》等。其中，《秦女休行》写得最精彩，历来为人称道。诗曰：

庞氏有烈妇，义声驰雍凉。父母家有重怨，仇人暴且强。虽有男兄弟，志弱不能当。烈女念此痛，丹心为寸伤。外若无意者，内潜思无方。白日入都市，怨家如平常。匿剑藏白刃，一奋寻身僵。身首为之异处，伏尸列肆旁。肉与土合成泥，洒血溅飞

梁。猛气上干云霓，仇党失守为披攘。一市称烈
义，观者收泪并慨慷。百男何当益，不如一女良！
烈女直造县门，云父不幸遭祸殃；今仇身以分裂，
虽死情益扬；杀人当伏法，义不苟活隳旧章。县令
解印绶，令我伤心不忍听。刑部垂头塞耳，令我吏
举不能成。烈著希代之绩，义立无穷之名。夫家同
受其祚，子子孙孙咸享其荣。今我作歌咏高风，激
扬壮发悲且清！

关于这首诗，我们想说明以下几点。

第一，关于诗中本事。傅玄之前，汉末魏初诗人左延年有一首《秦女休行》诗[①]，叙述一名叫秦女休的少妇，为家族报仇杀人，行刑前“赦书下”而得免一死。这个故事与傅玄所咏，确有相似之处。因此有的学者认为，二诗所咏为同一故事，即皇甫谧《列女传·庞娥亲传》中反映的曾发生在汉末灵帝光和二年（179年）的一桩真实案件。[②] 但是，宋郭茂倩《乐府诗集》卷六一有此诗“解题”，认为傅诗“与古辞义同而事异”，即左诗、傅诗所咏不是一件事。多数学者都赞同这一看法。例如余冠英先生《乐府诗选》（人民文学出版社1955年版）、萧涤非《汉魏六朝乐府文学史》等论著，就是如

① 见逯钦立辑《先秦汉魏晋南北朝诗·魏诗》卷五所载。

② 胡适《白话文学史》新月本第84页讲：“这两篇似是同一件故事。”只是怀疑，不敢肯定。吴世昌先生《〈秦女休行〉本事探源》（《文学评论》1978年第5期）、《答俞绍初君的“质疑”》（《文学评论丛刊》第五辑，中国社会科学出版社1980年版）二文，则进一步肯定“二诗所咏其实是指同一故事”，并坚持这一看法。

此。近些年来，大家仍普遍认为，傅诗所咏与皇甫谧《庞娥亲传》（文见《三国志·庞淯传》裴注引）的记载有关，而左诗另有所据。[①] 我们赞同左诗、傅诗“义同而事异”之说。

第二，傅玄了解本事的途径。根据皇甫谧《庞娥亲传》文交代，庞娥亲复仇义举曾轰动一时，在汉末朝野广为流传；安定人梁宽曾写过传文，皇甫谧是在梁宽传文基础上加工而成并增入评论文字的。梁宽在《三国志·杨阜传》中有点滴记载，他于建安十七年（212 年）参加过讨马超的战事；皇甫谧《庞娥亲传》又交代梁宽后来入魏，官至黄门侍郎。至于皇甫谧所成《列女传》的时间，拙文《谈皇甫谧的〈列女传〉》[②] 认为是作者早期的作品，从现可辑得的 26 篇传文来看，大多反映汉末动乱的现实，最晚的作品是《夏侯文宁之女》（见《三国志·曹爽传》裴注引），接触到了高平陵事变，所以《列女传》在正始年间即皇甫谧 35 岁之前已大体完成。傅玄看到庞娥亲的事迹，或在东观修史时见到过官方记载，或看到过梁宽写的传文，或见到了皇甫谧的新传文，这都有可能，但不论哪种途径，正始年间他读到了这段记载。《秦女休行》写于正始中。

第三，《秦女休行》诗增出的内容。皇甫谧传文详细写了庞娥亲立志复仇的准备和行动过程，交代了杀死仇人李寿后

① 详参俞绍初《〈秦女休行本事探源〉质疑》（《文学评论丛刊》第 5 辑）、左溟《关于〈秦女休行〉讨论的一封信》（《文学评论丛刊》第 9 辑，1981 年）、赵开泉《“秦女休”释辨》（《甘肃师大学报》1981 年 1 期）、葛晓音《左延年〈秦女休行〉本事新探》（《苏州大学学报》1984 年第 4 期）诸文。

② 载《学林漫录》第 11 集，中华书局 1985 年 8 月版；又收入拙著《中国古代文学论集》，黄山书社 1992 年版。

“归罪有司”，使观者慷慨、县长解印、刑尉同情等细节。这些内容在傅玄诗中夹叙夹议，都有交代。但是，肉土成泥、血溅飞梁这一场面，却是傅玄诗中独有的，突出了这场生死搏斗的惊心动魄，显示了娥亲的“猛气”。傅玄评论道：“烈著希代之绩，义立无穷之名。”并抒发了自己的感受：“今我作歌咏高风，激扬壮发悲且清！”赞颂的倾向更为鲜明。

总之，《秦女休行》诗借古题咏古事，不仅仅是客观地复述，而重在“歌咏高风”，主观上是要为这种义烈壮举扬名的。汉末三国时代，私人复仇的事较为普遍。这与社会风尚重孝的道德观念有关。但是，已嫁女子为父兄报仇，而且她还有“男兄弟”，却能挺身而出，大义凛然，这就超出了“孝”的范畴，而是一种伸张正义的举措。傅玄对此给予高度赞扬。明清两代诗论家于此诗均有评骘。胡应麟言其“辞义高古”（《诗薮》），陆时雍称其“情生于文，文生于情”（《诗镜总论》），陈祚明许以“音节激扬，古质健劲”（《采菽堂古诗选》）。其实，这首诗的意义与价值，何止是“高古”、“健劲”而已！后面我们还会再谈到此诗不寻常的地位。

《惟汉行》这一题目是曹植先用的。傅玄借以写楚汉相争时的鸿门宴这一历史事件。诗中抓住刘邦性命危急时刻樊哙救主一节，重笔刻画渲染，点出“健儿实可慕，腐儒安足叹”的主旨。可以说，这是通过诗的艺术形式，形象地“评断得失”，反映他对“三史故事”的一点看法。这也是《傅子·举贤》篇援例以明之理：不拘一格，拔奇才于寒微，大业可成。

《秋胡行》二首，同写《西京杂记》里的秋胡戏妻故事，四言的一首（除首句“秋胡子”外）述评简洁，五言的一首铺叙稍多。这一乐府题，曹操、曹植父子写过，不及秋胡事，而是借以为题，抒写时事情志的。傅玄则开始使题目与古事相合。从此以后，历代诗人写秋胡本事的诗作比比皆是。傅玄称道的秋胡妻这位“节妇”“洁妇”，唐代起又被移入小说、戏剧中反复表现，历久不衰。

以上是借古题旧题写古事本事的诗作情形。接下来，再简单说说借古题写旧意的拟古诗作。这类作品有《艳歌行》、《西长安行》、《美女篇》、《有女篇》等。《艳歌行》（日出东南隅）几乎与汉乐府《陌上桑》全然雷同，增入的说理文字又破坏了原诗质朴浑然的本色。《西长安行》也大体与汉乐府《陌上桑》相似，给人以似曾相识的感觉。《美女篇》步了汉武帝时李延年歌辞的后尘，《有女篇》又与曹植《美女篇》的写法没有多大区别。上述这四首诗作不是成功之作。后代评论家对这类拟古之作，或褒以“借他酒樽，浇我块垒”（陈沆《诗比兴笺》语），或贬以“大是笑次”，“尤有可厌者”（王世贞《艺苑卮言》卷三语），都不够实事求是。正如王瑶先生揭示的那样，拟作别人的作品，“原来只是为了练习属文”，是“不成熟的习作而已”①。这些作品无疑是傅玄早期习作，而且曹魏时期拟古之风刚兴，还缺乏经验积累，没有明确的艺术准则，拟作就仿佛“临帖学书”（王瑶语）一样，尚在起步阶段。这与后来陆机拟古诗、江淹拟前人诗几近乱真的情形，还是有很大区别的，不能一概而论。

① 《拟古与作伪》，见《中古文学史论集》。

（三）自为乐府之作

唐吴兢《乐府古题要解》卷下指出，傅玄乐府诗《有女篇》、《秋兰篇》、《车遥遥篇》、《燕人美篇》，“并自为乐府，皆不见古词”。吴氏举到的这四篇，《有女篇》已在上面说过了，题虽为新题，而内容却是拟前人之作，不能算是真正意义上的“自为乐府”之作。其他三篇倒是被誉为“颇有风流媚趣”① 的佳作小诗。

1.《秋兰篇》

> 秋兰映玉池，池水清且芳。芙蓉随风发，中有双鸳鸯。双鱼自踊跃，两鸟时回翔。君其历九秋，与妾同衣裳。

宋郭茂倩《乐府诗集》卷六四“解题”讲，“秋兰”本出于屈原《离骚》诗中，傅玄此诗“言妇人之托君子”，“与楚辞同意”。这一解释渊源、诗意的意见，可供参考。其实，从诗中所写来看，似与前面提到过的《历九秋篇》更有关系。此诗运用比兴手法，突出的是夫妇间历久不渝的相爱之情。

2.《车遥遥篇》

> 车遥遥兮马洋洋，追思君兮不可忘。君安游兮

---

① ［清］牟愿相：《小澥堂杂论诗》。

西入秦，愿为影兮随君身；君在阴兮影不见，君依光兮妾所愿。

3.《燕人美篇》[①]

燕人美兮赵女佳，其室则迩兮限层崖。云为车兮风为马，玉在山兮兰在野。云无期兮风有止，思多端兮谁能理！

以上二诗也是情诗格调，句式上受楚辞的影响，表达上追求巧思，给人以新鲜的感觉。不过，我们以为，傅玄此类思君思美人的诗作或有他寄，很可能是以比兴手法写不得志的情绪。傅玄拟楚辞，在他的一些乐府诗里，能够看出迹象。他还有一篇乐府诗，题目就是《拟楚篇》（只见佚句），说明他曾有意为之的事实。另外，他的《拟（四愁诗）》也可参照。张衡的《四愁诗》，就是情诗格调，后人伪托之序讲，此诗是写“郁郁不得志”（见逯钦立辑《汉诗》卷六）之情的，似乎不能完全排除这种可能性。傅玄拟诗各章则明言“愍予不遘婴殷忧”、“罹百殃”、“心忧世”、“独蕴结”，则可肯定不是单纯写男女间缠绵之情的。而且，我们前面说到过，傅玄文学思想既“宗经”又“通变”，评论过诗骚之作，他深谙以君子美人为诗之道，因而他以情诗寄寓个人不遇的处境，似乎更为合理。

① 此题为《玉台新咏》、《艺文类聚》所出。《乐府诗集》卷八二又题《吴楚歌》。

傅玄“自为乐府”，还可从他的诗题看出一些迹象。一是借用前人成句为题。如《鸿雁生塞北行》，是用曹操《却东西门行》首句为题；《青青河边草》、《墙上难为趋》、《前有一樽酒行》、《云中白子高行》等，用古诗句为题。二是用首句开头词出题。如《苦相篇》、《明月篇》、《飞尘篇》等等，数量不少。上述诗篇，前面大都涉及过了，是从内容上着眼的，这里不再重复。

综上所述，傅玄乐府诗中叙事抒情作品，借古题（或自为诗题）叙时事，占的比重较大。从中不难看出建安文学对他产生的影响，曹操、曹植、繁钦、王粲、徐幹等人诗作的内容、风格，在傅玄作品里具有一脉相承的踪迹。同时，傅玄入晋之前，特别是他正始前后的经历、处境以及思想情感，在这些诗作里留下了明显的标识。他的拟古、咏史一类作品，更具有早期的特征。因此，我们认为，傅玄乐府诗中绝大多数作品是在曹魏时期写成的。

五、入晋以后的诗作

傅玄入晋时 48 岁，入晋后又活了 14 年。这 14 年中，他创作的主要精力用在了制作庙堂乐府诗上，这很清楚。但是，他当然还会写出其他一些诗作，这也应该是事实。精力的转移，地位的变化，势必对创作产生相应的影响，诗风的变化就是不可避免的。

(一) 乐府诗作

傅玄入晋后，官位一直很高，他受到司马氏的重用，也由衷拥护司马氏政权。其间他两遭免官处分，跟他性格刚直有关系，也跟朋党相争的情形有关系。这些内容在他现存乐府诗中都有所反映。

首先是颂扬之词。如《天行篇》曰：

天行一何健，日月无高纵。百川皆赴海，三辰回泰蒙。

又如《日升歌》曰：

东光升朝阳，羲和初揽辔，六龙并腾骧。逸景何晃晃，旭日照万方。皇德配天地，神明鉴幽荒。

无需多说，这类作品是对司马氏新政权礼赞的。

其次是歌舞娱乐场面。如《前有一樽酒行》：

置酒结此会，主人起行觞。玉樽两楹间，丝理东西厢。舞袖一何妙，变化穷万方。宾主齐德量，欣欣乐未央。同享千年寿，朋来会此堂。

又如《却东西门行》：

金□□□迟①，丝竹声大悲。和乐唯有舞，运体不失机。退似前龙婉，进如翔鸾飞。四目流神光，倾亚有余姿。

很清楚，二诗所写属于宫廷宴饮逸乐的情形。

再次是写个性的。如《何当行》：

同声自相应，同心自相知。外合不由中，虽固终必离。管鲍不世出，结交安可为！

又如《飞尘篇》：

飞尘秽清流，朝云蔽日光。秋兰岂不芬，鲍肆乱其芳。河决溃金堤，一手不能障。

这两首诗是对晋初奸佞之辈用事当途这一社会现象，表明自己绝不同流合污的政治态度的。与《鼙舞歌·明君篇》合读，不难认同。

最后，我们想谈谈关于乐府诗《龟鹤篇》的意见。这篇作品曾为刘宋诗人鲍照读过。其《松柏篇·序》称，《龟鹤篇》是傅玄病重时写下的“长逝词”，鲍照读后“恻然酸怀”，“拟之”而成《松柏篇》。因此，傅玄原诗可以从鲍照“拟”诗中略知：内容上是写由病重而想到生前死后之事，形式

① 逯钦立辑《先秦汉魏晋南北朝诗·晋诗》卷一，逯氏臆补三字为：樽诉行。

上是五言长篇。我们以为，傅玄乐府诗中今存《挽歌》零散段落，很像是《龟鹤篇》遗文。请看：

人生鲜能百，哀情数万端。不幸婴笃病，凶候形素颜。衣衾为谁施，束带就阖棺。欲悲泪已竭，欲辞不能言。存亡自远近，长夜何漫漫。寿堂闲且长，祖载归不还。(《北堂书钞》卷九二)

人生鲜能百，哀情数万婴。路柳夹灵輀，旐旐随风征。车轮结不转，百驷齐悲鸣。(《北堂书钞》卷九二)

灵坐飞尘起，魂衣正委移。芒芒丘墓间，松柏郁参差。明器无用时，桐车不可驰。平生坐玉殿，没归都幽宫。地下无刻漏，安知夏与冬。(《北堂书钞》卷九二)

另外，还有其他个别段落的歌诗，亦值得注意：

我家近官掖，易知复难忘。黄金为阁门，白玉为殿堂。(《太平御览》卷一八四)

黄叶离高柯，丹枣坐自零。不惜枣自零，念我少弟兄。(《太平御览》卷九六五)

以上这些段落，特别是《挽歌》所写，极可能就是傅玄第二次坐免职后病重时写下的“长逝词”。他的“哀情数万端”，自然是感念平生，意识到往日不可追，来日不可期，等待他的是长眠地下，遗恨无穷。这种志士临终之悲感染了鲍照，他在诗中写到死后的“沉寞”，想到“事业有余结”、“儿女皆孩婴”的牵挂，同样是“万恨”交结的凄苦无奈之情。傅诗与鲍诗间的相似相近的特征，使我们有理由相信今题《挽歌》诗佚句即《龟鹤篇》遗文，或者《挽歌》诗所写与《龟鹤篇》内容是基本一致的。不管属于哪种情形，似乎都可以帮助我们洞悉作者临死前的境况。

（二）其他诗作

乐府诗之外，傅玄其他诗作今存不多。其中最有名是一首五言《杂诗》：

> 志士惜日短，愁人知夜长。摄衣步前庭，仰观南雁翔。玄景随形运，流响归空房。清风何飘摇，微月出西方。繁星依青天，列宿自成行。蝉鸣高树间，野鸟号东厢。纤云时仿佛，渥露沾我裳。良时无停景，北斗忽低昂。常恐寒节至，凝气结为霜。落叶随风摧，一绝如流光。

此诗在《文选》卷二九有收。清人沈德潜《古诗源》亦入选，并加按语曰：“清俊是选体，故昭明独收此篇。”从诗面看，这是一首感物伤时之作，主要笔墨是写秋末自黄昏至深夜独自“摄衣步前庭”时周围的景物变化的。诗人既是

“志士”，又是“愁人”。愁什么呢？诗中只说“良时无停”，“寒节”将至，没有更多交代。从逯钦立所辑另两首《杂诗》来看，三首间似有相通之处。“安贫福所与，富贵为祸媒”；“居不附龙凤，常畏蛇与虫”。这似乎也反映出他因骂座罢官后闲居家中的心境，应属晚年之作。

傅玄入晋之初，情绪很饱满。《庭燎诗》、《众星诗》、《宴会诗》、《天行歌》（天时泰兮）等，都是歌咏新朝景象的作品；两首《答程晓诗》（一为四言，一为五言），赞颂晋武帝加元服。还有《宴诗》（鸾鸟晞凤凰）、《季冬诗》（季冬时惨烈）、《炎旱诗》（炎旱历三时）、《苦雨诗》（徂暑未一旬）等，选材不离四时节候，诗意不免单一浅薄。

总之，傅玄入晋后不可能写出好作品。以上讲到的这些作品，与入晋前他曾写下的那些刚健清新的乐府诗作，无论内容还是风格都截然有别。他晚年罢官而添病，孤寂中写下过自伤自恨的诗作，倒是动了真情的，可与他年青时期的作品一比，轩轾自见。像《苦相篇》、《秦女休行》等有价值的诗作，傅玄入晋后是写不出来的。这其中的道理极明了简单，用不着多说，细一想就能明白。所以，论成就，傅玄其实是曹魏作家。

六、傅玄文学成就的评价问题

傅玄平生写下的诗文作品，数量确实不少。后代人更多地注意并评论他的地方，主要围绕他的创作成就，焦点在乐府诗上。总的来讲，对他的评价不高，贬多而褒少，认为值得称道的作品寥寥无几。这与南朝评论家刘勰、钟嵘的意见有很大关系。因此，问题首先要由此入手，辨明原委，方好作结论。

（一）刘勰立论不涉及傅玄入晋前的作品

刘勰《文心雕龙》论及前代作家，将傅玄作为西晋文人看待。如《明诗》篇举及曹魏时期有成就的诗人，提到的是嵇康、阮籍与应璩三人，就没有傅玄在内。《乐府》篇曰：

> 逮乎晋世，则傅玄晓音，创定雅歌，以咏祖宗。

《时序》篇讲到晋代文人"人未尽才"，内中"应傅三张之徒"，包括傅玄。《才略》篇讲到晋代文人突出的成就，则曰：

> 傅玄篇章，义多规谏。

很清楚，刘勰肯定的是傅玄入晋后写出的大量庙堂乐府诗以及奏疏类文章。

刘勰这样概括傅玄的文学才能与成就，有没有道理呢？有的。刘勰写作《文心雕龙》在南齐末年。当时，傅玄"创定雅歌"的成绩是人们公认的，他的文才主要反映在这方面，这是事实。至于他入晋后直言上疏，"义多规谏"，又突出表现了他"刚劲亮直"的性格特点，这也极为难得。傅玄的地位是入晋后才变得显赫起来的，他的上疏和庙堂之作又赢得了声名，刘勰划代论创作，只讨论傅玄入晋以后的成绩，当然说得过去。

但是，后来人们讨论傅玄的文学成就，转而注意到他的其他乐府诗作，其实大多是入晋之前的早期作品。范围变了，作品不同了，可仍然沿袭着刘勰限定的结论，评价就不可能符合实际。比如，刘勰评晋代诗作，“晋世群才，稍入轻绮。……采缛于正始，力柔于建安”（《明诗》），这是总的特点。如果将傅玄作品中常常讨论的诗作也用这两句话概括，就很不准确：“稍入轻绮”可指傅玄入晋后的某些诗作；至于总的情形，“力柔于建安”还勉强说得过去，“采缛于正始”却无论如何说不通。因为傅玄诗作不加雕饰，质朴的特点不比建安之作逊色，是追步建安诗风的表现。

（二）钟嵘论诗不计杂言，不重乐府

刘勰之后，梁初钟嵘《诗品》三品论人，将傅玄列入下品，而且也认为他是晋代诗人。这有没有道理呢？按照钟嵘的标准，是有道理的；按照后人讨论的范围，是不能成立的。

钟嵘论诗，“止乎五言”，五言诗以外的诗体不作计较；提出“自然英旨”、“吟咏情性”的鉴赏标准，批评拘忌声律与拘挛用事。而且，钟嵘贵“直寻”，不但涉事不必出经史，使文不必取声律，而且言情也要以“风力”、“丹采”达到“感荡心灵”的效果才好。因此他称赞的诗人，其作品多是咏怀、咏史、咏仙等，从中能直接感受到诗人自己的“情性”。他举例不重乐府诗，也是不容否认的事实。清人许印芳指出，《诗品》是专论五言古诗的，“不宜阑入乐府”（《诗法萃编·〈诗品〉跋》）。大多数人不赞成他的这个看法。但是，这个看法是有一定道理的。《文心雕龙》出现在《诗品》之前，而刘勰论文体，诗与乐府是分开来说的。乐府诗主要是供入乐歌咏的，声韵当然大有讲究，其诗文的情意是次要的，不过是文人有所寄托而已。这就既违背钟嵘反对声律的主张，又不合他提出的“直寻”原则，所以他有意避开乐府诗，专就五言诗“众作之有滋味者”立论。三品定人，起码有不重乐府诗这个因素在其中。

然而，傅玄的主要成就在乐府诗创作上。他“吟咏情性”之作，无论是通过乐府诗寄托，还是用其他诗作直抒，“有滋味”的作品多不在五言诗，而在杂言诗。例如他最见“情性”的诗作是：长诗《白杨行》、《云中白子高行》，既是乐府，又是杂言；短诗《云歌》也是杂言不说，又“专用比兴”。即便乐府诗中寄托“情性”成功的作品，杂言的也居多。《秦女休行》、《历九秋篇》、《车遥遥篇》、《燕人美篇》都不是五言。从现存傅玄诗作来看，他的非乐府五言诗，入晋以后写过一些，但真正有“情性”的也就是《杂诗》三首而已。退一步讲，假定将傅玄五言诗连乐府诗也计入考虑，按钟嵘对上品诗人曹植的评价来衡量，“骨气奇高”还可将《挽歌》拿来压阵，而“词采华茂”就难以交代。傅玄的五言诗写得不如杂言，这一点前人已经点明。明胡应麟讲，傅玄“唯五言剿袭雷同，绝少天趣，声价不竞，职此之由”（《诗薮·内编》卷三）；清人沈德潜讲，傅玄诗“时带累句”，“大约长于乐府，而短于古诗”（《古诗源》卷七）。除了“剿袭雷同”一语不免以偏概全外，其他的话是切中肯綮的。

因此，钟嵘在《诗品》里将傅玄置于下品，按照他规定的范围、标准，是基本合乎实际的；所谓“繁富可嘉”，大概指的是傅玄入晋后曾写下数量较多而“性情”不足的诗作，这也没有说错。但是，如果不计五言与非五言的界限，不管乐府与非乐府诗的区别，从总体上审视傅玄的全部诗作，那么钟嵘的意见又是不能让人接受的。

(三) 继承建安风骨，拟古与创新并重

清末叶德辉偏爱傅玄的全部作品，在所辑《傅玄集·叙》里，有这么一段评论：

> 至其诗赋杂辞，皆以行气为主，即无两汉高格，终不入六朝纤靡之径。昔元遗山论诗，以刘越石不及见建安为恨。余则谓傅子与曹、刘同时，当亦可称鼎足。

这是把傅玄提前到建安时代，与曹植、刘桢的诗歌成就相提并论。叶氏之议颇有见地，但人们很少注意。

郑振铎《插图本中国文学史》上卷第十一章也为傅玄抱不平，指出：

> (傅) 玄诗，钟嵘列之下品，与张载同称，且还以为不及载，实为未允。玄诗传于今者，佳篇至多，至少是可以和陆机、张协、左思、潘岳诸大诗人分一席地的，何至连张载也赶不上呢！

这又把傅玄置后于太康诗人的行列，与当时众多作家相比较而言，认为傅玄不失为大家之一。

以上两种评价都不赞成钟嵘的意见。从这个意义上讲，我们是认同的。我们认为傅玄应归入正始作家的圈子里讨论，他的诗歌创作成就与嵇康相伯仲。以内容而论，反映社会现实，抒写个人情志，这是建安诗的特点，而太康诗不具有这一特点，故“风云气少”；表现妇女婚姻、爱情及其反抗精神，这在建安诗里不甚突出（曹丕写情诗较出色），而太康诗变成艳情，故“儿女情多”（《诗品》评张华语）。以形式而论，他的大多数作品质朴自然，不尚雕饰，体制多样，既有四言、五言，又有六言、七言、“半五六言”①、杂言、骚体等，有些诗的句式错落，隔句用韵，并遵汉魏旧韵。这些是在建安诗风影响下，继承与创新、拟古与探索两相结合而形成的，与太康诗风显然不同，与傅玄本人入晋以后的庙堂之作或其他篇什相比，也判然有别。文学史重点讨论的傅玄诗作，其实多是入晋以前的“清峻”之作，与正始诗人嵇康的作品十分接近。他二人的政治态度、理论观点不一致，嵇康不与司马氏合作，倾心老庄学说；傅玄拥护司马氏，热心于名教治天下的理论阐释。但是他俩在性格上，一个“傲”，一个“刚”；在创作上，都受到汉末建安以来时尚的熏陶，同有“清峻”的特点。而且傅玄开始创作的时间比嵇康要早，风格更接近前辈作家。张溥评论傅玄的代表作，就以为“《苦相篇》与《杂诗》二首，颇有（张衡）《四愁》、（繁钦）《定情》之风；《历九秋》诗，读者疑为汉古词，非（司马）相如、枚乘不能作”②，说明受到汉代及建安作家十分明显的影响。当然，嵇

① 宋严羽《沧浪诗话·诗体》注曰：“晋傅玄《鸿雁生塞北》之篇是也。”
② 《汉魏六朝百三家集题辞·傅鹑觚集》中语。

康“直性狭中，多所不堪”，臧否人物，抨击时政，更为激烈，处世为人也好，为文为诗也好，均放达不羁，比傅玄更具批判性，受到后世士人的敬仰，这是傅玄没能赢得的。

(四) 关于“善言儿女”

明人张溥在《傅鹑觚集·题辞》中讲：

> 休奕天性峻急，正色白简，台阁生风；独为诗篇，新温婉丽，善言儿女。强直之士怀情正深，赋好色者何必宋玉哉！

这种“天性”与“为诗”似乎不相吻合的现象，不仅张溥感到困惑，而且时至今日，人们对此也还是未释其疑的。张溥强为作解，认为“强直之士”傅玄还兼有“怀情”“好色”的另一面。这样理解傅玄乐府诗“善言儿女”的特色，恐怕很容易为大多数人接受。然而，张溥其实不明究竟，他的理解并不准确。

第一，汉乐府诗最大的艺术特色是叙事性，形式上杂言为主，五言为次，来源上主要以采集民歌入乐，保存了民歌原有的风韵。而民歌“感于哀乐，缘事而发”(《汉书·艺文志》)，反映的社会内容很丰富，其中表现妇女婚姻、爱情的题材，占有十分突出的地位。这在入乐后的乐府诗中依然比重不小。

第二，汉末文人五言诗最大的艺术特色是抒情性，表现的内容复杂，感伤的色彩最浓。其中游子思妇类诗作，抒情的成分最具艺术感染力。

第三，建安其后的魏乐府诗，其实是既不采诗，也很少入乐的，率为文人制作，以五言居多，且“借古题写时事”，改变了汉乐府“缘事而发”的传统。这一变化直接受到汉末文人诗风的影响，以抒情为主。即便是写到孤妾逐妇的不幸生活，其中也常常有自寓伤感的成分，例如曹植入魏后的一些作品就是如此。

傅玄的乐府诗创作，正是在上述背景下进行的。我们说，他的文学思想既有“宗经”的一面，又有“通变”的一面，这恰巧可以用来解释他的乐府诗的特点。叙事、抒情，兼有汉乐府与汉魏文人诗作的成分；杂言诗数量多，间有五言及六、七言等，这也呈现着一种兼容并蓄的状态；既有模拟之作，又有古题新意、自制乐府的作品，同样是传统与新变融汇的格调。至于“善言儿女”之作，也完全是时代创作倾向的影响所致。由于傅玄“解钟律”，他规摹汉乐府的努力更为自觉。张溥发现了傅玄这类作品有“汉古词”的遗韵，却没有从这一角度理解“善言儿女”的奥秘，可谓未达一间。

傅玄的《秦女休行》，作为一篇长篇叙事诗，在汉魏六朝乐府诗坛上占有重要地位。明人胡应麟《诗薮》称：“五言之赡，极于《焦仲卿妻》；杂言之赡，极于《木兰》。”他认为，出现于汉末建安年中的《孔雀东南飞》与后来北朝时的《木兰诗》，可谓前后辉映的“双璧”。这没有什么疑问。不过，如果不拘泥于“五言”、“杂言”之分，而从表现内容上来着眼，那么《秦女休行》亦可与之合而称为三杰。《孔雀东南飞》叙殉情，《秦女休行》叙复仇，《木兰诗》叙从军，都在反映“儿女”之情上有独特的地方。这三首诗都是根据民间传说，经过文人加工后的作品，篇末均附加劝诫评论之词。“庞娥亲”这位刚烈女子，反抗性格要比刘兰芝更鲜明；她在选择自己的行事方式时，不让须眉，表现得丝毫不比木兰逊色。在篇制上，《秦女休行》有230余字，虽与《孔雀东南飞》（1700余字）相比要短，却与《木兰诗》（300余字）相接近；五言为主，六、七、八、九言间而有之，这与《木兰诗》也近似。可以说，《秦女休行》上承《孔雀东南飞》表现女子反抗性的选材范围，又增添了“烈义”的新成分，下启《木兰诗》表现女子英雄气概的浪漫主义手法与夹叙夹议的特点。

傅玄“善言儿女”的乐府诗作中，对思妇、怨妇的情态与内心世界，作了深入细腻的刻画。其中寄托着作者深切的同情，是对现实社会问题严肃的反映。如果把这种选材及其表现内容误以为近乎南朝清商曲的格调，以为不过是热衷于摹写男女相悦或女性美之类，那是不符合实际的。傅玄《苦相篇》之所以给人留下深刻的印象，就在于它集中反映出男女不平等的社会环境中女子一生的凄苦命运，因此今天读来仍使人受震撼！显然，“善言儿女”之义未必就一定与作者刚直性格相冲突，倒是他这一性格的生动体现。所谓“善言儿女”，既可能得情之正，又可能伤于轻艳。男女相悦、夫妇思念，这正是文学作品中重情的表现，典雅的诗三百篇，诡奇的楚辞，缘事的民歌，入乐的乐府诗，都少不了这方面的内容。只要创作态度是严肃的，表现的内容是健康的，“善言儿女”并不错。而且，就傅玄乐府诗来讲，“善言儿女”是一方面，他还注意反映社会动乱、表现个人情志，写得也是较成功的。因此，傅玄乐府诗创作中“善言儿女”的倾向，与他的文学思想不矛盾，与他的性格也不冲突，与西晋时期出现的艳情之作毫无共同之处。在汉乐府、建安诗与西晋诗之间，傅玄的创作主要呈现着承前的状态，他的拟写之作虽不成功，但仍然可以显示其创作倾向的性质。如果从启后的角度立论，或者干脆置于西晋诗风下讨论，那么“善言儿女”很容易让人产生误解，轻则言其“怀情”“好色”，重则斥其轻艳浮靡，至于到底是不是真是那么回事，有时就顾不得认真计较了。

结 束 语

傅玄是魏晋之际的一位思想家、文学家。他的成就主要是在入晋以前取得的。

作为思想家，傅玄的主要建树是在政论和伦理道德方面。《傅子》一书多方面多角度地反映了他对历史和现实的思考，涉及的问题比较广泛。其中内篇集中于“经纶政体”，是一部政论著作，而不是哲学著作。它的理论体系，既本着荀子学说中援法入儒的精神，又吸收融合先秦其他诸子与汉魏思想家、政论家提出的积极主张，以儒为主，兼综各家，显示出“杂家”的特点。它的现实意义，是以君主专制为出发点，针对曹魏后期司马氏执政而不能顺利实现禅代篡立的政治斗争形势，提出并论证了一系列关于安邦治国的理论问题和现实问题，核心是为司马氏谋求“君人南面之术”的，具有直接为现实服务的功利意义。它的思想价值，在于围绕着君主如何统臣御民这个中心，主张为君要以德正身，息欲止欲，有为而治；为政要以礼教为本，举贤任能，安民利民。特别强调：重视法治，既不可任法，又不能释法；君主用人，应当重直臣识奸佞、验实效斥言饰。这些主张和观点体现出唯物主义的进步意义，同时也带有针砭时弊，并从政治上反对玄学思潮的倾向。入晋之初，傅玄上疏陈事，仍然坚持自己的看法。

傅玄对伦理道德的提倡，是不遗余力的。他不仅是位政论家，还是位伦理学家。伦理道德具有约束个人言行、处理好人际关系、规范个人与社会的关系等准则性质，它是民族的、历史的、阶级的乃至集团派别的概念，因而不同学派之间的对立分歧，又是社会变革、哲学思想发展变化的产物。傅玄的伦理道德观，吸收先秦儒、墨、法三家之长，继承秦汉之际荀子学派特别是《礼记》中的思想和两汉学者的某些观点，服务于他的政论主张。在道德原则上，他拥护等级制度，主张实行礼治、推行教化与重爵禄兴利的功利主义相结合；在人性论上，他提出“水性说”，认为善恶相因，人性是后天形成的，而且是可以转化的；在个人行为上，他坚持效果论，斥言饰虚伪，重实效事功，并强调要识别奸佞；在社会道德上，他力倡尊儒贵学，加强德治，不排除法治，赏罚并用，通儒达道；在修养方法上，他重视社会教化的力量与个人学习、实践相辅而行的作用，并指出君主要止欲息欲，以德正己，以信待臣，以兴利天下御民，才能“上下相奉，人怀义心”；在社会秩序上，他反复强调以礼教兴天下，形成“道化隆于上，清议行于下”的良好风气。以上这些内容，在《傅子》内篇里有集中反映，在有关礼制方面的议论文字以及铭赞类作品里也时有涉及。在魏晋之世，傅玄积极主张加强伦理道德的建设，意义是不同寻常的。除了为司马氏政权服务的性质外，他的这些主张还具有拯救被道家消极落后的伦理道德影响下的社会风尚的时代意义。也就是说，反对玄学思潮下排斥道德约束的“虚无放诞之论”，在傅玄思想里是明确的。

《傅子》中、外篇，是评论“三史得失”和撰写《魏书》底本的内容。从现存文字来看，其中有关对历史人物、事件、典籍以及制度方面的评价、辨证或者补充，史料意义与学术价值都非常珍贵。

作为文学家，傅玄的主要成就是在乐府诗的创作上，最有价值的部分是入晋以前写下的叙事抒情的诗作。他的文学思想，既有“宗经”守旧的一面，又有“通变”趋新的一面。在创作中，他特别重视以妇女婚姻、爱情生活为题材，反映她们的命运与情感，表现她们反抗斗争的性格；同时继承汉末建安以来的传统，反映社会现实，抒写个人情志，此类作品也占有一定比重。在表现形式上，他作了有益的尝试，杂言、骚体诗更有特色，短诗写得较成功。在风格上，清峻质朴，显示出汉魏本色。

不可否认的是，傅玄的理论与创作都存在着一些不足或缺憾。他在政治上坚定地站在司马氏一边，对司马氏篡政过程中的残暴手段与野蛮行径，缺乏清醒的认识，更没有加以揭露与抨击；在理论上过分强调感性认识的重要性，忽视理性认识的价值，特别是对玄学抱着一种强烈的抵触反感态度，无视其中闪烁的思辨光芒，看不到它在思想史上显示出的个性解放的进步意义，而是主张固守经学传统，提倡尊儒贵学，以抵制并扭转玄学思潮，从哲学意义上审视，其理论不免带有落后于时代的因素。在匡时救世的建议里，有的行不通，有的不可行。例如他要求君主清心寡欲，建议冗官务农亲耕等等，完全不切实际。另外，还有的是传统落后的东西，例如他热衷于恢复礼乐之制，一再宣扬夷夏之分（《贵教》篇与泰始五年上疏中第五事及此)，说明他受到正统礼治思想的影响与束缚。至于他的文学思想及其创作，“宗经”的指导思想限制了他的创作成就，拟古的倾向削弱了他的诗歌的思想意义和艺术价值；五言诗写得不够出色，语言上总的讲尚嫌质涩。

从傅玄的身世与经历来看，他入晋前后境遇、地位的变化，对他的思想产生了相应的影响。傅氏一族，自傅玄祖上起，就因郡境失土、寄治他乡，使得族人流寓失本，势单力孤。其祖傅燮于汉末有功不封，殉节兵乱；其父傅幹权变机敏，死得太早。傅玄出生不久，即成孤儿。他勤奋好学，孤贫中成才，以博学赢得时誉；入仕后遭受何晏等人的打击迫害，处于逆境。高平陵之变，给傅玄的政治前途带来希望；追随司马昭南北征战，坚定了他的政治立场；入晋后的高官厚禄与显要地位，大大影响了他作为思想家与文学家的成就。他在文学方面的成就主要在正始前后取得，他在政论方面的建树是在入晋之前、之初提出，这既是时世造就的，也深深地打上了傅玄个人的烙印，对他来讲，又是必然的。

因此，我们认为，傅玄在中国思想史上的意义，就在于说明：司马氏在篡取曹魏政权的斗争中，不但占据政治、军事上的优势，而且在思想领域也有代言人；不能以为整个士人集团中有思想的人物都站在这个政权的对立面，也不能以为玄学思潮流行的情况下，传统儒学就没有相当的市场。傅玄在中国文学史上的意义，在于提醒人们注意：魏晋之际文学创作演变的过程中，还有傅玄这样一位作家不应该受到忽略。

杨泉评传

第一章 杨泉的生平与著作

清乾隆三十八年（1773 年）敕编“武英殿聚珍版丛书”，其中收有唐马总《意林》。①《意林》卷五原有傅玄《傅子》、杨泉《物理论》的摘录段落。不知什么原因，“武英殿”《意林》编撰过程中，两种著作的摘录文字错落互见，即所谓的《傅子》文其实是《物理论》文，而《物理论》文中绝大部分是《傅子》文。乾隆四十五年（1780 年），《意林》收入《四库全书》时，错落现象依旧存在。

清末，叶德辉辑《傅子》，用的是私家所藏宋本《意林》，指出了“武英殿”本的错误，附录了《订讹》；严可均辑《全晋文》时，对《傅子》文于《意林》中的真伪取舍，多方比较，结论与叶氏一致。然而，此前孙星衍所辑杨泉《物理

① 《意林》前，原有戴叔伦、柳伯存二序，分别作于唐德宗贞元二年（786 年）、三年（787 年）。柳序称全书六卷，今所见者为五卷本。

论》，却未加辨识，径录“武英殿”本《意林》，因而造成《傅子》文大量混入《物理论》中的现象。

由于严可均《全晋文》有意不辑《物理论》文，而孙星衍所辑《物理论》又夹杂着不少《傅子》文，后来研究杨泉思想的学者又大多依据孙氏辑本，因而就将傅玄、杨泉二人合为“一家之学”，权称为“傅玄＝杨泉的思想”。[①] 萧萐父《略论杨泉》[②] 一文指出，这样合称“并不稳妥”，“二人的社会政治地位迥异，其著书立论的宗旨以及思想渊源、学术路线，均有所不同”。我们基本赞同萧萐父先生的这一看法。至于对傅玄、杨泉二人思想的同异比较，我们拟在讨论杨泉以后的《结束语》中再作结论。

一、杨泉生平考索

关于杨泉，我们知之无多。《三国志·吴书》、《晋书》里既无其传，又无其名，其生平事迹的线索，只有如下三处极简单的记载：

1.《北堂书钞》卷六三引《晋录》讲，杨泉为吴处士，入晋，“诏拜泉郎中”，会稽相朱则上书言：“杨泉［为政］清操［发于］自然，征聘终不移心。”（严可均《全三国文》卷七五“杨泉”介绍文字，《全晋文》卷八六朱则《上书言杨泉》

① 侯外庐等著《中国思想通史》第三卷，人民出版社 1957 年版，第 340 页。此外，上海人民出版社 1980 年版高等学校教材《中国哲学史稿》（孙叔平著），也将傅、杨合论。

② 《武汉大学学报》，1980 年第 4 期。

文，均据《书钞》，无“为政”、“发于”四字)。

2.《隋书·经籍志》“子部·儒家类”与“集部”载录杨泉著作，冠以“晋处士”、“晋征士”的称谓。

3.《意林》卷五，在《物理论》、《太元经》下，同注：“梁国杨泉，字德渊。”

根据这点资料，各种哲学史著作无法更详细地介绍杨泉的生平，推测他生活于吴亡（280年）前后，入晋以后仍居留会稽，不应征聘，从事著述。

我们以为，要讨论杨泉思想，就得尽可能探明他的身世、生平；他的《物理论》存文及赋文不能忽略，应该加以利用。下面，我们试作一番综合考索。

(一) 汉末梁国杨氏避地会稽

杨泉的郡望是梁国（今河南省商丘市南），西晋太康元年（280年）灭吴以前，他居于会稽。杨氏一族由梁国徙居会稽的时间、原因，与汉末黄巾起义、豫州（梁国在豫州境）兵乱有关。

《晋书·孔愉传》讲，孔愉（268—342）“其先世居梁国”，曾祖孔潜“汉末避地会稽，因家焉”，孔愉就称“会稽山阴人”。他的从子孔坦于东晋初“弃官归会稽”（本传)。据《世说新语·言语》篇记载，孔君平（名坦，字君平）曾造访“梁国杨氏”。按此篇排列顺序，孔坦访杨氏当在王敦反逆之前，即他归会稽期间。这说明“梁国杨氏”家族仍有人居于会稽。另外，《顾荣传》提到的杨彦明、《贺循传》提到的杨方，都是会稽人，估计也是“梁国杨氏”族人。

汉末灵帝中平年间（184—188 年），黄巾起义在豫州声势浩大，与梁国毗邻的陈国、汝南，以及北部兖州境内，讨击战事相连，必然波及到夹在其间的梁国。孔愉的曾祖、杨泉的先祖由梁国“避地会稽”，大概就在这期间。

（二）吴亡后，杨泉北徙洛下

据本传讲，孔愉于吴亡后，由会稽“迁于洛”，具体时间未明。不过，江南人士迁洛的时间，一般在太康之末。

《晋书·武帝纪》载，太康元年（280 年）平吴后，“其牧守已下皆因吴所置”，“吴之旧望，随才擢叙”。实际上，除吴主孙皓及其高层僚属被押送洛阳外，江南高门大族人士仍留在江南，多数人还归本郡，或闲居，或“随才擢叙”，一般仍在当地做官。例如，陆机返回吴郡旧里，“闭门勤学，积有十年”（本传）；贺循回到会稽郡，先后担任阳羡令、武康令。《武帝纪》讲“吴人大悦”，就是因为江南社会秩序没有因吴亡而骚动。

《晋书·陆喜传》曰：

> 太康中，下诏曰：“伪尚书陆喜等十五人，南士归称，并以贞洁不容皓朝，或忠而获罪，或退身修志，放在草野。主者可皆随本位就下拜除，敕所在以礼发遣，须到随才授用。”

这道诏书下达的时间估计在太康九年（288 年）。这一年，晋武帝下诏全国“举清能，拔寒素”（本纪）。陆机等南方人士于次年（289 年）到达洛阳，是第一批“以礼发遣”而至的南士。陆机入洛后，上疏晋武帝讲：“而荆州江南乃无一人为京城职者，诚非圣朝待四方之本心。”（《晋书·贺循传》）这引起了晋武帝的重视，随后征召南方人士到洛阳做官的举措付诸实施。贺循是陆机推荐后才入洛的，孔愉等估计也在这前后入洛。

前面讲到，会稽相朱则上书晋武帝，推荐本国处士杨泉。这也应在太康末年。朱则其人，于《晋书》无传无名，其事不详。他做会稽相，这是入晋后的职事，而且应在太康后期。因为：第一，吴亡前，会稽为郡不为国。《三国志·吴书》孙皓凤凰三年（274 年）、天玺元年（276 年），会稽郡太守分别为郭诞、车浚，说明不设国相。第二，吴亡前，晋朝封投奔而至的原吴宗室成员孙秀为会稽公，并开府，平吴后，“开府如故”（见《三国志·吴书·孙匡传》），首任国相为丁乂（见《晋书·贺循传》），而赵王司马伦于永宁元年（301 年）篡位前，会稽相为张景（见《晋书·贺循传》）。因此朱则为会稽相的时间，当在太康中后期至晋惠帝即位初。

现在的问题是，杨泉被征不就，是仍留在会稽国，还是北上入洛仍为“处士”？这两种可能性都存在。我们的看法是：杨泉于太康末、惠帝即位初，即公元 290 年左右，被征入洛，但未就其职，隐居著述。理由如下：

第一，杨泉经会稽相朱则推荐、晋室征拜郎中后，离开了会稽。他在《物理论》中讲“余昔在会稽”（《御览·地部》引）云云，用的是追述口气。

第二，杨泉入洛的证据，是他与吕子义（或吕义）的交往。他在《物理论》中写道：

吕义为太子率更令，严毅清高。(《北堂书钞·设官》)

吕子义，当世清贤士，常往友人处，嫌其设酒食，怀干糒而往。主人荣其降，乃盛为馔。义出怀中干糒，求一杯冷水，食之。(《御览·饮食》。《书钞》引至"怀干糒而往")

今有吕子义，清贤士，为率更令。有人就之宿，非其度数之内。子义燃烛，危坐通晓，目不转睛，膝不移处。(《御览·人事》)

吕子义是"当世清贤士"，又为"太子率更令"，他赴宴带干粮、为他人借宿而守夜的奇特行为，是杨泉到达京城以后耳闻目睹了的，不会是留在会稽据远道传闻而作的记载。吕子义其人，史书无名，估计应是晋惠帝继位后所立皇太子司马遹府中的"率更令"。杨泉与吕子义之间，应有交往。

第三，杨泉北上入洛的旁证，是他提及到黄河以及京城近畿弘农、河内的有关文字。《物理论》中，说到"河水黄赤"(《艺文类聚》卷八)，"弘农宜阳县金门山竹"、"河内葭莩"(《御览》卷四二)。这似乎也可以证明杨泉写《物理论》时，已离开会稽，居于洛阳或近畿的事实。

第四，杨泉《物理论》中有批评玄学"虚无之谈"和世风浮靡的言论，这是针对西晋元康年间(291—299年)的中朝玄学思潮而发的。如果他继续留在会稽或呆在江南异地，那么这样的议论出自于杨泉之口，就让人不能理解。

第五，杨泉的作品中，《请辞》、《蚕赋》、《织机赋》所反映的内容，跟当时京城洛阳的风尚、活动有关。《请辞》议论墓祭之礼，涉及到“京师三辅酋豪大姓”“连日厌饫”的习俗“迄于今日”的情形，《蚕赋》表现皇室后宫亲蚕的隆重仪式，《织机赋》写到“名匠骋工”、“织女扬翚”的繁忙场面。这些内容当然不可能是杨泉继续隐居会稽一地的想象之辞，即便是议及古礼旧制，也透露出现实的气息。比如，《请辞》是以“古不墓祭”立论的，可晋武帝是有过谒陵举动的，[①] 晋惠帝继位后，永平元年（291 年）正月下诏，重申先前司马懿“不得谒陵”（本纪）的遗令。帝室祭祀，以“宗庙为先”，谒陵“非礼甚焉”（《晋书·礼志上》），但是，“庶人无庙，故祭于寝”（《晋书·礼志上》），京师大族在惠帝诏文下达后，仍沿旧俗，铺张墓祭，既与古礼有悖，又于亡灵无益。杨泉此文正是有鉴于此，写作的时间在惠帝诏文下达之后。再如，《蚕赋》是有感于古人“独不赋蚕”[②] 而作，说的是仲春二月吉日“亲桑于北宫”之礼。这与西晋武帝太康六年（285 年）以后恢复施行的亲蚕时地不相吻合，[③] 但铺写亲桑场面绘声绘色，不

---

① 《晋书·礼志中》：“及宣帝，遗诏‘子弟群官皆不得谒陵’，于是景、文遵旨。至武帝，犹再谒崇阳陵，一谒峻平陵，然犹不敢谒高原陵。至惠帝复止也。”崇阳陵是司马昭墓，峻平陵是司马师墓，高原陵是司马懿墓。

② 语出梁元帝萧绎《金楼子·立言篇》。萧绎挖苦道：“是何言欤！楚兰陵荀况有《蚕赋》。近不见之，有文不如无述也。”先秦时荀子写过《蚕赋》（文今存）。杨泉此语不符合实际。

③ 《晋书·武帝纪》，太康九年（288 年）三月丁丑，“皇后亲桑于西郊”。《周礼》规定“蚕于北郊”。魏文帝黄初七年（266 年）正月，也是“蚕于北郊”的。晋武帝后期，亲桑于西郊的这一变化，可能与新建金墉城北至芒山下，宫城北郊不便设坛有关，但《晋书·礼志上》解释是为了“与藉田对其方也”，恐不全是。

像是述古，倒似在记叙眼前情景。还有，《织机赋》所写京城中百工忙碌、百官设张，制机织素的活动，也不是毫无亲身感受的向壁虚构之作。因此，这三篇作品大体上可以确定是杨泉入洛后写成的。

综上可知，杨泉于晋惠帝继位前后，即公元290年前后，被朝廷征召，离开会稽，北上至洛。他没有任职做官，仍为“处士”、“征士”，从事著述。这与皇甫谧这位“晋征士”的情形有点相似。杨泉《物理论》写成于入洛以后，他的有些作品也作于隐居洛下之时。

二、杨泉著作述略

(一) 著录情形

杨泉的著作，《隋书·经籍志》作了如实载录。“子部·儒家类”在夏侯湛“《新论》十卷”后附录曰：

> 梁有《杨子物理论》十六卷、《杨子太元经》十四卷，并晋征士杨泉撰。

“集部”载：

> 晋处士《杨泉集》二卷。录一卷。

这说明，唐初修《隋书》时，杨泉著作能够见到的，只有

《杨泉集》录存的一卷集，其他均为梁代著录的情形，当时有录无书。

后来，唐马总《意林》、《旧唐书·经籍志》、《新唐书·艺文志》，均著录原先卷数：《物理论》16卷，《太元经》（或《太玄经》[1]）14卷，《杨泉集》2卷。这反映的是唐代购募先代旧书后，到开元年间存书的情形。安禄山之乱后，实际存书已大半散失不存。新、旧《唐书·志》于此均有说明。杨泉的著作，得而复失。唐以后官、私书目不再著录。

（二）辑佚情形

唐以后，杨泉的著作已无完整的专集存世，他的文字只零星保存于唐代或唐以前的类书、典籍里。其中，唐马总《意林》里收录得较集中。但《意林》的宋刻本极难见到，清代乾隆年间重刻的“武英殿”本又将《物理论》文与《傅子》文互溷。后来学者依据“武英殿”本《意林》辑佚，错误遂难免。因此杨泉《物理论》至今无善本。严可均、叶德辉二人虽先后发现了其中存在的问题，但严可均有鉴于孙星衍已辑得《物理论》问世，故在他所辑《全上古三代秦汉六朝文》这部皇皇巨著中，有意不收杨泉《物理论》与《太元经》只字，以示不掠他人之美，而在《傅子·叙》里说明“武英殿”本《意林》的错误所在，实际上等于是纠正孙星

① 《新唐书·艺文志》“丙部子录·儒家类”作《太玄经》。新、旧《唐书》在《太元经》（或《太玄经》）下均出“刘缉注”。刘缉其人不详。

衍辑《物理论》不善的暗示；[①] 叶德辉手里有宋本《意林》，他只是利用它为《傅子》文的可靠性着想，在附录《订讹》卷指出"武英殿"本的失误，虽然在实际上也将《傅子》与《物理论》文区分开了，但《物理论》文单另辑出，却不关他的事，不可能顺便两全其美。

了解上述背景后，我们再看有关杨泉著作的几种版本。

1. 孙星衍辑《物理论》一卷

这是孙星衍于清嘉庆十年（1805 年）辑成刊印的。现在容易看到的版本，是民国二十八年（1939 年）商务印书馆排印的"丛书集成初编"本。原卷前有马瑞辰序文。从序文知，孙星衍之前，清人章宗源（字逢之）已辑得《物理论》初稿，孙氏是在章氏所辑基础上"重加校正，补所未备"而成。孙氏所辑《物理论》，为其"平津馆丛书"中之一种。辑录刊印时间早于严可均整理《傅子》时校订"武英殿"本《意林》的时间（1810—1815 年）。

孙星衍辑成《物理论》，应该说，还是有功绩的。这就是他最早将散见于各处的佚文汇总成集，引用典籍有 15 种之多，摘出 165 条佚文。可以说，凡前代摘引注录的文字，辑本大都尽量阑入，具有较重要的参考价值。但是，这个辑本存在着严重的缺陷。这就是孙氏对"武英殿"本《意林》过分依赖，甚至没有发现《傅子》文大量混入《物理论》中是怎么回事。按照马瑞辰序文解释，似乎是杨泉"博采秦汉

① 关于严可均不辑杨泉《物理论》一事，牵涉到严可均原先与孙星衍兄弟商议共成唐以前文的一段始末。可参阅钱钟书《管锥编》第三册第 853 页、854 页有关此事内幕的介绍评论。

诸子之说为之，而引《傅子》为尤多”。这当然是一种附会说法，其实也反映出孙星衍的观点。殊不知如此一来，这个辑本中有将近 80 条文字是《傅子》文，几占全部文字条目的一半；而《意林》“武英殿”本中《傅子》下 12 条文字其实正是《物理论》文，孙辑本大多漏收。因此，孙星衍辑《物理论》，只能供作参考，不能据以信从；特别是其中单独辑自《意林》的文字，只有 1 条（“语曰：上不正，下参差……”)可信，他条皆误。

今天，我们要利用孙氏《物理论》辑本时，必须格外小心，最好是参照叶德辉《傅子·订讹》或严可均《傅子·叙》以后，再作计较。

2. 王仁俊辑《物理论》并“补遗”

晚清王仁俊辑成《玉函山房辑佚书续编》。上海古籍出版社 1989 年 9 月据上海图书馆藏稿本影印出版。其中“子编·儒家类”收有杨泉《物理论》69 条，其后又附《物理论补遗》3 条，共计 72 条文字。王辑比孙辑所收见少，而且也将“武英殿”本《意林》中混入《物理论》中的部分《傅子》文（38 条），仍误以《物理论》文收入。这个稿本所辑，没有增出孙辑的新资料。

另外，孙星衍之后，王仁俊之前，还有一种《物理论》辑本，是黄奭所辑，清道光年间刊于“汉学堂丛书”中。民国年间又有修补后刊印的“黄氏逸书考”版本。黄辑本价值不大，不再细说。

3. 马国翰辑《太元经》一卷

清光绪九年（1883 年）刊印的马国翰《玉函山房辑佚书》卷六八“儒家类”，收入《太元经》一卷。佚文辑得 14

条。前7条即《意林》卷五中杨泉《太元经》6条文字，马氏将第6条分成两条而成；后7条是从《太平御览》中新辑入的。马氏在卷前称："考《太平御览》亦有引《太元经》而不见子云书中者，皆此书之佚文也，并辑为卷。"也就是说，《御览》只出《太元经》，未出作者杨泉，马氏以为这些文字在扬雄《太玄经》中不见，必是杨泉《太元经》之佚文。

4. 严可均辑赋辞7篇

严可均《全三国文》卷七五所辑杨泉作品是：《五湖赋》，《赞善赋》，《养性赋》，《蚕赋》，《织机赋》，《草书赋》，《请辞》。

遗憾的是，严可均鉴于孙星衍《物理论》辑本已刊行，而他二人在协作辑佚过程中分道扬镳，"不屑享人之成"，"《全三国文》卷三五于杨泉《物理论》不辑只字，不按片语，一反通例"①。严氏所为固然避嫌，却不免遗漏，亦有不尽负责之处。除《物理论》文不辑外，《太元经》佚文也一并不收，也是严辑不够完善的地方。

综上所述，杨泉《物理论》文，可据孙星衍辑本，并参考叶德辉《傅子·订讹》与严可均《傅子·叙》，混入的《傅子》文应加识别，漏辑的文字（即"武英殿"本《意林》中列入《傅子》下12条）应予增补；《太元经》文，可据马国翰辑本；文学作品，则见于严可均《全三国文》卷七五所辑。这就是我们考察的结论。

---

① 钱钟书《管锥编》第三册，第853页语。其中"卷三五"应为"卷七五"。

三、杨泉从事著述的背景

杨泉的思想，主要反映在《物理论》一书中。《物理论》只保存下不很多的佚文，有的只是片语只言，没有上下文的照应。仅凭这点有限的材料去准确把握他的思想，难度很大，不免要借助推测立论。不过，我们大体能从已知佚文中发现，他的《物理论》主要是推究天文、地理的著作，同时兼及自然、人事；《太元经》佚文以及现存赋文作品，稍可供参考。因此，我们接触他的思想之前，极有必要首先了解他著论立说的学术背景和时代背景。

（一）天体三说的基本内容

据《晋书·天文志上》记载，魏晋以前，关于天体构造、运行的学说有三家，即“盖天说”、“浑天说”、“宣夜说”。

“盖天说”出现得最早，相传是“周人志之”，在《周髀算经》里作了反映。其要点是：第一，“天似盖笠，地法覆槃”，“天员如张盖，地方如棋局”。这是天、地的基本形态。第二，“天地各中高外下”，“北极之下为天地之中，其地最高”。这是讲，天地都各有一个中心，参照物是北极星，大地是一个中间隆起的半球体。第三，“天旁转如推磨而左行，日月右行，随天左转，故日月实东行，而天牵之以西没”。这是讲，天体在转，日月在行，大地不动，天体“牵”着日月由东向西出没运行，恰似“蚁行磨石之上”，实际上改变了日月运行的方向。

“浑天说”出现于两汉。西汉武帝时，落下闳、鲜于妄人、耿寿昌等人考历度、造员仪而肇其端；东汉和帝时，贾逵继作，在员仪上加了黄道；东汉顺帝时，著名的天文学家张衡将浑天仪加以完善定形，以观天象，著成《浑天仪》一书。此说要点是：第一，“天如鸡子，地如鸡中黄，孤居于天内，天大而地小”，即天是实体的外壳，地是实体的内核，都是圆球状或椭圆状的形态；第二，“天表里有水，天地各乘气而立，载水而行”，即天地皆主要由水构成，其间有“气”支撑而立；第三，“天转如车毂之运”，周天“半覆地上，半绕地下”，白天、晚上等自然变化因而形成，地球是不动的。

“宣夜说”出现得最晚。据说原来有专门的著作，大概到东汉后期，郗萌根据先师相传的内容，作了记述。其要点是：第一，“天了无质”，“高远无极”，即天既不是盖，也不是壳，是一种“苍苍然”的状态，天体、天外都不存在水；第二，“日月众星，自然浮生虚空之中，其行其止皆须气焉”，即天上日月众星是“自然”而成的存在，其运动要靠“气”的作用；第三，“辰极常居其所，而北斗不与众星西没也”，这就是说，宇宙中北极星不动，大地也不动。

以上三说，共同认为大地（或地球）不动，天体（或日月众星）在运行。分歧点在于：天怎么运动，天有没有边界，天是由什么组成的，地又是怎样的形状，等等。汉魏晋天文学者围绕着这些问题，互相诘难，各自立论，其观点常有相互吸收的特点，很难说完全倾向于某一说，即便他们自称赞成某一说，意在批评另一说的时候，其中也并不纯然一说。例如，汉末学者蔡邕认为，“宣夜之学，绝无师法”，“盖天说”“考验天状，多所违失”，似乎“惟浑天近得其情”，他本人不能完全肯定。在他以后，三国两晋学者不乏“好奇徇异之说”，“至于浑天理妙，学者多疑”（《晋书·天文志上》），探讨中各家之说交叉而用，这是“谈天者”的共同特点。杨泉“谈天”，也应作如是观。

（二）吴亡前后江南学者“谈天”的情形

三国时，“谈天者”中以江南学者为盛。入晋后，仍是如此。而江南学者中，又以会稽、吴郡二地人居多。这是很值得注意的现象。

据《后汉书·律历志中》注引《袁山松书》讲，东汉灵帝时，与蔡邕同在东观“考验天官”的刘洪，著成《乾象术》，是位“浑天说”学者。他后来做了会稽东部都尉，“征还，未至，领山阳太守，卒官”，似乎未到山阳郡（今山东省金乡县西），就死在江南了。他的《乾象历》为吴中常侍王蕃（228—266）所传，并“依其法而制浑仪”（《晋书·天文志上》）。王蕃是庐江人，他制浑天仪之前，吴郡陆绩（188—219）“作《浑天图》，注《易》释《玄》，皆传于世”（《三国志·吴书》本传）。至于会稽郡，更是人才荟萃之邦。《三国志·吴书·虞翻传》注引《会稽典录》讲，汉末王朗任太守[①]时，询问会稽名士，功曹虞翻一口气举出众多的当地俊异，使大学者王朗感叹“地势然矣”，“是既然矣”。虞翻著成《易

① 《三国志》本传注引《朗家传》，王朗为会稽太守，“居郡四年”，他离郡在建安元年（196 年）孙策夺取会稽之时。即公元 193—196 年，王朗在会稽。又据王朗给许靖书信称，他的儿子、后来的学者王肃就出生在会稽。

注》，寄送孔融，孔融看过后，答书称“观象云物”，“可谓探颐穷通者也”。

《晋书·天文志上》特别介绍到的两晋时期天文学者姚信、虞耸、葛洪、虞喜诸人，都是江南人士。其中姚信、虞耸与杨泉差不多是同时代人。姚信是吴郡陆逊的外甥，他于东吴孙皓在位时位至太常，写过《昕天论》，以人体比拟天体，认为“天之体南低入地，北则偏高”，故有昼夜长短、寒热不同的差异，基本上是“浑天说”。虞耸是虞翻之子，吴亡后入晋，做过河间相，他的《穹天论》与杨泉《物理论》写作时间相近，立论以为：“天形穹隆如鸡子，幕其际，周接四海之表，浮于元气之上。……日绕辰极，没西而还东，不出入地中。天之有极，犹盖之有斗也。……斗极之下不为地中，当对天地卯酉之位耳。”这却是“盖天说”，不过借用了“浑天说”的半个“鸡子”和“宣夜说”的“元气”存在的内容而已。杨泉“谈天”，应与姚信、虞耸之说相参照。

（三）扬雄、王充学说的影响

清人马瑞辰讲，杨泉《太元经》是仿扬雄《太玄经》而成的。当今学者多以为，杨泉关于“元气”的理论，受到王充的影响。这都是有一定道理的。我们想就此作点补充说明。

杨泉对扬雄的著作是很熟悉的。《物理论》中有这样一段话：

> 扬雄非“浑天”而作“盖天”，圆其盖左转，日月星辰随而东西。桓谭难之，雄不解。此“盖天”者

复难知也。

扬雄原来是主张“盖天说”的，受到桓谭责难后，开始“不解”，以后依从桓谭的“浑天说”。扬雄其后写出《难盖天八事》（《全汉文》卷五三），在《法言》里也承认，“浑天”“莫之能违也”。扬雄的哲学思想，主要反映在他仿《周易》而作的《太玄经》中。“玄”就是天，就是道，是支配阴阳的“神”，指导思想是形而上学的；但在解释“自然”时，又具有唯物主义倾向。比如，他讲“道法自然”，承认事物的因革损益、转化依存的关系，在认识论上尊重事物的本来性质，又是可取的。《太玄经》是扬雄精心撰写的著作，他对自己的这部著作极为重视，也极为自负。他以当代孟子自居，著《太玄经》有代替《周易》地位的用心，意在构造一个新的世界图式。但是，扬雄在世或死后，《太玄经》遭到世人的冷遇，“终不显”（《汉书》本传语）。桓谭、王充、张衡三位思想家倒是交口称誉，不过推重的是扬雄的勇气，即敢于和圣人平起平坐的“卓绝”“卓尔”的气度和标立“天道”新说的创见。这对他们是很有启发的。扬雄生前就知道他的《太玄经》“太深，众人之不好”，不过他坚信“俟知音之在后也”（《解难》）。桓谭也认为“《玄经》数百年其书必传”（《新论》）。果然，汉末三国之际，南方学者注意到这部著作，为它作注，讲读传授。其中有荆州学者宋衷及其再传弟子王肃，还有陆绩、虞翻、陆凯等为之作注，《隋书·经籍志》有著录。杨泉新撰《太元经》，肯定是受到这一学术空气的感染。用天体学说解释宇宙万物，建立标新立异的学说，既是扬雄的本意，也是杨泉的用心。《太元经》不是完全照搬扬雄《太玄经》的产物，这从《物理论》中可以得到证实。

关于王充这位东汉唯物主义大学者，对天体的认识，是据“盖天说”驳“浑天说”的，这在《晋书·天文志上》有反映，说明两晋时期他的观点有广泛的影响，所以葛洪才要专门批驳。王充认为，“日随天而转，非入地”，“日西转不复见”，是因人目所望有限使然，恰如十里之外的火把看不到一样，“非灭也，远使然耳”。但是，王充的哲学思想的核心却是“元气自然论”。“元气”构成天地间的一切存在，“自然”决定了一切存在的客观性、必然性和自发性。这一唯物主义的论点，主要体现出反神学的战斗精神，所谓天神、鬼魂等长期束缚人们思想意识的迷信观念，被他从自然界和历史根子上统统驱逐而去。当然，他的宇宙观、认识论也存在着固有的弱点与不足，这也是不容否认的事实。杨泉《物理论》中大论天地，处处“元气”，涉及的领域和讨论的问题，几乎与王充相一不二，他继承了什么，提出了什么，这是值得探讨的内容。

（四）西晋中朝玄学的“贵无”世风

两汉之际，神学谶纬对政治与整个社会生活都有影响。扬雄、桓谭、王充、张衡等各创新说，显示出反潮流的理论勇气。杨泉入洛后，中朝玄学“贵无”论在王衍、乐广等名流的倡导下，“朝野之人争慕效之”，清谈高远，“宅心事外”（《通鉴》卷八二语），“妙善玄言”，“矜高浮诞，遂成风俗焉”（《晋书·王衍传》）。干宝《晋纪总论》对这期间玄学虚诞之风直接影响政务，造成严重的社会失控现象，有十分深刻的揭露。这是人们很熟悉的。杨泉写《物理论》，著《太元经》，探讨天文、地理，涉及人事、政治，也具有鲜明的针对性。他不仅仅从扬雄、王充等先驱者的学说中受到启发，也从他们反传统的唯物主义立场上得到鼓舞。因此，理解杨泉思想的真谛，不能把他仍看成是会稽一地的"处士"，而要把他当成入洛后置身其中又超然不仕的"征士"。我们上面讨论杨泉身世，证明他入洛，因而相应地扩大了学术视野，出现著论立说的契机，这关系很重大。

总之，以上讲到的这几方面的内容，是我们讨论杨泉思想的参照背景，应该时时顾及到。

第二章　杨泉的思想

杨泉的《物理论》是一部重要的理论著作。在这部著作中，他表述了自己独特的天体学说，并由此构建了唯物主义的哲学思想体系；在观察、解释天地万物、自然现象和人类社会生活方面，发表了极有价值的见解。

在《物理论》中，杨泉写道：

> 儒家立浑天，以追天形，从车轮焉；《周髀》立盖天，言天气循边而行，从磨石焉。斗极，天之中也。言天者必拟之人。故自脐以下，人之阴也；自极以北，天之阴也。所以立天地者，水也；成天地者，气也。水土之气升而为天。天者，君也。夫地有形而天无体。譬如灰焉，烟在上，灰在下也。浑天说天，言天如车轮，而日月旦从上过，夜从下过，故得出卯入酉。或以斗极难之，故作盖天，言天左

> 转，日月不行[①]，皆缘边为道。就浑天之说，则斗极不正；若用盖天，则日月出入不定。夫天，元气也，皓然而已，无他物焉。

这段话概括反映出他的思想的总体框架，其中包含对天体的认识和对宇宙生成的基本看法。我们先来看他的天体学说。

一、天体学说新义

天体是如何运行的呢？杨泉认为，“就浑天之说，则斗极不正；若用盖天，则日月出入不定”，对“浑天说”与“盖天说”作了批评，似乎赞同“宣夜说”。他没有评论“宣夜说”，很容易使我们相信他大概是“宣夜说”的拥护者。但是，仔细分析，情形不完全是如此。

（一）“地有形而天无体”

所谓“地有形”，“盖天说”描述成“中高外下”的半球体，“浑天说”解释为“如鸡中黄”的“孤居”球体，“宣夜说”只讲天在上、地在下，重点讨论天，没有深入说清“地”是什么形状。杨泉对“地”作了新的解说。如：

① 按：“盖天说”讲“日月右行”。此处“日月不行”，“不”当是“右”之误。

> （地）形西北高而东南下，东西长，南北短，其尽四海者也。

> 夫土地皆有形名，而人莫察焉。有龟龙体，有麟凤形貌，有弓弩势，有斗石象，有张舒形，有塞闭容，有隐真之安，有累卵之危，有膏英之利，有埆埆之害。此十形者，气势之始终，阴阳之所极也。

> 九州之外皆水也。

杨泉所说的“地”、“土地”，就是神州大地，即中央王朝统辖的“九州”。“九州之外皆水”，大地之表是由“九州”之土和环绕“九州”的水共同组成的。“九州”之地，既不是球体，也不是半球体，而是随处有异、“皆有形名”的不规则状态，总的走势是“西北高而东南下”，基本格局是“东西长，南北短”。这一认识以往有人谈过，但不是从天体学的角度阐述的。[①] 讨论天体，必须先弄明白地体。杨泉对大地的描述，有合理的成分，质之局部，能够成立；但有明显的缺陷，置于总体，不能成立，既不如“浑天说”那样具有科学性，也不如“盖天说”那样有一定的合理性，其实是“宣夜说”理解的情形。

---

① 例如《山海经》、《淮南子》所记共工与颛顼争帝的神话传说，提到“天倾西北”、“地不满东南”云云。虽然《淮南子·天文训》论及天地日月以及阴阳之精，是天体学的早期著作，但对大地的描述仍取诸传说。

但是，“九州之外皆水”却是一个重要命题。这个命题，是杨泉、虞耸二人同时或错前错后提出的。虞耸在《穹天论》里认为，天幕“周接四海之表”，实际上也说出了水环绕陆地的存在形态。杨泉的表述更明确、更具体。杨泉、虞耸虽然不了解“九州”之外还有其他陆地的存在、水陆相连构成地球这样的事实，但是从地表意义上作出这样的推测，却有合理的成分。今天我们生存的地球，几大洲陆地被海洋环绕。所谓“九州之外皆水”，部分反映出这一科学认识。水的存在问题是“浑天说”引起“学者多疑”的一个原因。因为“浑天说”认为，天外有水，地下也有水，“天出入水中”，“日出入地中”，尽管用浑天仪测量天体，星见星没，合符如神，但是自王充起，始终提出水来质疑，总是令人不能完全信服。因此，杨泉、虞耸发表了各自的看法，认同的是“盖天说”、“宣夜说”关于天上、地下的结论，采纳的是“宣夜说”的地表意见。

所谓“天无体”，则显然是“宣夜说”的认识。“盖天说”、“浑天说”都限定了天体的界限，或为“盖”或有“表”，不论夸张到离地面如何遥远的距离，总归是有边缘有形状的。“宣夜说”提出天体“无质”“无极”的假设，认为宇宙无限。这是很了不起的学说。杨泉赞成“宣夜说”，但没有停留在“宣夜说”的基础上，而是有更新的发明，这就是“元气”的引入。按照“宣夜说”，天空中有“气”，这种“气”能让日月星辰或行或止，发生运动，但日月星辰却是“自然浮生”的存在，它们与“气”的关系仅仅体现在行止状态上，不发生内在联系。“气”不是“元气”，这两个概念还不是一回事。杨泉关于“元气”的认识，后面我们还要专门讨论，此处不再详论。

这里，我们要说明的是：根据杨泉“地有形而天无体”的结论，仍然不能对水的存在作出圆满的解释。九州之外水的延伸，到底是无限的还是有限的，杨泉并没有说。他对“地”是这样认识的：

地者，底也，底之言著也，阴体下著也。

“地”在下，“地”由不规则的“九州”及其外的“水”形成。这与其后虞喜的说法相近。虞喜“因宣夜之说作《安天论》”，称“天高穷于无穷，地深测于不测”，突出的是上下垂直意义上天地的存在特点，而对地表周边的极限没有交代，或有意回避了。有的论著认为，杨泉的天体说是“浑天说”，或综合了“浑天”、“宣夜”二说的成果，[①] 这是不正确的。因为杨泉对宇宙看法的局限性，恰恰反映在他没有采纳“浑天说”对地体的科学论断上。如果他将这一论断也引入“地有形”的认识中，那么他将建立一种惊人绝伦的全新学说。试想，“天无体”，“地有形”而为“鸡中黄”式的球体，再加上“九州之外皆水”，合在一起，不就是我们今天认识到的宇宙存在的形式吗？可惜不是这样，也不可能是这样。在当时的历史

① 侯外庐等著《中国思想史》第三卷（人民出版社 1957 年版）、侯外庐主编《中国哲学简史》上册（中国青年出版社 1963 年版），在正文或前言中明言，杨泉借用了“浑天说”的理论。萧萐父《略论杨泉》（《武汉大学学报》1980 年第 4 期）一文提出，杨泉“综合了‘浑天’、‘宣夜’两派学说的积极成果”；不过，后来他在主编的《中国哲学史》里不再提“浑天说”，只说杨泉主张“宣夜说”，“综合了宣夜说的积极成果”，论点有所变化。

条件下，赞成或倾向“宣夜说”的天文学家，绝对不会兼收“浑天说”的理论，却有可能采取“盖天说”对地体的立场。下面我们就会发现，杨泉是综合了“宣夜说”与“盖天说”两家理论的。

（二）天体的运转特点

“宣夜说”将“气”的概念引入天体，赋予“气”推动日月星辰“或行或止”的决定作用，这是“浑天说”、“盖天说”没有言及的新思路。但是，“宣夜说”又认为，天体运行“无所根系”，除“辰极常居其所”外，其他日月众星“伏见无常”，“迟疾任情”（《晋书·天文志上》），没有什么规律可言，这是它不如“盖天说”、“浑天说”具有说服力的地方。

杨泉接受了“宣夜说”关于天体“无极”的理论，部分接受了“宣夜说”关于天地之间存在“气”的观点，将“气”改换成“元气”，增加了新的内涵；同时扬弃了“宣夜说”对天体运行的理论，吸收了“盖天说”合理的成分，建立了自己的新学说。他在《太元经》中说：

> 天气左转，星辰右行；阴阳运度，报返相迎。

“盖天说”认为，天体自行左转过程中释放出“阳气”和“阴气”，“气”对天体不发生反作用。杨泉这里用了“天气”的概念。“天气”不是天体，它分阴阳，这与“盖天说”有联系；“阴阳运度”，对天体产生作用，这又有“宣夜说”的意思。扬雄当初主张“盖天说”时，被桓谭一“难之”，就“不解”了。

“不解”的原因是“复难知”杨泉如今发现的“天气”理论，并不见得其说就根本不可取。在《物理论》中，杨泉是这样说的：

> 天者，旋也，均也[1]。积阳为刚，其体回旋，群生之所大仰。

> 北极，天之中，阳气之北极也。极南为太阳，极北为太阴。太阴则无光，太阳则能照，故为昏明寒暑之极也。

> 斗极所以成寒暑。

> 日者，太阳之精也。夏则阳盛阴衰，故昼长夜短；冬则阴盛阳衰，故昼短夜长。气之引也，行阴阳之道长，故出入卯酉之北；行阴阳之道短，故出入卯酉之南。春秋阴阳等，故日行中平，昼夜等也。

天体以北极为中，在阴阳二气的作用下，有规律地旋转，形成昼夜变化，出现春夏秋冬。很显然，这是用“盖天说”完善“宣夜说”，以“宣夜说”解释“盖天说”的一种新观点。不错，杨泉既批评了“浑天说”造成“斗极不正”之失，也批评了“盖天说”导致“日月出入不定”的弊端。但是，“斗极

① “均”即“钧”也，旋转之意。《淮南子·原道》：“钧旋毂转。”“钧”指转轮，用为动词，则成旋转之意。

不正”决不能含糊，必须确定它是“天之中”的位置；“日月出入不定”则可以通过确定斗极位置，从而解释“不定”的变化原因。因而相比较而言，“浑天说”干脆不可取，“盖天说”倒有改造以后成立的可能性。杨泉将“宣夜说”中“气之引”作为前提条件，然后对“阴阳之道”以斗极为中的运转轨道作了新的调整，说明它变化的情形。这其中受到姚信、虞耸两位南方学者新说的影响。姚信主“浑天”，以人体比拟天体，解释天运南北、昼夜变化、天气寒热；虞耸主“盖天”，坚持“日绕辰极”之说，又以斗极与地面形成的倾斜角度立论。杨泉从姚信、虞耸二说中都受到有益的启示。不过，天之北南不是像人体脐之上下一样，为高低之别，而成阴阳之分；斗极为中的日行轨迹也不是一种固定角度，而是随时变动的。经过这样一番改造以后，“盖天说”关于天体运转的理论才能成立。我们不妨这样概括杨泉的思路：天体运行不是车轮式地绕“地”而转，也不是磨盘式地在“地”上而旋，而是如杂技表演中的绳圈那样，有中心，但角度可以不时变化。

综上所述，杨泉认为“地有形而天无体”，近乎“宣夜说”；天地运转的特点，类似“盖天说”。无论归于“宣夜说”或“盖天说”，都没有全面反映出他的学说面貌；即便用“宣夜说”与“盖天说”相结合去解释，也不很准确。因为他的学说中还有“元气”这一最富创见的概念，是与三说中任何一说都有本质上的差异的。“元气”需要专门讨论。

二、元气生成论

承认“气”或“元气”存在于天地之间，这是天体三家学说共同的认识。“浑天说”认为，“天地各乘气而立”；“盖天说”将“气”分为阴阳，东汉王充又将“气”称作“元气”，所谓“万物之生，皆禀元气”（《论衡·言毒篇》），肯定“元气”是构成天地万物的基元；“宣夜说”认为，“气”不仅存在，而且能运度日月众星。三家的分歧点在于对“气”或“元气”的作用认识不同。

杨泉关于“元气”的论述，综合了三家学说，吸收了王充“元气自然论”的积极成分，通过深入思考，改换了新的视角，运用“元气”这一物质性概念，沟通了天地万物之间的内在联系，并作出了力所能及的解释或演绎，因而不仅显示出唯物主义的光彩，而且还具有朴素辩证法的特点。

（一）“立天地者，水也”

杨泉首先追寻的是，“气”是怎样产生的？他说：

> 所以立天地者，水也。夫水，地之本也。吐元气，发日月，经星辰，皆由水而兴。

> 地者，天之根本也。

地上有土有水，地体有“九州”之土和“九州之外”之水。

“土”不是因“气”而成，是由“水”直接产生出来的：“地发黄泉，周伏回转，以生万物。”所以说“水，地之本也”，水是原始存在。水与由水生发出的“地”都能释放出“气”，“水土之气升而为天”，天空中皓然充斥的“元气”，是从地体“吐”出“升”上去形成的，所以说，地是天之本。地由水生，天因地之“水土之气”而成，归根到底，水是天地之本，“皆由水而兴”。换一种形式讲，先有水后有土（或“地”）再有“气”（或“元气”），先有地后有天再成日月星辰。“立天地者，水也”这一命题的提出，其内在逻辑关系就是如此确定下来的。从“气”或“元气”的本原上考察，水是原本，土是末本。水与土共同构成“地”，然后同时“吐元气”，形成天。“元气”是天地间除水土而外其他形成物的原质。

（二）“成天地者，气也”

先说“成地”的情形。前提是，水与土先于“气”已经存在了。接着才会出现：

> 土精为石。石，气之核也。气之生石，犹人之精络之生爪牙也。

> 游浊为土，土气合和，而庶物自生。

“石”是由“土精”变成的，变的原因在“气”；“气之生石”，“土精”转化成“气之核”的“石”。至于“游浊为土”，不是指“气”本身，而是指在“气”的作用下，其他浮游物又能转化为“土”。这样，“土气合和，而庶物自生”。“庶物”包括各种有机物和无机物，它们“自生”要在“土气合和”后而生，“气”发生了作用。

不仅“庶物”因“气”而生，而且自然现象也是由于“气”的运动形成的。杨泉说：

> 阳盈而过，故致旱。

> 炎气郁蒸，地之张也；秋风荡生，地之闭也。

> 热气散而为电。

> 风者，阴阳乱气激发而起者也。……方土异气，疾徐不同。和平则顺，违逆则凶。非有使之者也，气积自然。怒则飞沙扬砾，发屋拔树；喜则不摇枝动草，顺物布气。天下之性，自然之理也。

> 积风成雷。

以上是《物理论》中的文字。《太元经》亦曰：

> 激气成风，涌气成雨，浊雾成雪，清露成霜。

“气”又有阴阳之分、冷热之别、方土之异，以及疾徐、喜怒、激涌等“自然”之性。自然界各种现象的发生、转化，都是“气”因时因地的产物，“地”的张闭是动力，“气”的运动是成因。

接下来，再看“成天”的情形。请注意，“水土之气”不是全部，而是有一部分上升，从而形成“天”的。升上去的这部分“气”是“精华”，故称之为“元气”。他说：

> 气发而升，精华上浮。

> 元气皓大，则称皓天。皓天，元气也。皓然而已，无他物也。

“地”上的“气”可以“生庶物”、“积自然”，只是“乱气”，不能称作“元气”。杨泉没有一处将地表活动之“气”称为“元气”的例子。但是，“升而为天”的“气”就成了“元气”了。而且，“元气”还能继续分解成普通“元气”和“元气之精”。普通“元气”皓然成天，“元气之精”或“元气之英”才能转变成日月星辰。请看：

> 星者，元气之英也。汉，水之精也，……众星出焉。

> 月，水之精。

> 日者，太阳之精也。

> 星，元气之精，日精也。

(水)吐元气，发日月，经星辰，皆由水而兴。

在杨泉看来，地上的“气”有阴阳之分，升成天的“元气”也有阴阳之分。“元气之精”、“元气之英”、“太阳之精”，指的是“元气”中阳气的“精华”，形成了日与星辰；“水之精”则代指“元气”中阴气的“精华”，形成了月与天河。

让我们再深入挖掘一下杨泉的天地相生的理论体系。水是阴性，土是阳性，水生土；“地”是“阴体”，“天”是阳体，“地”生“天”。“水土之气”在地表分阴阳，升天为“元气”，也有阴阳；太阴之月与太阳之日，“水之精”之天河与“日精”之星辰，“皆由水而兴”。其中“众星”是从天河“出焉”，而“星辰生于地”，也是水生土、阴生阳的一种关系。因此，任何一对阴阳对应中，阴生阳，阴为阳之本：水生土，水为土之本；地生天，地为天之本。故曰：

地者，其卦曰坤，其德曰母，其神曰祇，亦曰媪，大而名之曰黄地祇，小而名之曰神州，亦曰后土。

祇，成也，百生万物备成也。

《蚕赋》中写道：

惟阴阳之产物，气陶化而流播；物受气而含生，皆缠绵而自周。

"阴阳产物"，"物受气而含生"，这个过程是"流播""缠绵"，生生不息的。

(三)"人含气而生，精尽而灭"

在杨泉看来，天地万物都是一种物质存在，物物相生，都是通过"气"或"元气"这种特殊物质的作用而"缠绵自周"的。"庶物"是这样，尊贵的"天"也是这样。万物之灵的人，同样不例外。《物理论》曰：

> 人含气而生，精尽而灭。死犹澌也，灭也。譬如火焉，薪尽而火灭，则无光矣，故灭火之余，无遗炎也。人死之后，无遗魂矣。

《请辞》文曰：

> 夫死者骨肉归乎土。神而有灵，岂肯守夫败坏而在草莽哉！

形随神灭，生命本身也是"含气而生"的物质现象，人死如火灭，"无遗魂"，不能变成非物质的精神之鬼。从这个意义上讲，正如无神论者王充所云，人"与物无异"(《论衡·辨祟篇》)。杨泉也是这样认识的。他批评生者虔诚祭墓的行径，认为这于死者毫无意义。死去的人不可能有"神灵"，不会感知到生者礼拜的铺排场面及其隆重气氛。显而易见，这一生死观和形神观，是唯物主义无神论的认识，具有批判现实的意义。王充之后，范缜之前，杨泉不愧为一位承先启后的无神论者！

(四) 杨泉“元气生成论”的评价问题

在讨论到杨泉的“元气”学说时，有的论者主张是“水一元论”，有的论者又提出了“气一元论”或“元气一元论”①。我们认为，称之为“元气生成论”，似乎更有道理。通过前面的介绍，我们会发现，硬要用“一元论”概括杨泉理论的精神实质，无论说成是“水”，还是讲成“气”、“元气”，都不够准确。这种不准确性，也可以通过与扬雄、王充的学说特别是王充的“元气自然论”相比较而得以证实。

现在，我们先来说杨泉“元气”说与扬雄、王充理论的关系问题。扬雄《太玄经》将阴阳之“气”置于神秘的“玄”的强力控制之下，“气”的运动、变化，缺乏内在的动力和源泉，非物质的精神之“玄”支配着物质之“气”。也就是说，精神是第一性的，物质是第二性的。这是唯心主义的认识。“玄”其实就是神。根据杨泉《物理论》中的论述，我们有理由相信，他的《太元经》就是要讨论“元气”这种物质对宇宙万物生成转化的决定作用的，因而指导思想是反《太玄经》而论的。杨泉的《太元经》不能随便改为《太玄

---

① 冯友兰《中国哲学史新编》第四册（人民出版社 1986 年版）提出，杨泉是“水一元论”者。萧萐父《略论杨泉》一文，认为判定杨泉学说为“水一元论”，不能成立；他在《中国哲学史》中论及杨泉，提出其学说是“元气一元论”。另外，刘建国《中国哲学史史料学概要》（上）指出，杨泉的自然观是“气一元论”。

经》,[①]《隋书·经籍志》明录《太元经》，与扬雄《太玄经》有别，这是正确的。《新唐书·艺文志》莫名其妙一违《隋书》、《旧唐书》之例，改作《太玄经》，这是不正确的。

王充《论衡》里有专门讨论“元气”的文字。他认为，“元气”构成天地间的一切存在，“元气”本身也是一种物质存在。这是相当卓越的见解。但是，王充又认为，“元气”在天地未分之时，先于天地存在，“元气”最早是怎么来的，只能想象，无法认真追究；同时，“元气”当初自己无缘无故发生分离，浑沌初开，“清者为天，浊者为地”，“元气”并没有消失，作用显著减退，天地反过来开始制约“元气”：“天地合气，万物自生。”而“合气”的过程也不平等，是天首先“施气”，向地面散发，与地所含之“气”相遇，“物乃生矣”(《自然篇》)。“天”能生“气”，又能“施气”，自上而下，比“地”之“气”要重要得多。所谓“自生”，意思是说，天、地、“元气”，“内实自然”，“非或为之也”，万物自然而然，自己而然。“自生”又把事物间的联系掐断了。因此，王充的“元气”说，是“元气自然论”。这一理论主要是唯物主义的无神论，同时又含有唯心主义的神秘成分，存在着内在的矛盾。比如，王充不相信神鬼，可是经他神秘化，“天”变成了神；又讲“天地之气为妖者”(《订鬼篇》)，冒出了鬼妖。

扬雄、王充虽然对“气”或“元气”的存在及其作用给予唯物主义的认同或充分肯定，但是不可否认，“玄”与“自然”要比“元气”更重要。“气”或“元气”还缺乏生命力。

---

① 从避讳的角度讲，古籍中常将“玄”改为“元”。杨泉《太元经》被误为《太玄经》，或许与此有关。

杨泉的贡献，就在于赋予“气”或“元气”无所不在的生命力。首先，“气”或“元气”既不是“玄”的附庸，也不是先于天地存在的，而是由实实在在的物质（水、土）转化生成的，它的存在也是一种物质形态；其次，“气”或“元气”是运动的，运动的原因既有外力因素（“地”的张闭），更主要的是来自内部力量（阴阳激发），因而是一种物质现象，此外不再受其他任何神秘的精神力量的支配制约；最后，“气”或“元气”能够发生转化，生成另外的物质，包括“天”及日月星辰，也包括“地”上“庶物”及天地间各种自然现象，甚至人的生命、精神在内，无一例外。

杨泉所讲的“气”或“元气”，与扬雄的“气”、王充的“元气”都有显著区别；杨泉所讲的“自然之体”、“自然之理”、“自然之性”，与扬雄的“玄”格格不入，也与王充的“自然”名同实异。可以说，杨泉的理论批判地继承了扬雄、王充理论中唯物主义的认识，比较成功地纠正了他们理论中各自显现出的唯心主义成分。单就王充与杨泉相比较而言，值得注意的是：杨泉是将王充的理论体系倒过来立论的！不是“天”生“气”，而是“气”生“天”；不是天体“施气”降临地体、天地之“气”合而生物的，而是地体的“水土之气”自然浮升形成“皓天”，除“元气”外，“皓天”原本“无他物”，日月星辰都是“元气”的派生物；“元气”不受“天”支配，也不受“自然”限制，它本身就具有“自然之性”，什么力量都奈何它不得！毫无疑问，这一颠倒就使唯物主义无神论的认识真正建立在“气”或“元气”这一物质的坚实基础上，显示出无可置辩的创新与超越的理论价值。王充“元气自然论”是一个不充分的唯物主义命题，容易导致命定论的结论。杨泉的“元气生成论”摆脱了王充“元气自然论”的神秘主义束缚，脱胎换骨，对物质第一性的唯物主义认识论的建立，作出了极其重大的理论贡献，具有划时代的意义。对此，我们应该给以重新的估价和充分的肯定。

接下来，我们还要实事求是地指出：杨泉的“元气生成论”，尽管在当时的历史条件下是相当卓越的，但是用今天的眼光看，它的不完备不科学的地方也是显而易见的。不完备的地方体现在：回避了“水”与“土”的生成与“气”的作用。按杨泉的说法，似乎这两种物质是生成“气”或“元气”的母体；“土”是“水”生成的，与“气”无关，那么“水”又是从何而来呢？杨泉没有交代。尽管他讲“土精为石”，而“石”是由“气”生成的，“土”可以释放出“气”，所谓“土精”也就是“气”，但是不能由此论定“气”也可生“土”。这是一个漏洞。至于“水”，他虽然有“涌气成雨”的言论，也举例讲到曾在会稽观察天上的云很快造成“洪水大至”的情形。当然，按照他的学说，“气”成云，云成雨，雨降落而成“洪水”，似乎有“气”循环生“水”的意思。但是，他这里只是单纯描述自然现象，不是从本体上进行理论探索。因此，这点材料不足为据，“水”的原始生成也是一个漏洞。很显然，“水”与“土”的生成问题，正像他描述“九州之外皆水”的地表状态一样，不能再深入，不敢认真回答，有意避开了。

杨泉“元气生成论”不科学的地方有三：第一，宇宙世界的物质性，绝不仅仅是“气”或“元气”能够包容殆尽的；物质世界演变转化的情形，也很难说就是像杨泉简单描述的那样。这是我们今天凭科学知识很容易看得出来的，而杨泉当时是无论如何认识不到的。第二，由“立天地者，水也，成天地者，气也”演绎出地生天的结论，与天生成地或“元气”分裂出天地一样荒谬。这一倒过来的理论体系，仍然不能成立。杨泉只承认“天者，君也”，“天”有至高无上的地位，但不是神，不能造万物，批判了“天人合一”的神学传统观念，然而，他实际上又造出了另一尊神，即地神。这也是大错特错的认识。第三，“气”或“元气”作为物质世界生成中的单一载体，无处不在，无所不生，这是凭观察、靠想象得出的认识，没有也不可能用科学实验的手段加以证实，因而经不起认真推敲。因此，杨泉的《物理论》及其《太元经》在闪烁着唯物主义光彩、体现着朴素辩证法的精神的同时，又不可避免地蒙上了唯心主义的阴影，只不过是天神换成地神，精神之“玄”改为物质之“气”罢了。这一点也不奇怪：在科学还没有达到真实揭示物质世界的水准的时候，任何一种唯物主义的或具有唯物主义倾向的理论，都会受到唯心主义的困扰。扬雄是这样，王充是这样，杨泉也同样是这样。

三、观察社会、探求人生的见解

杨泉《物理论》主要是一部探讨天体、解释宇宙万物生成变化的理论著作。这部理论著作没有局限在这一领域，还较广泛地涉及到历史、社会和人生等诸多方面。从今存佚文来看，杨泉观察社会政治、探求人生哲理的有关论述，仍有相当精辟独到的见解，是他哲学思想的重要组成部分。下面我们就其中有价值的内容作些简单介绍。

（一）关于对中朝玄学的批判

西晋元康到永嘉年间，即晋惠帝、怀帝在位期间，社会危机日益加深，王朝显示出衰败的征兆和迹象。中朝玄风大畅，“贵无”哲学盛行，《庄子》一书成了礼法之士的精神支柱。所谓“儒墨之迹见鄙，道家之言遂盛”（《晋书·向秀传》），概括出了这一时期的社会精神。在高层人物王衍、乐广的提倡下，向秀在先、郭象于后，分别著成《庄子注》，在宇宙本体论上，或倡“自生”，或论“独化”，鼓吹虚无。元康末年，裴頠才写出《崇有论》，“患时俗放荡”，“以释其蔽”（《晋书》本传），力图遏制虚无风气。

我们认为，杨泉的《物理论》应置于西晋中朝玄学的历史环境中认识它的理论意义；写成的时间要早于裴頠《崇有论》，写成的地点必在洛阳或附近。

杨泉批判中朝玄学的言论，最有代表性的意见是：

> 夫虚无之谈，尚其华藻，无异春蛙秋蝉，聒耳而已。

斥责“贵无”论的大谬不然，杨泉是以一种鄙夷不屑的语气予以评论的。他还说：

> 夫论事比体，不得其体，虽饰以华辞，文以美言，无异锦绣衣掘珠、管弦乐土梗，非其趋也。

夫解小而引大，了浅而伸深，犹以牛刀割鸡、长殳刈荠。

语曰：士非玉璧，谈者为价。谈者之口，犹爱憎之心。

以上这些言论，仍然是针对中朝玄学崇尚清谈的世风而发的。注重言辞之美，评议容姿如玉，弥漫于整个士族社会，形成一种畸形变态的时尚。这方面的例子甚多，《世说新语》一书中有生动的记录。清谈中，越是闪烁其词的抽象言论，越受到士人一致的称誉。只要声调“靡靡可听”，说什么都无所谓，说得有无道理都不计较，同样“超超玄著”（《言语篇》）；或“如悬河泻水”，或成“三语掾”，都受到“推服”，令人“绝倒”，干脆不加思考，不加分析，盲目信从。张华教人清谈中“可勿作常语”（《排调篇》），可谓名士们追求的“言谈之林薮”。至于将堂堂男儿形容成“珠玉”、“白璧”、“玉人”，把当朝宰相王衍刻画成“容貌整丽”（《容止篇》）、肤色白嫩如玉，干脆变为女流之类的尤物了。而这些有违阳刚本色的用语，在当时却是不能轻易许人的颂扬之辞。因此，言语“不得其体”，追求女性化的容颜，是清谈场中至关重要的两项内容；“谈者之口，犹爱憎之心”，完全没有什么标准可言。杨泉揭示的这些情形，正是当时洛下士风实际。

同时，清谈玄风所及，儒学的地位进一步削弱，《老子》、《庄子》成了权威的经典。杨泉讲，他是读《诗》而“悟闻《诗》之义”的，对儒家经书很重视。他又说：

夫五经则四海也，传记则四渎也，诸子则泾渭也。至于百川沟洫畎浍，苟能通阴阳之气，达水泉之流，以四海为归者，皆溢也。

充分肯定“五经”如四海般博大精深，容纳众流百川，这实际上也是对玄学学风的一种抵制。

(二) 关于政治方面的言论

对于政治，杨泉不感兴趣。他被征入洛，不就官职，不入官场，始终保持“清操自然”的本色，从事著述。因此，他在这方面不可能有深刻的体会，讨论问题只能就观察所及，作点泛泛之议。《物理论》中有关这方面的言论，一是不多，二是不深入。兹引录如下：

语曰：上不正，下参差。古者所以不欺其民也。割剥富强，以养贫弱，何异饿耕牛乘马而饱吠犬、弃干将而砺铅刃也。

使民主养民①，犹蚕母之养蚕，则其用岂徒丝蚕而已！

威行法明，漏吞舟之鱼。法不明，则类于细栉。细栉，则荀慝生也。

① 《齐民要术》卷五，引作“使人之养民。”按，疑当为“使人主之养民”。

吏者，理也，所以理万机、平百揆也。武士宰民，犹使狼牧羊、鹰养雏也。是以人主务在审官择人。

夫清忠之士，乃千人之表、万人之英。得其人，则事易于反手；不得其人，则难于拔筋。

在金石曰坚，在草木曰紧，在人曰贤。贤人为德，体自然也。故语曰：黄金累千，不如一贤。

奸与天地俱生，自然之气也。人主之御人，政宽则奸易禁，政急则奸难绝。

欲定天下而任小人，犹欲捕獐鹿而张兔罝，不可得也。

以上这些文字，涉及人主如何御政、理民、用人等方面的内容，或用日常生活中的现象加以形象的比喻，或引俗语民谚说明其中的道理，是否有更深的寓意和针砭时弊的用心，无从深究。不过，其中以“体自然”、“自然之气”说明贤奸之分，仍是他的哲学思想的具体反映。杨泉的“自然”，指的是客观存在，它有“体”、有“理”、有“性”，都跟他提出的物质之“气”发生联系。这与玄学家声称的“自然”格格不入。例如，郭象就说：“万物皆自然，无使物然也。”（《齐物论注》）郭象的“自然”，是把“无”当做万物的本体，

“无既无矣，则不能生有”（《齐物论注》），“生物者无物，而物自生耳”（《在宥注》）。按照这一理论，忠贤与小人的分别也是不存在的，根本用不着去追究它、认识它。这种主观唯心主义的认识及其“无”中生“有”的形而上学方法，正是中朝玄学“虚无之谈”的“聒耳”特点。杨泉认为，连忠奸也不分，贤者小人一视同仁，这是有违“自然”的。他在《太元经》中感叹道：

素缨之鸭，翰音之鸡，望视之兔，白蹄之豕，短喙之狗，修颈之马，君子之貌，何独异哉！

这些“自然”之“异”如何解释？难道能无视它们的客观存在吗？

（三）关于工艺技术方面的论述

杨泉写了一篇《织机赋》，文曰：

伊百工之为技，莫机巧之最长。似人君之列位，象百官之设张。立匡廓之制度，如城隔之员方。应万机以布错，实变态之有章。是以孟秋之月，首杀庶物，工民呈材；取彼椅梓，贞干修枝；名匠骋工，美乎利器；心畅体通，肤合理同；规矩尽法，因事作容；好无不媚，事无不供。于是乎女工就，素丝轻，贯综纪，简奸清。织女扬翚，美乎如芒；丽姿妍雅，动有令光；足闲蹈蹑，手习槛匡；节奏相应，五

> 声激扬；浊者含宫，清者应商；和声成柔，慷慨成刚；屈申舒缩，沈浮抑扬；开以厌间，阖以高梁；进以悬鱼，退以侠强；气变相应，阴感乎阳；黾勉不及，进退颉颃。事物之宜，法天之常；既合利用，得道之方。(《全三国文》卷七五)

全赋有声有色地反映出初秋皇室组织百工造织机、织丝绸的宏大场面和动人情景。其中特别突出了织机在织女们操作下，发出悦耳动听的声响，产生屈伸开阖的变化。织机之巧，织女之美，两相配合，繁忙的劳动场面活似乐舞相伴一样和谐。所谓“事物之宜”、“得道之方”，既赞美织机之巧，又赞扬百工之技。人是自然之“道”的设计者和创造者，工艺技巧是“事物之宜”的具体体现。

在《物理论》中，杨泉对工匠的创造才能，也有满腔热情的肯定之词。例如：

> 夫蜘蛛之罗网，蜂之作窠，其巧亦妙矣，而况复人乎！故工匠之方圆规矩，出乎心，巧成乎手，非睿敏精密，孰能著勋形、成器用哉！

> 夫工匠经涉河海，为舸艣以浮大川，皆成乎巧手，出乎圣意。

人比动物高明，能够“出乎心”，“出乎圣意”，“成乎巧手”。言下之意是，创造自然，改造自然，利用自然，这是人类特有的本领。织机能造，河海能渡；“凡病可治”，因有良医；凡种可知，因有良农[1]；凡利器可得，因有“阮师之刀、苏家之楯”。这一切都是“法天之常”、“合利用”的表现。“自然之理”是能够认识的，“自然之体”也不是一成不变的，“自然之性”就是“法天常”、“合利用”。这一重视人的主观能动性的思想观点，又是与玄学所谓“独化于玄冥之境”（郭象《庄子注·序》）的神秘主义世界观相对立的。

（四）关于修养性命、治病强身方面的认识

杨泉是位“处士”、“征士”，又有学识，不去作官，不愿萦心仕进，一门心思探求外部世界，自然要想到现实生活中人自身的问题。修身养性，兼涉医道，处世有方，识人有道，常常是“处士”、“征士”们悉心钻研的功课。杨泉也不例外。他写过《养性赋》，今存文不足以反映他“养性”方面的主张，但可见他关心这个问题。他还有一篇《赞善赋》，存文较完整，其中讲：

> 伊善恶之所施，乃祸福之为阶。行德安而保身，忘为害而自危。故先民有作，执温恭而不亏。……夫死生之有命，非神明之所规。故积善之家，厥福为昌；积恶之门，必有余殃。……古人从善如不及，去恶如探汤，何福德而难值，而祸恶之易当！

---

① 《物理论》中涉及农事的地方也不少。如曰：“凡种有强弱，土有刚柔。土宜强，高茎而疏粟，长穗而大粒。”“稼欲熟，收欲速，此良农之务也。”

这是劝人积善积德求福的，似乎是老生常谈，没有多少新意。

杨泉在《物理论》中谈到一些具体问题，似可注意。一是告诫人们要节制各种欲求，不可贪嗜放纵。他说：

> 检身止欲，无过于蚓。此志士所不及也。

> 谷气胜元气，其人肥而不寿。养性之术，常使谷气少，则病不生焉。

> 凡病可治也，人不可治也。体羸性弱，不堪药石。或刚暴狷急，喜怒不节；或情欲放纵，贪淫嗜食。此皆良医不能加功焉。夫君子病也，犹可为也；必须无病也，不可为矣。盖谓节其饮食，量其多少也。

二是提醒人们要保养人体的消化器官，而且不要过分用脑。他说：

> 夫齿者，年也，身之实也。藏之斧凿，调谐五味，以安性气者。

> 咽喉者，生之要孔。

> 肠胃，五藏之府，陶冶之大化也。

> 智慧多，则引血气。如灯火之于脂膏，炷大而

明，明则膏消；炷小而暗，暗则膏息，息则能长久也。

以上这两点，是从生理上讲养身之道的。止欲节食，具有防病的作用。但“必须无病，不可为矣”，有病求医少不了。杨泉关于“良医”、“名医”之别，有一段很精彩的议论：

> 夫医者，非仁爱不可托也，非聪明理达不可任也，非廉洁淳良不可信也。是以古之用医，必选名姓之后，其德能仁恕博爱，其智能宣畅曲解；能知天地神祇之次，能明性命吉凶之数；处虚实之分，定逆顺之节，原疾疹之轻重，而量药剂之多少；贯微达幽，不失细小。如此乃谓良医。且道家则尚冷，以草木用冷生；医家则尚温，以血脉以暖通。徒知其大趣，不达其细理，不知刚柔有轻重，节气有多少，进退盈缩有节却也。名医达脉者，求之寸口、三候之间，则得之矣。度节气而候温冷，参脉理而合轻重，量药石皆相应。此可谓名医。医有名而不良者，有无名而良者。人主之用医，必参合而隐括之。

这段话批评了“道家”、“医家”各自所持的一套诊病治病理论之失，说明杨泉对“儒医”更赞赏。他认为，“良医”有德、“名医”有术，各有所长，用医要“参合”而定；世间从医者，“有名而不良者，有无名而良者”，即既有医术好而医德差的医者，也有医术不好或名声不彰其实是良医者。这是带有辩证法色彩的经验之谈。

另外，杨泉还谈及人际交往方面的问题。《太元经》曰：“内清外浊，弊衣裹玉。”内在的品德比外在的衣饰更值得重视。这就需要善于识别人。他在《物理论》中讲：

> 冠尧之冠，行桀之行，亦桀也；服桀之服，行尧之行，亦尧也。处市井之肆，服君子之服，在小人之中，行贤哲之事，犹夜行佩珠玉也，亦灼然矣！

识人不要被外表迷惑，自处不要受周围不良环境左右，灼然而立，佼佼而行，则自得矣。又讲：

> 处宅者，先定邻焉。

> 买邻人价贵宅，宅可买，邻不可得也。

> 人而无廉耻，犹衣服之无缝杀、食味之无酸咸。

> 雄声而雌视者，虚伪人也；气急而声重者，敦实人也。

居处、交往，要观察，要选择，不应该马虎而不慎重。

《物理论》佚文里还有关于赵简子求医、灵帝收诸党、黄巾起事等记载，以及其他一些零散文字，由于缺乏上下文，不大好从中发现与其思想有密切相关者，故略而不议。

总之，《物理论》以及《太元经》，除了重点讨论天体宇宙，从哲学上回答天地万物的生成、变化等理论问题外，还涉及到人类社会生活的各个领域，从中也能窥知杨泉的思想特点。但是，我们今天能够看到的材料，一是少，二是不完整，要想准确把握这些零散材料的内在联系，并不是一件很容易的事。我们的论述，到底在多大程度上反映出杨泉思想的风貌，是不是准确，这仍然是不能论定的事。不过，我们力求通过对学术思想的前后联系、时代社会的实际背景的深入分析，从现存杨泉的全部文字资料中，有所发现，有所开拓。

结 束 语

杨泉在中国哲学史上，应该占有重要的位置。他有自己的理论体系，建立了卓然一家之说。他不仅是一位唯物主义的无神论者，继承了王充的思想，在西晋中朝玄学思潮的环境里，敢于冲破形而上学的神秘主义束缚，大胆立论，因而显得难能可贵；而且独辟蹊径，综合了天体学说中各家积极的成分，对宇宙形成作出了全新的解说，增添了崭新的内容，大大丰富了前人的认识，因而他的宇宙观比扬雄、王充等先驱者更为坚实，他的唯物主义的哲学思想具有比王充更彻底、更合理的内涵。他的《太元经》并非步扬雄《太玄经》而成，他的“元气生成论”也不是王充“元气自然论”的翻版；他的天体学说既不能简单划入“宣夜说”，更不能不加甄别地归之于“浑天说”。真实情形要复杂得多。但是，不管怎样复杂，必须首先弄清真实情形。只有如此，我们才能确定杨泉在中国哲学史上的地位，真正说明白他前承扬雄、桓谭、王充，后启何承天、范缜等人这一中间环节的历史意义和学术价值。

研究杨泉思想，常常要受到傅玄思想的干扰。我们前面专门就造成这一状况的原因作了说明。清人严可均有意不辑

《物理论》，而孙星衍所辑《物理论》沿袭“武英殿本”《意林》的错误，是造成当今学者无所适从的症结所在。其实，只要认真追究，傅、杨二人的现存文字材料，归属问题并非混杂难分，而是完全能够区别开的。

傅玄思想与杨泉思想之间，同者少而异者多，二者绝非“一家之学”。相同的地方也有，例如：唯物主义的认识论，重视工艺技术、发明制造，对玄学的批评立场，对传统儒学的态度，等等。相异的地方更加突出。第一，傅玄作为思想家的特点，体现在他是政论家、伦理学家；杨泉作为思想家的特点，体现在他是哲学家、天文学家。第二，傅玄的代表作《傅子·内篇》是讨论“君人南面之术”的，他的思想属于“杂家”；杨泉的代表作《物理论》，核心是“元气生成论”，他的思想属于儒家。第三，傅玄急切用世，是司马氏的追随者、拥护者，也是西晋建立后的达官贵人；杨泉不就征辟，是孙吴灭国后入晋的“处士”、“征士”。第四，傅玄思想中有价值的内容成于入晋之前，他批评的是“正始玄学”跟政治有抵触的成分；杨泉的《物理论》成于西晋中后期，他批评的是中朝玄学的“虚无之谈”，侧重于本体论的学术意义。第五，傅玄的唯物主义认识，是从现实政治的角度出发，又回归到现实政治上来的；杨泉的唯物主义认识是建立在天体学说和宇宙观的基础上，主体是解释天地万物的物质世界的，对社会、人生的现实问题只是广泛涉及，并非专门探讨。第六，傅玄是位北方学者，杨泉是位由南入北的学者，学术的根基是在南方奠定的；傅玄去世后10多年，杨泉才从会稽被迫征至洛阳，二人间不存在师承相授的关系。

因此，中国思想史不能将傅玄、杨泉相提并论。傅玄有思想未能以学说名家，杨泉有思想又有学说，二人思想各具特色，界限是清楚的，不能继续视若“一家之学”。杨泉的著作，材料佚失严重，从残存的部分无从窥见他的学说思想的全貌，影响了准确评价其学术贡献的意义，这十分可惜。这就是本书的结论。

附 录

一、傅玄生平年表

[傅玄，字休奕，郡望北地泥阳（今陕西省耀县东南）人。《晋书》有传。他的祖父是傅燮，《后汉书》有传；父亲是傅幹，史书无传；子傅咸，《晋书》亦有传。

傅燮（约143—187年），字南容。“少师事太尉刘宽”，约在桓帝永寿三年至延熹五年（157—162年）间，即15至20岁之间。灵帝光和六年（183年）底，“再举孝廉。闻所举郡将丧，乃弃官行服”。“所举郡”非本郡北地，很可能是黄巾起义之初冀州境内甘陵国（即原先的“清河国”）。中平元年（184年）三月，皇甫嵩、朱儁二人受命组织官军，由洛阳出发，向南讨击豫州颍川郡的黄巾军。傅燮入朱儁所统军，任护军司马。他给灵帝上疏，力陈宦官乱政为社稷之忧，甚于黄巾起义，建议诛杀宦官。朱儁军出师不利，被黄巾军波才打败；皇甫嵩军又被波才围困于颍川郡长社。同年六月，朱儁军会同援军曹操所部共同向长社出击，解了皇甫嵩之围。豫州黄巾军转入守势。皇甫嵩受命回师北上，讨击兖州、冀州境内黄巾军；傅燮随行，并分别于兖州东郡苍亭与冀州巨鹿郡“斩贼三帅卜巳，张伯、梁仲宁等，功高为封首”。同年底，返回京城洛阳。由于宦官头目赵忠记恨，傅燮有功不被封赏。中平二年（185年）初，朝廷任命傅燮为安定都尉，“以疾免”，未离京城，“后拜议郎”；三月间，廷议凉州弃守，司徒崔烈主张弃之，傅燮当场反对，出语“斩司徒，天下乃安”！灵帝诏问本意，傅燮上疏说明理由。中平三年（186年），朝廷论讨击黄巾之功，执金吾甄举为傅燮“有功不侯”打抱不平。宦官头目赵忠派人“致殷勤”，傅燮断然拒绝。同年，傅燮被外放为汉阳太守。中平四年（187年）三月，西羌韩遂由金城东进，占据狄道。凉州刺史耿鄙决定征讨。傅燮致函分析利害，指出“万一内变，虽悔无及”，主宅张“息军”，等待时机。耿鄙不听。四月间，耿鄙率部西进，州兵于狄道城外发生哗变，叛军与韩遂兵合势，扑向孤城汉阳。叛军中的“北地胡骑”与原酒泉太守黄衍先后劝傅燮放弃汉阳城。傅燮不听，“遂麾左右进兵，临陈战殁”，以身殉节。

傅幹（175—219年?），字彦材（或“彦林”）。汉阳失守前，他“年十三，从在官舍”，劝父“弃（汉阳）郡而归（北地）”（《后汉书·傅燮传》）。其后，他很可能依附马腾，留在陇右。建安七年（202年），曹操派钟繇劝说马腾倒戈，共击袁绍，“腾疑未决”。傅幹向马腾陈述袁、曹相争的形势，马腾惧而改变主意，投向曹操一方。建安十三年（208年），马腾入邺，其子马超统部曲驻槐里。傅幹很可能受命出任扶风太守。建安十八年（213年），傅幹调离扶风太守，入邺为丞相府参军。他的《肉刑议》文，当为本年底邺城议肉刑时所写。次年五月向丞相掾赵戬分析刘备袭蜀时事，认为刘备能获得成功；七月曹操由邺城南下征孙权之前，傅幹谏阻曹操不听，“军遂无功”。建安二十一至二十四年（216—219年），傅幹转任丞相仓曹属。他“终于丞相仓曹属”，未入魏；死因或与建安二十四年（219年）九月邺城发生的魏讽谋反案有关。《后汉书·傅燮传》李贤注出《傅幹集》，卷数不清，他处亦无著录。]

汉献帝建安二十二年（217年），生于邺城。1岁。

《晋书》本传，傅玄卒于西晋咸宁四年（278年）弘训羊皇后崩后不久，“时年六十二”。上溯可知傅玄生年。他出生时，其父傅幹43岁，居邺城，任丞相仓曹属。

本年，邺城流行瘟疫。王粲、徐幹、陈琳、应玚、刘桢等染疫病卒。曹丕立为魏国太子，居邺。

汉献帝建安二十四年（219年），父傅幹卒（?）。3岁。

《三国志·魏武帝纪》注引《九州春秋》，傅幹“终于丞相仓曹属”，未入曹魏禅汉以后。本年九月，曹操远在汉中征讨，太子曹丕留守邺城；魏讽谋反，“坐死者数十人”（《三国志·魏武帝纪》注引《世语》）。傅幹有可能株连而死，时年45岁。魏讽案后，刘伟“徙署丞相仓曹属”（《三国志·刘廙传》）。

《晋书》本传曰：“玄少孤贫。”傅玄诗有句：“不惜枣自零，念我少弟兄。”又，《傅子》记傅燮“奉寡嫂甚谨，食孤侄如赤子”。说明傅玄幼年丧父，曾有一兄，后早卒。

魏文帝黄初元年（220年）年底，徙居河内郡。4岁。

《晋书》本传曰：“玄少时避难于河内。”

按，曹操年初病逝洛阳；十月，曹丕禅汉建魏，改元黄初，立都洛阳。同年底，曹丕坚持将“天旱、蝗、民饥”的冀州士卒十万户“徙其半”（《通鉴》卷六九），以充实京畿。傅玄“避难于河内”，当在此时。

魏明帝太和五年（231年），入太学深造。15岁。

《晋书》本传讲，傅玄少时"专心诵学"，未言入太学事。

按，黄初五年（224年）洛阳太学恢复。文帝、明帝屡下诏兴太学重经学。根据传统，士子入太学的年龄在15岁。而且，傅玄于太和末、青龙年间，目睹兴造洛阳宫，写过《马钧传》，说明他在洛阳，并未仕，只能是在太学就读。"专心诵学"，是在河内母亲督责下自学，在入太学之先。当时太学学风不正，浮华交游甚盛，玄学清谈已经出现。傅玄没有参与其中。次年（232年），明帝下诏黜浮华，罢了诸葛诞、邓飏等一伙的官职。

魏明帝青龙二年（233年），仍在太学，写成《正都赋》。17岁。

《正都赋》写"天子乃反吉服"，"列大驾于郊畛"，"然后戒水军，遵川流"，"将以威天下而御群凶"云云。此与明帝七月间"亲御龙舟东征"（《三国志·明帝纪》）有关。天子亲征，魏明帝以后无他例。

青龙年间，明帝大治宫室。韦诞、何晏、缪袭、刘劭、卞兰等均写有都城赋。傅玄写成《正都赋》，其《魏德颂》亦当同时或先后所成。

魏明帝景初三年（239年），"州举秀才，除郎中"，"以时誉选入著作"，初仕为中书著作，入东观"撰集《魏书》"；写出《马钧传》；子傅咸生。23岁。

年初，明帝病死，其养子齐王曹芳继位。曹爽、司马懿受遗诏辅政。曹爽将曾被明帝罢黜的浮华分子诸葛诞、邓飏、何晏等人起用，形成集团；又将司马懿明尊太傅，暗夺其辅政事权。

傅玄学有所成，选入东观，参加“撰集《魏书》”，与韦诞、应璩、缪施等人同事。

从《马钧传》可知，傅玄于太和末至本年，先后耳闻马钧与高堂隆、秦朗争论，自己与裴秀辩论，与曹羲、曹爽交涉，为马钧的发明制造喝彩，并替他鸣不平。

写成《七谟》，集古今“七”为《七林》，当在此前后。

魏齐王芳正始五年（244年），仍在东观修史，续娶杜韡为继室，受到何晏、邓飏一伙玄学家的迫害。28岁。

《晋书·列女传·杜有道妻严氏》记载了傅玄当时的处境。傅咸6岁。

《傅子》中反映傅玄与玄学人物对立的事实是：斥责何晏好服妇人之服是“服妖”；正始末，当面挫伤玄学少年王黎、刘陶，指责他俩得意忘形的言行。这是他此前受到何晏、邓飏等迫害的直接原因。傅玄从兄傅嘏于正始中，亦因不与玄学家权贵合作，受到打击迫害，先后为荀顗、司马懿保护，未遭不测；杜韡母严宪不顾众议，决定将女儿许给傅玄，也道出司马懿虽不掌实权，仅仅是“兽睡”的事实。其时傅玄已倾向于司马氏。他与京兆大族杜氏联姻，亦值得注意。

正始中，独立撰写《魏书》，评论“三史得失”，并写成大量有价值的乐府诗作。

魏齐王芳嘉平元年至高贵乡公正元二年（249—255年），入司马昭军府任参军。修订所撰《魏书》。33岁至39岁。

正始十年（249年）正月，高平陵事变发生。司马懿诛杀曹爽集团。四月，改元嘉平。

《晋书》本传曰，傅玄“后参安东、卫军军事”，指傅玄入东观修史十年（239—248）不迁后，随着高平陵之变，获得了第一次迁升的机会，进入司马昭军府任参军。嘉平元年（249年）秋，随安西将军司马昭入关中，途中写出《叙行赋》，并成《华岳铭》。其后跟随司马昭至许昌（250年），再入关中（253年），抵洛阳（254年），并参加平王凌（251年）、击东吴（252年）等征战。正元二年（255年）正月，司马师带病讨淮南毌丘俭、文钦叛变，死于许昌；司马昭先留镇洛阳，继而奔丧许昌，很快又返回洛阳，往返仅七天时间。司马师死后，傅嘏同年病卒。

傅玄所撰《魏书》，正始间已成；此后修订补充，嘉严末定稿。

魏高贵乡公正元二年至元帝咸熙元年（255—264年），“转温令，再迁弘农太守，领典农校尉”，其间“数上书陈便宜”，完成《傅子·内篇》。39岁至48岁。

正元二年（255年）二月，司马昭进位大将军，独揽朝政。傅玄转任温县令，居职约6年（255—260年）；迁职弘农太守，领典农校尉，当在景元二年（261）初，居职约4年（261—264年）。

《傅子·内篇》是傅玄于温县令任期完成的“经纶政体，存重儒教”的政论集。本传载，《内篇》由其子傅咸送达王沈。傅咸年在17岁至22岁之间，或在太学就读；王沈于高贵乡公被诛前，任侍中，“典著作”，心向司马氏。

魏元帝咸熙元年（264年）七月，受封鹑觚男。返回京城洛阳。48岁。

三月，司马昭由晋公进爵为晋王；七月，封五等爵。傅玄受封鹑觚男。

魏元帝咸熙二年（265 年）八月前后，作文赞何曾、荀顗事亲尽孝；擢升为晋王司马炎散骑常侍。49 岁。

《晋书·何曾传》引录傅玄赞扬何曾、荀顗事亲行孝的文字。何曾尽孝在先，在甘露三年（258 年）前后；荀顗行孝在后，在咸熙中，即入晋前夕。以何、荀同论，为司马氏“以孝治天下”作宣传。

八月，司马昭病死，子司马炎嗣晋王。《晋书》本传曰：“武帝为晋王，以玄为散骑常侍。”

西晋武帝泰始元年（265 年）十二月，进爵为鹑觚子，加驸马都尉；写出《元日朝会赋》。49 岁。

十二月丙寅（十七）日，司马炎代魏而立，改元泰始。傅玄封爵进为鹑觚子，职为散骑常侍，“加驸马都尉”（本传）。

晋武帝泰始二年（266 年），掌谏职，迁侍中。制礼作乐，上疏言事。50 岁。

《正朔服色议》、《五祀议》二文，改造郊庙歌辞 22 篇、鼓吹歌曲 22 篇，《答程晓》诗二首（一为四言，一为五言），作于本年。

九月，“散骑常侍皇甫陶、傅玄领谏官，上书谏诤”（《晋书·武帝纪》）。《掌谏职上疏》、《上疏陈要务》二疏先后为晋武帝过目，各下诏称道。

“俄迁侍中。”（本传）

晋武帝泰始三年（267 年），遭免官。51 岁。

《晋书》本传曰：“初，玄进皇甫陶，及入而抵。玄以事与陶争言喧哗，为有司所奏，二人竟坐免官。”

晋武帝泰始四年（268年）七月，起用为御史中丞。52岁。

七月以前，御史中丞为侯史光。侯史光被派遣循行天下，傅玄补缺继任。

晋武帝泰始五年（269年）秋冬之际，由御史中丞迁太仆。年初，为文《水旱上便宜五事疏》；年底，写出鼙舞歌诗5首、四厢乐歌3首。53岁。

二月，始置秦州，胡烈首任刺史。《水旱上便宜五事疏》除言及青、徐、兖三州连遭水灾事外，又涉胡烈为刺史事。

迁太仆的具体时间不明。秋末，朝议“比年不登”，傅玄已是太仆身份。他于年内写过宫廷乐府诗8首。

晋武帝泰始五年至咸宁元年（269—275年），任太仆。造宫廷乐府诗，作《辟雍乡饮酒赋》、《相风赋》等。53岁至59岁。

傅玄为太仆后，“常见优容”（本传）。他与荀勖等人制作乐府诗。除前及鼙舞歌诗5首、四厢乐歌3首外，泰始九年（273年）造《晋正德舞歌》、《大豫舞歌》2首。另外，《宣武舞歌》4首、《铎舞歌辞》1首、《藉田歌辞》5首，写作时间不能确定，大概也是任太仆期间所成。

《辟雍乡饮酒赋》作于泰始六年（270年）十一月。《晋书·武帝纪》载武帝“幸辟雍”之事。

《相风赋》作于泰始七年（271年）其后。赋序“中书张令”指中书令张华，他始任时间在泰始七年（271年），写过《相风赋》。傅玄之赋是在张华赋成后才写的。

晋武帝咸宁元年（275年）六月，转任司隶校尉。59岁。

六月，武帝“以司隶事任峻重”，将李胤“转拜侍中”（《晋书·李胤传》）。傅玄接任。

晋武帝咸宁二年（276年），仍为司隶校尉。作《贺老人星表》。60岁。

晋武帝大病一场，几乎送命，三四月间，“及瘳，群臣上寿”（《晋书·武帝纪》）。《贺老人星表》作于此际。

晋武帝咸宁四年（278年）六月，于弘训羊皇后丧礼中骂座，再次被免官。年内病逝。写了乐府诗《龟鹤篇》。62岁。

本传记载傅玄骂座遭免官事由甚详。

由鲍照诗《松柏篇·序》知，傅玄死前病重，成《龟鹤篇》。

本传记，免司隶校尉后，“寻卒于家，时年六十二。谥曰刚”，“其后追封清泉侯”。

傅玄一生“著述不废”。《隋书·经籍志》著录：《傅子》120卷；《傅玄集》15卷，梁代有50卷。

[傅玄死时，独子傅咸40岁。泰始九年（273年），傅咸始举孝廉，“以太子洗马兼司徒莅事”（《喜雨赋·序》）。咸宁元年（275年）正式拜太子洗马。此后历任侍御史、尚书右丞、司徒左长史、车骑司马、尚书左丞、太子中庶子、御史中丞、议郎长兼司隶校尉等职。卒于晋惠帝元康四年（294年），享年56岁

(239—294)。有三子：傅敷、傅晞、傅纂。《隋书·经籍志》："晋司隶校尉《傅咸集》十七卷（梁三十卷）。"

傅玄继室杜韡，卒于惠帝永平元年（291年）。《晋书·傅咸传》记载了杜韡死后，傅咸"遭继母忧去官"，辞去御史中丞并本郡中正职任；"顷之，起以议郎长兼司隶校尉"。]

二、重要参考书目

《全上古三代秦汉三国六朝文》　［清］严可均校辑　中华书局 1958 年影印版

《先秦汉魏晋南北朝诗》　逯钦立辑校　中华书局 1983 年版

《汉魏六朝百三名家集·傅鹑觚集》　［明］张溥纂　扫叶山房藏版本

《傅子》一卷　《四库全书》本

《傅鹑觚集》五卷　［清］方濬师校集　光绪二年（1876 年）广州书局刊印本

《傅子》三卷附"订讹"　［清］叶德辉撰辑　光绪壬寅（1902 年）叶氏辑刊本

《傅玄集》三卷　［清］叶德辉辑　光绪壬寅（1902 年）叶氏观古堂刊本

《物理论》　［清］孙星衍辑　原商务印书馆"丛书集成初编"本（1939 年印）

《物理论》并"补遗"　［清］王仁俊辑　上海古籍出版社 1989 年影印《玉函山房辑佚书续编》所收

《太元经》　［清］马国翰辑　光绪九年（1883 年）刊《玉函山房辑佚书》所收

《意林》　［唐］马总辑　《四库全书》本

《乐府诗集》　［宋］郭茂倩编　中华书局 1979 年版

《汉书》　中华书局点校本

《后汉书》 中华书局点校本
《三国志》 中华书局点校本
《晋书》 中华书局点校本
《宋书》 中华书局点校本
《南齐书》 中华书局点校本
《隋书》 中华书局点校本
《资治通鉴》 中华书局点校本
《晋书斠注》 ［清］吴士鉴、刘承幹集注 嘉业堂刻本
《世说新语校笺》 徐震堮著 中华书局 1984 年版
《颜氏家训集解》 王利器集解 上海古籍出版社 1980 年版
《通典》 ［唐］杜佑撰 中华书局 1984 年影印本
《史通通释》 ［唐］刘知几撰 ［清］浦起龙释 上海古籍出版社 1978 年版
《论语译注》 杨伯峻译注 中华书局 1980 年第 2 版
《荀子简释》 梁启雄著 中华书局 1983 年版
《韩非子选》 王焕镳选注 上海人民出版社 1974 年版
《中国哲学史教学资料选辑》上册 北京大学哲学系中国哲学史教研室选注 中华书局 1981 年版
《申鉴》 ［汉］荀悦撰 岳麓书社版《百子全书》本
《中论》 ［汉］徐幹撰 岳麓书社版《百子全书》本
《诗品注》 ［梁］钟嵘著 陈延杰注 人民文学出版社 1958 年版
《文心雕龙注释》 ［梁］刘勰著 周振甫注 人民文学出版社 1981 年版
《四库提要辨证》 余嘉锡著 中华书局 1980 年版
《管锥编》 钱钟书著 中华书局 1979 年版
《中古文学系年》 陆侃如著 人民文学出版社 1985 年版
《魏晋思想论》 刘大杰著 原中华书局 1939 年版
《魏晋玄学中的社会政治思想略论》 汤用彤、任继愈著 上海人民

出版社 1956 年版
《中国思想通史》第三卷 侯外庐等著 人民出版社 1957 年版
《中国哲学史简编》上册 侯外庐主编 中国青年出版社 1963 年版
《汤用彤学术论文集》 中华书局 1983 年版
《魏晋南北朝史论丛》 唐长孺著 三联书店 1955 年版
《魏晋南北朝史论拾遗》 唐长孺著 中华书局 1983 年版
《中国哲学史》 萧萐父、李锦全主编 人民出版社 1982 年版
《中国哲学史新编》第四册 冯友兰著 人民出版社 1986 年版
《先秦伦理学概论》 朱伯崑著 北京大学出版社 1984 年版
《汉代思想史》 金春峰著 中国社会科学出版社 1987 年版
《玄学与魏晋士人心态》 罗宗强著 浙江人民出版社 1991 年版
《略论杨泉》 萧萐父文《武汉大学学报》1980 年第 4 期
《中国经济思想史》(中) 胡寄窗著 上海人民出版社 1963 年版
《中国科学技术史稿》(上) 杜石然等编著 科学出版社 1982 年版
《中国文学批评史》(一) 罗根泽著 古典文学出版社 1957 年版
《魏晋南北朝文学批评史》 王运熙、杨明著 上海古籍出版社 1989 年版
《汉魏六朝乐府文学史》 萧涤非著 人民文学出版社 1984 年版
《汉魏六朝辞赋》 曹道衡著 上海古籍出版社 1989 年版
《魏晋南北朝赋史》 程章灿著 江苏古籍出版社 1992 年版
《中国古代文学论丛》 魏明安著 黄山书社 1992 年版

索　引

词语索引

二　画

三　画

四　画

五 画

六 画

七　画

八　画

九画

十画

十一画

十二画

十三画以上

人名索引*

* 本书传主名不收，西晋以后人名不收，随文括注及页注人名不收，出现较少的人名一般不收。

五 画

六 画

七 画

八　画

九　画

十二画

十三画

十四画

十五画以上

后　记

本书为南京大学中国思想家研究中心组织撰著的《中国思想家评传丛书》之一。撰写本书的任务，起初是由魏明安先生申报论证后承担下来的；由于用目劳累，他本来衰弱的视力继续下降，最后到了无法读写的程度。明安先生希望我与他一起完成撰稿，并向“中心”作了说明。“中心”表示赞同。这样，自 1994 年 6 月起，我就全身心地投入其中，直至完稿。

本书由我执笔而成。需要说明两点：第一，在我动笔之前，明安先生已做了大量前期准备工作，对全书的内容与结构也酝酿良久，这对我重新熟悉材料来讲，省力不小，切磋讨论中，又使我获益不少；在写作过程里，每成一章，我都要念给明安先生，听取他的意见或建议，然后增删修改，甚至重写一遍，这使成稿避免或减少了许多失误。因此，本书是我们合作的产物。第二，由于执笔为文的关系，本书很大程度上反映出我的写作水准。这不但表现在处理材料的思路和行文措辞的风格上，而且也体现在提出问题、分析问题、表述观点的思维论证过程中。因此，书中倘有不尽人意乃至不成熟不准确的地方，那是应由我负责的。

本书着力于求实、创新。这其实也正是《丛书》在体例上的要求，匡老在《序》里讲得很清楚。对于本书传主的生平业绩和思想风貌，人们以往注意得不够，论述也不很准确。这就需要我们下点功夫，既不能不加思索地沿袭旧说，也不能似是而非地架空立论，而必须在定位定性上深入探求。考辨全部材料，阐释新的见解，从而才能得出坚实的结论。我们有意突出这方面的内容，是为本书作为《丛书》之一的学术质量考虑的。

本书完稿于 1995 年 5 月初，写作用了整整一年时间。书稿经“中心”约请的专家审阅后，从总体上作了充分的肯定，给予很高的评价；同时也指出了其中存在的薄弱环节，提出了改进的建议。随后，我们又增添了一些内容，作了补充修订。当然，书中疏漏失当之处还可能不少，希望读者发现后随时指正，我们衷心欢迎。

本书从写作到出版，得到中国思想家研究中心和南京大学出版社的热情关心和积极支持，有关同志做了大量工作，付出了辛勤劳动。我们谨表诚挚的谢意！

赵以武
1995 年 10 月 25 日于兰州

图书在版编目(CIP)数据

傅玄评传:附杨泉评传/ 魏明安,赵以武著. —南京:南京大学出版社,1996.3(2006.12 重印)
(中国思想家评传丛书/匡亚明主编)
ISBN 978-7-305-02875-5

Ⅰ.傅… Ⅱ.①魏… ②赵… Ⅲ.①傅玄(217～278)—评传②杨泉—评传 Ⅳ.B235.95

中国版本图书馆 CIP 数据核字(2006)第 026341 号

中国思想家评传丛书
傅 玄 评 传
附:杨泉评传
魏明安 赵以武 著

南京大学出版社出版发行
社址:南京市汉口路 22 号 邮编:210093
电话:025-83596923 025-83592317 传真:025-83328362
网址:http://www.NjupCo.com
电子邮箱:Press@NjupCo.com
Sales@NjupCo.com(市场部)
南京爱德印刷有限公司印刷
开本 850×1168 1/32 印张 14.625 字数 333 千
1996 年 3 月第 1 版 2006 年 12 月第 3 次印刷
印 数 4001—5000
ISBN 978-7-305-02875-5

定价:44.00 元